明宮大太監的逆襲 貳

胡丹 著

明朝的那些九千歲

目錄

第三卷　「弘治致治」的光環下　187

第四卷　一瑾死，百瑾生　239

第一卷

那些動亂的日子裡

關鍵人物

范弘、金英、王瑾（陳蕪）、錢安（僧保）、興安、李永昌、喜寧、夏時、阮浪、曹吉祥、阮伯山

第一章　莫謂太監不殉國

上一部書說到，明英宗朱祁鎮親率六師北征，兵敗土木堡（今河北懷來境內），二十萬大軍一時解體崩潰，隨扈的百官大批死亡。事實上，橫屍荒野、殉於國難、魂不得歸者，除了文武將吏，還有眾多的宦官，只是他們從未得到關注，更無名分可言。

就我所知，在「土木之變」（正統十四年，一四四九年）當日，亂軍中被殺的大太監，除了被視為禍首的司禮監太監王振，其他有名有姓者，還有范弘、錢安等多人。

死於國難，即為殉國、為國捐軀，這是首先需要正名的！

范弘，原名安，弘是明宣宗替他改的。說起來，范弘還是一個「外國人」。哪一國呢？安南國。安南國位於今天越南北部，本為明朝藩屬，永樂初年發生內亂，國王向宗主大明求救，永樂帝朱棣遂發大兵馳援。可等「天兵」降臨，發現國王滿門被弒，王族絕嗣，已無人可承王位。朱棣想起一句話，叫「天予弗取，反受其咎」，便不客氣，在平亂後，順手將安南納入版圖（史稱「郡縣之」），從此明朝又多了一個新的「省」：交阯布政司。

安南在明初時向明朝貢納一種特殊的「土產」——閹人，所進人數僅僅少於東北的朝鮮。吞併安南後，交阯成了內廷宦官的穩定供應地，大批交童受閹後被送進明宮。其人數沒有統計，但據我估計，至少有好幾千人。許多交阯籍的宦官在永樂及仁、宣、英之際非常活躍，不少人達到入選本書的標準，可躋身於「大太監」之列。

司禮監太監范弘，就是永樂中以交南閹童身分入宮的——當然，他來時已不是「外人」，而是大明交阯布政司人氏了。

明宮宦官，以在東宮服侍皇儲前程最好。范弘進宮後，就得到這樣的機會，他被調撥到東宮侍奉皇太子朱高熾，也就是後來的仁宗皇帝。這塊墊腳石相當高，之後范弘仕進順達，在宣德中已升任司禮太監。

司禮監相當於「御前辦公廳」，該監太監具有皇帝機要祕書的性質，是天子身邊近臣。范弘和皇上走得近，十分得寵，宣宗朱瞻基不僅親自替他改名，還在宣德七年賜予他和另一名司禮太監金英「免死詔」。

賜臣下免死詔是一件很奇怪的事：「朕愛你，愛慕之情太深，已無法用金錢表達，那……那就免卿一死吧！」——這愛意，也只有皇帝給得起！

愛卿領了免死詔，從此盡可翻江倒海、為非作惡，放心，朕保證，不殺你！

是這邏輯嗎？

不然真沒法解釋賜免死詔的動機。

總之，皇帝做事太任性了。

范弘免死詔的內容，史書沒有記載，他的墓誌裡收錄了，但原文找不到了。幸虧明末掌故大家王世貞看到這份材料，並抄錄下來，只見得宣宗深情地對范弘說：

（弘呵，你）克勤夙夜，靡一事之後期；致謹言行，惟一心之在國。退不忍於欺蔽，進必務於忠誠。免爾死罪於將來，著朕至意於久遠。

說的是范太監日夜勤勉，從不誤事，真的，一件都沒誤過（「靡一事之後期」）！你為人謹言慎行，一心撲在國事上（「惟一心之在國」），全忠不欺（退不欺，進必忠）。故此，朕決定提前免除你將來的死罪，好使朕的美意傳諸久遠——果如《明史》所言，「辭極褒美」！

免死詔不是宣宗的發明。太祖朱元璋就給幫他打天下的老哥們發了不少，有免死一次、二次，還有三次的，都刻在鐵券上，文字還描著丹（紅漆）呢！

說來好笑，人怎麼能免死於將來呢？這東西不發還好，發了反而害人。想那勳戚大臣，自接奉恩詔，從此「左青龍，右白虎，免死詔在腰間」，樂滋滋做起了「打傘和尚」——和尚打傘，無法（髮）無天——他不胡為，還對不起這份詔書呢！

我不小心便想到歪裡去了：朱元璋頒發這樣的「護身符」，是不是故意鼓勵兄弟們犯事呢？這幫武人懷揣免死詔，胡鬧起來，忘乎所以，得意忘形，突然出其不意，殺其一槍，不撅他個四仰八叉才怪哩，而且殺之還有除害的名義，名正言順、正大光明！看官，可別怪我作小人之想，事實就擺在那裡：免死詔並不能讓它的主人免死，明初的功臣們，個個挾詔而亡。

儘管如此，免死詔仍作為皇帝表達「私愛」的一種特殊形式保留下來。永樂時，光祿寺（光祿寺管內府茶飯）卿井泉、張泌也得到免死詔。這兩位是朱家的私房大廚，從朱元璋起就給皇上做飯，他們只要不往飯裡下毒、吐口水，大概也犯不了啥死罪。皇帝給他們發免死詔，等於發個紅包，主要發揮籠絡作用。大概個別內臣也得到了，只是沒有記載。

除了免死詔，范弘還與御用監太監王瑾、司禮監太監金英一起得到御賜銀記。銀記是銀製的小印章，可用它來封緘密奏。

向皇帝進密奏，是一種特權，也是一種政治待遇。有銀記的人，可以避人耳目，直接向皇帝進言奏事。

明代，只有極少數人得到銀記之賜，如仁宗時的內閣大學士楊士奇、楊榮、金幼孜，皆為親貴大臣。銀記上有刻字，文臣不說了，單說宦官。太監王瑾受賜的四枚銀記，記文分別是：忠肝義膽、金貂貴客、忠誠自勵、心跡雙清。這些詞應為宣宗親擬，除了「金貂貴客」是對宦官的美稱，其他三個均是有褒揚之意的評語。

王瑾原名陳蕪，他的名字也是宣宗給改的，他也是一位來自交阯的宦官寵兒。

王瑾任太監的御用監，一般人可能不太熟悉，我稍微說幾句——

御用御用，顧名思義，御用監當然是主管御用之物的機構。該監早在朱元璋稱吳王的「吳元年」（明朝建國的前一年，公元一三六七年）就已設立，當時吳王宮裡就兩個監，一個內使監，一個就是御用監，首領稱「監令」（後改稱「太監」），品級皆為正三品，相當於外朝的六部侍郎。

此時的御用監，並不全用閹人，而是宦官與外臣兼用。所謂「外臣」，不都是士人，凡襠中掛「槍」的官兒，皆稱外臣。外臣是相對內臣而言的。比如一個叫杜安道的「御用監令」，據宋濂介紹，此人自太祖起兵，即「持刀鑷侍左右，未嘗暫違」，其實就是個剃頭匠。作為朱元璋的御用美髮師，杜安道追隨多年，甚為親近，朱元璋一邊拔毛揪鬚，一邊聽臣子奏事，「帷幄計議皆與知」，並不令杜師傅迴避。杜安道為人亦好，「性縝密不洩」，所見所聞，絕不向外人洩一言，每每見大臣，只一揖而退。以此得到朱元璋的信任，從帶刀宿衛一直做到御用監令和光祿寺卿。

御用監設立雖早，但後來頗多變化，如它一度改為供奉司，又改御用司，至宣德元年六月才升為監，至此內府「二十四衙門」（十二監、四司、八局）正式配齊，遂為一代宦官定制。

能陪萬歲爺玩，便是在御用監做太監的好處，御用監在二十四衙門中，地位不輕。王瑾以宣宗親近內臣掌御用監，大概寫字畫畫，他都有一手。此人在前一部書裡出現過，我曾大膽猜測，永樂朝司禮監大太監孟驥，可能就是被他傾軋倒台的，他應該是宣宗東宮出身的舊人。

另一個獲得銀記的，是司禮監太監金英。

金英在「土木之變」後較為活躍，是明朝著名的大太監。據王世貞《中官考》所記，金英在正統中任司禮太監，王振死後，接掌司禮監事。

金英在正統元年親筆撰寫的《（北京）圓覺禪寺新建記》裡，談到了自己的出身，說他「生自南交，長於中夏」，南交就是交阯，金英也是交阯人！

金英自稱為永樂皇帝「撫養訓誨，授以官職」，仁宗恩加深厚，宣宗信任委職，英宗益加重任，「四聖大恩，德同天地」。從其自述來看，金英出身仁宗東宮，與其父子關係密切，故能飛黃騰達，寵眷不衰。

在宣宗眼裡，這幾位三朝老太監，都是忠誠自勵、言行皆清的忠臣，該給他們按讚！事實是否真的如此，不是重點，看官只需想，宣宗心中的宦官形象如此，如果一位大臣忽地

【宦官小知識】

御用監是宣德時重組、升格的一個機構，該監職掌內府「造作」，它與內官監不同，內官監管造房子，御用監管房子裡的家具陳設。明末太監劉若愚在《酌中志》卷一六《內府衙門職掌》中記：凡御前安設硬木床、桌、櫃、閣，及象牙、花梨、白檀、紫檀、烏木、鸂鶒木、雙陸、棋子、骨牌、梳櫳、螺甸、填漆、雕漆、盤匣、扇柄等件，皆御用監造辦。該監還掌管「武英殿中書承旨所寫書籍、畫扇，奏進御前」。「武英殿中書」管寫書、畫扇。另外還有「文華殿中書」，由司禮監下中書房管理，專管「寫書籍、封聯、扇柄等件」。可見御用監與司禮監有一部分職掌相近，須相互配合（如一個製扇子，一個寫畫扇面），共同服務於皇帝的文藝雅趣。而宣宗正是一個文藝控，他身邊有許多書畫界名流，陪他進行藝術創作、交流創作心得，其中最得寵者，可以在錦衣衛掛職（稱「系銜」），拿一份乾薪，這些人都由御用監管理。

跑出班列，拿著古書，回憶古事，巴拉巴拉指責「宦官誤國」，他會怎麼想？他自然是難以認同的。

綜上所述，從王振到范弘、王瑾、金英，這些大太監在仁、宣、英三朝獲得極高的地位，與其出身密不可分：他們都是隨侍皇帝於潛邸的舊臣，有著多年服勞的感情底子，太子、太孫一登基，立馬發達起來。王振不必說了，單說金英吧，他在仁宗即位初，還只是司禮監右監丞，很快飆升做了太監，並得到大量田宅人口的賞賜（皆見《圓覺寺碑》）。

我們也可以從這個角度來考察英宗與王振的關係。過去人們指責王振專擅，說他以天子為「門生」，天子呼王振為「先生」，似乎是蠻大一樁罪。可論者是否想過，英宗真拿王振當師傅呢！沒有人像王振一樣，陪伴英宗二十多年，始終不離左右，這份情感是很深厚的。

許多時候，朝臣只顧忘情地表達自己的血忠，而很少設身處地、試著從皇帝的角度來理解政治，故總是不敵宦官，一敗再敗。

在「土木之變」中，還有一位罹難的大太監，名叫錢安，時任內官監太監。

錢安是怎樣「犧牲」的，沒有記載，無話好說，那我就來說說他的經歷與為人。

錢安是薊州西華鄉人，家住山海關。他爸爸名貴甫，死於洪武二十八年（西元一三九五年）。老錢生了三個兒子，長子早夭，次子叫錢聚，第三子就是錢安——錢聚而安，等於存銀行了，好名字！

老錢死時，年僅四十五歲，孩子們還小，母親養不活（我看不是養不活，而是貪圖活得滋潤），就把小哥倆兒送進宮做了宦官。那時是建文三年（西元一四〇一年），燕王與朝廷兩家打得正熱鬧，老錢家在燕王的地盤，錢安「選入內庭」，應該是到「反王」府裡賣命，打終身的長工。

錢安生於洪武二十六年（西元一三九三年），入宮時還不到九歲。他長得漂亮，「自幼秀爽，體貌魁梧」，又懂禮數，「周旋殿陛，儀度肅然」，是個做內官的好材料。

燕王朱棣尤其喜歡他三樣：聰慧、惇厚篤實、慎重寡言。

在內庭行走供事，話多、多事，可不是好習慣。前面說的杜安道，服侍朱元璋三十幾年，他人紛紛失寵殞命，唯獨他聖眷不衰，這與其為人「縝密不洩」有莫大干係——奴才不亂說話，萬歲爺才放心嘛！錢安也是「寡言」之人，但寡言不是因為內向，不愛說話，八棍子打不出一個屁，而是他「慎重」。該說話時，比如皇上下問，「凡應對之間」，他能把話說到點子上，「動稱上意」，讓萬歲爺滿意。有一次永樂帝高興了，賞了他一個名：僧保。故錢安又稱「錢僧保」。

與所有大太監一樣，錢安也是從東宮發家，他是英宗東宮輔導班子的成員，與王振為同事。由於在潛邸時結恩深厚，英宗特別照顧他，為了方便他奉養寡居的老母，還專門讓工部在崇文門北的繁華大街上，給他造了一座私宅（見《內官監錢太監（安）瘞衣冠壙志》）。

范、錢、金這幾位，還有王振，在宣德爺時都是大紅人，有做司禮太監的，也有做內官太監和御用太監的，說明那時司禮監尚未取得一監獨霸的權勢，王振同儕濟濟，大太監並立，他也沒達到唯我獨尊的地位。

但在小英宗即位後的正統朝，一切都不同了。大太監之戰，已不可避免。王振與同列鬥法，首先打擊的是錢安與金英。

錢、金兩位都有小尾巴讓人揪：他們一個愛錢，一個好金，都是貪性很重的人。明朝制度，太監不許做生意，置辦產業。可二人硬頂著「詔禁」謀利，在北京「恃勢私創塌店（又稱塌房、邸店，是租賃給商人寄屯貨物的場所）十一處，各令無賴子弟霸集商貨」。錢、金兩家，利用權勢，試圖控制京城商貨流通，「甚為時害」，民憤非常大。

過去沒人敢追究，宣宗皇帝還當他們是德藝雙馨的好公公呢！現在換了天，就有人要對他們的行為說不了。

正統二年四月的一天，內廷突然傳旨，命錦衣衛會同監察御史徹查！

劇情的發展有些狗血。如何狗血，請看——

錦衣衛和都察院得旨後，分別委派千戶李得和御史孫睿偵辦此案。

二人經過調查，認為錢、金二監霸集商貨的情況屬實，建議將所占貨物發還原主，賒負的，由錦衣衛代為徵收究問。

朝廷同意了，這二人就拿著批文找到錦衣衛指揮馬順，請他落實。

馬順卻不願摻和這種事，還怪御史多事，當場將文書擲還，而且態度很不好。這下激怒了孫御史。他們做監察御史，是人間的獨角獸（獬豸），從來都是威風八面，以頂人為樂，哪曾將錦衣衛武夫放在眼裡，孫睿一著惱，就在錦衣衛堂上破口大罵起來。一旁的指揮徐恭見了，心中大忿，也加進來，和御史對吵。徐恭不敢拿御史怎麼樣，就在屬下身上撒氣，將李千戶杖責了二十棍。

孫睿、李得不服，上奏叫屈。旨意下來，馬順和徐恭雙雙落獄。都察院說他們「壞亂朝政」（擲朝廷文書、不執行朝命，是對朝廷的大不敬），應判斬刑！

兩位指揮嚇壞了，忙上疏鳴冤。宮中再傳旨，遂將御史孫睿一併下獄。孫睿告發馬順擅自杖死火者張谷，經審為不實之詞。

經過反覆鞫問，法司最後定讞：馬順仍處斬刑，徐恭從輕改流刑（流放），孫睿以妄告判徒刑（有期徒刑）——兩家都沒討到好，一齊獲罪！

這樣的處分是很嚴厲的，可是法司奏請後，朝廷卻遲遲不批准判決，只將他們監著。過了段時間，打發他們出獄復職，塌店的事也不了了之了。

這個事件的背後，肯定有外人看不見的內廷博弈。

正統五年三月，錦衣衛指揮王裕、馬順因事下獄，還是與錢安有關。起因是一個叫張能的內使，因揭發錢安違法，被捕入獄，在錦衣衛獄裡被人打死了。內使官不大，到底也是宮裡人。王裕見打死內使，不敢說是打死的，就以病死上報。英宗不信，派御史徐郁驗屍，於是真相大白，王裕和馬順跟著就「進去」了。

這個案子與正統二年之事一樣，都是因太監而發，但板子全打在下人屁股上，對王裕、馬順的處理也與上次如出一轍，吃了幾天牢飯後，出獄繼續幹本職工作。

錢、金二監雖有驚無險，平安過關，但屢遭告訐，還是讓他們承受了很大的壓力。

這兩個讓人莫名其妙的狗血案件，透露出背後隱祕的宮廷角力：一方是太監王振，另一方則是錢安和金英。王振通過各種「琢磨」，向昔日同僚顯露威權，他的劍風讓老太監們枕席難安。

正統初年，王振要出頭，司禮監要張權，前朝的太監紅人們日子便不好過。對錢安、金英等人違法行為的打擊，含有明顯的政爭意圖，其目的只在給對手洩火，而不在建立一個清朗的乾坤世界——王振本人就很不清廉。

這是一場目的明確的低烈度戰爭，對手臣服，他們就安全了。很快我們看到一個其樂融融的和諧世界：正統十一年正月大祀禮成，這大概是二十歲的英宗第一次親祭天地，在完成典禮後，他親御奉天殿（即今故宮太和殿），大宴文武群臣及四夷朝使；司禮太監王振併各監太監錢安、高讓、曹吉祥、蔡忠等都有特別獎勵，他們不僅得到金楮彩幣的賞賜，王振之侄王林還被授予錦衣衛世襲指揮僉事，錢安侄亮、高讓侄玉、曹吉祥弟整、蔡忠侄英俱為錦衣衛世襲副千戶——史稱「中官世襲，實始於此」，這是宦官子弟第一次得到武官的恩蔭世職，還都是錦衣衛的中高級職位。在內臣排名中，錢安僅次於王振。他在屢遭打擊後，還能保住其地位，說明他已經屈服於王振，向其輸款投誠了。

白白吃了兩回悶虧的錦衣衛指揮同知馬順，也學「聰明」了，看準了方向，從此投靠王振，成為他的忠實打手。於是在正統八年，發生了肢解翰林劉球的事件。

在上面兩個大案中，都看不到王振的身影，但王振無疑是最後的贏家，他隱在幕後，利用司禮監對聖旨和聖意的強大影響力，壓服了同列大佬，也加強了對朝廷爪牙錦衣衛的控制。

正統十四年（西元一四四九年）七月，英宗親征，范弘、錢安都在扈從名單裡，遂一起命喪土木堡。土木之戰的遺址上，遺屍數萬，一直無人收葬。直到景泰二年（西元一四五一年），景帝朱祁鈺才差專使前往祭掃，並掩埋溝壑間眾多的枯骨。范弘、錢安二人之屍骨，已不知其葬地。他們在生前都為自己營建了墳墓，范弘墓在他捐資所建的北京香山永安寺，錢安的壽壙在順天府昌平縣清河東北之原，他們死後，家屬「以其生前所服衣冠招魂而葬」，屬於衣冠冢。

土木之敗，皇帝做了俘虜，隨扈官員將士死亡眾多，而所知殉難太監，僅王振、范弘、錢安三人而已。

我在閱讀朝鮮王朝實錄時，發現《文宗大王實錄》景泰元年九月有這樣的記載：文宗傳旨兵曹（相當於明朝的兵部），云我朝入華宦官，砥平崔真力、公州劉得、定寧金奉、鳳山張奉、永川李種等，皆死於土木之變，其父母皆當「復其戶」（即免除該戶的徭役負擔），如無父母，則以同產為首者一人復戶。

這條記載又為大明王朝這次天崩地坼的國難，補充了幾名死難宦官的姓名與籍貫。

第二章　公公一聲叱，汝休莫想逃！

明朝的精銳武備——京師三大營，在土木之役中損失殆盡，京城防守十分空虛。此時北京內外，人心惶惶，生怕京城守不住。有個叫徐珵的翰林官員，是個兼職的算命先生，喜歡談兵，擅長星卜。國難當頭，他掐指一算，發覺不好，再半夜登上屋頂仰觀天象，益發覺得時運不濟，認定北京無法防守！

這世上，有兩種算命先生，一種是學了點皮毛，專門唬人騙錢（街頭賣藝級）；一種術學高深，手段高明，連自己都深信不疑（周旋於公卿名流間的「大師」，古今一例）。徐珵屬後者。他這麼一算一看，心裡便發毛，大起恐慌，趕緊將家屬祕密送到南方避難。說句題外的話，徐珵是南直隸蘇州人，他有一個外孫，姓祝名允明號枝山……。

好，還說回徐珵。他偷偷把家屬送走了，可他本人是朝廷命官，走不了。大概他是真急了，所以當朝廷向廷臣咨問防守之計時，竟公然鼓噪遷都，大言道：

> 驗之星象，稽之曆數，天命已去，惟南遷可以紓難。

他竟然胡說明朝大勢（天命）已去，唯有逃跑，才是活路！他自己逃跑不說，還要攜裹著朝廷一塊兒逃。若朝廷真聽信了他的邪，一旦開路，那從此就是「南明」了。

徐珵的危言，令輿論大嘩。

在大敵當前、局勢危如累卵的時刻，徐珵發表這樣的言論，可比動搖軍心。戲文裡不是唱，「動搖軍心者斬」嗎？徐珵就該斬！

當時就有兩個人罵了徐珵，他們是一個太監和一位名臣。

這位名臣，是景泰年間朝廷的中流砥柱于謙（就是寫《石灰吟》的那位）。據實錄記載，京師戒嚴後，北京贏馬疲卒不滿十萬，人心洶洶，群臣聚哭於朝。徐珵公然倡議南遷，禮部尚書胡濙道：「文皇（朱棣）定陵寢於此，示子孫以不拔之計。」他說先帝陵寢在此，不可遷。

兵部侍郎于謙的口氣嚴厲得多，他道：「再言南遷者，可斬也！」

他說：「京師乃天下根本，一動則大事去矣，獨不見宋南渡事乎？」他提出，「為今之計，應速召天下勤王兵馬死守」。

閣臣陳循附議：「於侍郎言是。」

於是眾人皆道：「是！」

多虧于謙疾言厲色，疾呼「言南遷者斬」，才將遷都的謬論堅決壓制下來。不然，用詞稍緩，逃跑主義藉著「天象」煽風點火，恐慌情緒會像流感一樣迅速擴散，那真要大事不好了。

至於那位太監，記載不一，有說是金英，也有說是興安，兩位都是司禮監太監。

據《國朝獻徵錄》所收《金英傳》記載，當土木之變後，人心洶洶，徐珵「最有時名」，金英趨往問計，徐珵趁機托出南遷之計——之前他只是偷偷溜，在私室與人密議，這回當作政見公開提出來。

金英可能是奉景帝之命，私下瞭解各方輿情，他還去拜訪了成山侯王通。這位王侯爺也不是什麼名將，宣德年間棄交阯時，他是總兵大將，後來成為替罪羔羊，坐了十幾年的牢，正統四年獲釋後，一直在家閒住。這回國家又逢大難，金太監登門問計，可惜王侯爺的本領不見長，說來說去只有一計，那就是把京城的壕溝挖得深深的。

金英連問兩位當世「名臣」，才兼文武，卻都是這般「高見」，不由得大為鄙視，他慨然對眾人道：「此時當竭力固守，召勤王之師於四方，足以捍虜。有以遷都為言者，上必誅之無赦！」金英以「上意」為言，不知名地罵了徐珵，眾心乃定。

世人多知于謙說「再言南遷者可斬」，而不知金太監說「有以遷都為言者，上必誅之無赦」，其實金英這句話更重要，是真正的一錘定音。因為于謙只是兵部侍郎，還沒得到景泰帝的寵信，而金英是皇帝身邊近臣，又是代表皇上採擇輿情，輕重自不一樣。當時郕王剛剛被推上寶座，毫無政治經驗，而這寶座又搖搖晃晃不穩當，他除了幾個王府舊臣，更無大臣可以依靠，這時要他拿那麼大的主意，委實作難。金英採回來的意見就非常關鍵了，將直接影響景帝的決策。也可以這麼說，金英當眾表態，吐露的是聖意，而于謙只是發表個人意見。

可見金英在那個飄搖動盪的時刻，為國家的穩定，還

【宦官小知識】

興安，司禮監太監，交阯人，生於洪武二十二年（西元一三八九年），永樂五年入宮。興安首次出現在明實錄裡，是宣德五年十一月，朝廷敕令他與都察院副都御史賈諒、錦衣衛指揮王裕、參議黃翰和內官張義，往江西「巡視軍民利病」。這時興安還只是一名奉御（內官之一種，高於長隨，低於監丞，洪武二十八年定制，秩正八品）。兩年後的宣德八年四月，因四川郫、彭等縣盜賊縱橫，命興安與賈諒、王裕往會四川三司官調軍剿捕。這兩件事，皆為開設巡撫之先聲，他們的權力非常大。正統元年九月，興安又會同刑部侍郎何文淵、戶部侍郎王佐、右都御史朱與言提督兩淮、長蘆、兩浙鹽課（興安墓誌稱「清鹽選軍」）。正統六年，又同大理寺卿王文審錄刑部、都察院重囚，實為明朝宦官主持京獄錄囚、干預司法之始。正統十四年英宗北征，興安奉命「守備京師，撫安中外」（見《大明故司禮監太監興公之碑》）。可知興安是正統年間地位很高的太監。

是做出了重要的貢獻。

也有一種記載，說斥責徐珵的，是司禮太監興安。如《明史．興安傳》載，「或曰叱徐珵者，金英也」。

據《明英宗實錄》，土木之變後，正是用人之時，有人向朝廷推薦徐珵，說此人有大才，景帝便將其召入問計。徐珵一邊哭一邊拿星象、曆數說話，稱天命已去，無能為矣，請皇上急幸南京。尚書胡濙、閣臣陳循等力稱不可，太監興安厲聲叱道：「祖宗陵寢宗廟在此，將誰與守？」徐珵乃大慚而出。不久傳詔：凡妄議南遷者，必處以死！

興安厲聲否決了遷都之議，他覺得持遷都觀點的人肯定不少，建議景帝下詔加以禁止，並向天下宣示朝廷堅守的決心。詔書還禁止京官送家屬離開北京——可見偷逃者絕不止徐珵一人。

實錄是明朝官修的國史，上述記載可信。其實，到底是誰嚴叱了徐珵，不必細究，只要是堅決反對逃跑，並且勇於明示堅守的態度，就等於「叱之」了。從這個角度來說，金英、興安和于謙都叱責了徐珵。

當時還有一位大太監，也為朝廷定策出了力。

郕王朱祁鈺初即位時，英宗之母孫太后對朝政也有一定發言權。當閣部齊心，表達了死守的態度後，禁中尚懷疑懼，孫太后便咨問司禮太監李永昌的意見。永昌道：「陵廟宮闕在此，倉廩府庫、百官萬姓在此，一旦朝廷播遷，大事去矣。南宋不正是前車之鑑嗎？」他用靖康之恥切諫，孫太后聽了，始斷絕了南遷的念頭。[1]

這樣，由於外廷群臣和內廷大佬皆力主堅守，太后和景帝的意志也趨堅定——「由是中外始有固志」。

在興安的大力舉薦下，于謙得到重用，被擢升為兵部尚書。在他的主持下，選將練兵，嬰城固守，瓦剌大軍終不得逞，很快悻悻退去。而那位「徐大師」，因為荒謬的言論，從此壞了名聲。從此以後，他發現，每次有遷官的機會，他總升不了，機會跟他打起了擦邊球。好教人懊惱！打聽之後才知道，原來不是吏部不推舉他，而是他的名頭被景帝記住了，每次見到他的名字都厭惡，將其一筆抹去。看來這輩子別想陞官了！徐珵沒辦法，只好改名「有貞」，彷彿向天子喊話：「我是貞潔的！」貞不貞，不是自己說了算，也不是名字裡帶貞就貞的。徐有貞後來成為「奪門之變」的主謀，真是一個不貞的小人！此節後文再講。

1 李永昌諫言這件事，也許是史實，但須注意的是，這件事被記在《明英宗實錄》裡，與李永昌的嗣子李泰充任英宗朝實錄的纂修官不無關係，此事或得自李永昌口述，或為飾美之詞。

第三章　拍馬衝陣的報效內官們

且說瓦剌大敗明軍，萬萬沒想到，竟連南朝皇帝也俘獲了！原以為手裡有了「王牌」，南朝的花花世界就是他們家的了，可以肆意勒索，大飽其慾壑（瓦剌人對中原土地倒沒啥興趣）。

英宗失陷之初，朝廷急於將他贖回，英宗媽媽孫太后和媳婦錢皇后，在宮裡大刮地皮，輦送無數金銀財寶到虜營，不惜代價，只求換回皇帝。可景帝繼位後，遙尊英宗為太上皇，瓦剌人就急了。「太上」二字名頭好聽，可「太上皇」不能和「太上老君」比，皇加「太上」二字，差似過期作廢。這個道理，瓦剌人不懂，他們營裡有懂的，那是一個叫喜寧的太監。

喜寧原是英宗的親信，他本是胡人，自從被俘後，便死心塌地投靠新主，替瓦剌太師也先出謀劃策。英宗由皇上降為太上皇的利害，他講得很清楚，簡單說，就是手中肥鵝頓時變成雞肋，教也先好不懊惱！在喜寧的攛掇下，瓦剌人三天兩頭押著英宗，去大同等邊關叫門，並且發了狠話：「今送太上皇回京，若不得正位，雖五年十年務要仇殺。」

「正位」之意，就是要扶保朱祁鎮重登寶位。

自古以來，對人質這麼「好」的，也先可拔頭籌！

當然，也先的本意是不希望人質爛在手裡，總望儘量變現。可如今南朝寶座上已換了一個屁股，太上皇要想回朝正位，就得先蹬掉那個屁股。景帝也不幹呀！景帝以「北虜有詐」為由，向邊關守臣發出詔令，要求固守城池，不許與瓦剌人私自接洽，就是太上皇親自來，也不許開城門接待。

瓦剌人急了，遂於正統十四年十月（土木之變後兩個多月），乘秋高馬肥，向南進軍。在喜寧的指引下，兵鋒直指紫荊關。紫荊關與居庸關、倒馬關合稱「內三關」，是京師西面的最後一道防線。紫荊關正當敵沖，地理位置十分重要，明朝已增派副都御史孫祥在此鎮守，以加強此地防禦。然而雄關沒能擋住瓦剌輕騎兵的攻擊，一天不到就告失守，孫祥戰死。

北京門戶洞開，京畿警報再次拉響！

敵騎即將橫行於國門，朝廷被迫詔令宣府、遼東等地總兵官，以及山東、河南、山西、陝西巡撫和各地募兵御史入援。除了調集附近的兵馬，朝廷還十分不情願地號召各地親藩上京勤王，甚至向遠在東方的朝鮮國徵集救兵。這該是多麼丟臉的事！若非深深地恐慌，明廷豈會行此下策？

此時正該打開府庫，搬出金銀緞匹來犒軍，激勵士氣，可大敗之後，損失慘重，朝廷正是窮愁潦倒之時，實在拿不出東西來勞軍。興安想出個主意，他建議造「功賞牌」，分奇功、頭功、齊力三等，發給監軍文臣收藏，臨陣時，凡將士挺身突陣、斬將奪旗者，與奇功牌；生擒「達賊」或斬首一級者，與頭功牌；其他雖然無功而對陣受傷的，與齊力牌。朝廷向官兵們保證，有功者先授牌，把牌子收好，亂平之日，憑著牌來領賞——這等於是打了欠條！

就在勤王詔書發出的第二日，瓦剌軍挾持著太上皇到了北京西南的盧溝橋。自元朝滅亡之後，蒙古騎兵第一次橫行於北京（昔日元之大都）城外，滿城驚駭之狀可想而知了。

據《明英宗實錄》記載，太上皇朱祁鎮到了城外，分別致信皇太后、弟皇帝及文武群臣，其內容是「通報虜情，俾固守社稷」。

此處我有兩疑：

首先，據實錄所記，上皇命隨侍校尉袁彬「作書」。如此重要的信件，上皇自己不動筆，卻令一名小小的校尉代書，朝廷不識其筆跡，如何判斷它的真假？

其次，俘虜寫的書信，瓦剌人難道不審查，任由著他「通報虜情」？

這情節，大概是史官為了突出英宗身陷虜營時的不屈意志，發揮想像的創作吧。它反映的真相可能是，失去自由的英宗被迫按照瓦剌人的要求寫了一封信，通報自己安全，並請朝廷派人出來談判，而絕不可能有「通報虜情」、激勵官民固守社稷的內容。英宗就不怕信落入瓦剌人手裡，還未激勵城中將士，先激怒了虜酋也先？就是他欺瓦剌人不識漢字，也應擔心明軍將士聞信後，奮勇突營殺賊，他本人的安全誰來保障？

明朝的史官還是太冬烘，這種事應以「殺人滅跡」為上，提都不要提，就像清朝實錄一樣，把不乾淨的事，洗刷得乾乾淨淨，不留任何小尾巴讓人揪。

不管英宗信裡寫了什麼，這幾封書信最後沒有送達。

瓦剌人派了一名代表，帶著被俘的通事（翻譯）岳謙，一起去彰義門外「答話」。不料守城明軍已奉嚴旨，瓦剌人也好，太上皇的親信也好，均不許與之接觸，見者必殺。岳謙與瓦剌代表才走近彰義門，猛地就見一彪明軍殺出，他們措手不及，岳翻譯官當場被砍翻在地，瓦剌代表撥轉馬頭，倉皇逃回。

明朝拒絕對話，英宗這張牌明擺著失效，瓦剌人不得已，只好準備開仗。這本是也先極力想避免的，因為北京城四十里高牆，無邊無涯，蒼狗便欲吞月，一時也找不到下口的地方。但如今不打不行了，也先就把英宗送到德勝門外土城（為元大都城牆的遺址），而將大軍擺在西直門外，準備攻城。

負責北京城防的，是武清伯石亨和兵部尚書于謙，他們選調精兵，在城外校場駐紮，景帝授予他們先斬後奏的權力：將領自都指揮以下不用命者，可就軍中斬首。與這兩位文武重臣一同「整理軍務」的，還有司禮太監興安和李永昌——王世貞說，「此內臣總京營兵之始也。」不久後，隨著京營體制改革，宦官全面滲入京營軍政事務。

雙方磨刀磨槍，準備廝殺。

正統十四年（西元一四四九年）十月十四日，戰鬥驟然於彰義門[2]外展開。

明軍方面，統兵官是大將王敬、武興，面對來襲之敵，他們背城布陣，列在最前面的是火器手，後面是弓箭手，再後是持短兵的步兵，最後壓陣的，是報效內官數百騎。

所謂「報效內官」，可不是明朝的「無垢兵團」或鄂圖曼帝國禁衛軍團「耶尼切里」（janissary）。他們是宮廷裡的「熱血青年」，見國難當頭，朝廷缺兵少馬，遂主動請纓，自備戰馬兵器參戰。本書第一部講到，永樂中宦官多胡人，明初時雖沒有專門由閹人組成的戰鬥兵團，但不乏勇武的閹將，正統以來，尚武之風漸息，但還有不少宦官精於騎射，也有報效朝廷的忠勇之心。

隨著戰鼓擂動，瓦剌騎兵首先發起攻擊，煙塵如牆，當面襲來。明軍立即以強大的火器予以反擊，敵騎受挫，稍稍退卻。

2　包括《明史》、《讀史方輿紀要》在內的許多史籍，都誤以為彰義門是西直門的舊稱。事實上，彰義門原為金中都西之北門，至土木之變時尚存，其地望約在今天北京市豐台區與西城區交界的廣安門外大街灣子村附近（見王毓藺、尹鈞科：《〈明史〉若干地理記載正誤》，《中國歷史地理論叢》2012年第3期）。彰義門與德勝門外的土城，都是金、元時期舊城的遺存。嘉靖年間展築京師外城，外城西門稱廣寧門（清改稱廣安門），因在彰義街上，與其西之舊彰義門相通，遂以「彰義」呼之。

此時正當穩住陣腳，以防敵軍反撲，不料陣後的報效內官急了，為了爭功，他們不聽號令，紛紛躍馬而出，向敵軍發動追擊。

明軍戰陣一亂，給敵人造成了機會，瓦剌大軍隨如烏雲般壓來，明軍抵擋不住，向北敗退。

瓦剌騎兵一直追到北京西北的土城，這裡有一個較大的聚居區，明軍敗退到這裡後，依託民房和老城牆展開防禦，許多百姓爬上房頂，向瓦剌騎兵拋擲磚瓦——這可真是瓦打瓦！

瓦剌騎兵離開原野，攻擊效力大大減弱，再加上彰義門方向旗幟招展，明軍一部來救，只好暫且退兵。

這是北京守衛戰中一次較大的戰役，由於報效內官爭功，導致明軍受挫，損失了一員大將。但瓦剌軍也沒有獲得大勝，更沒法達到迫使明廷屈服的目的。

其實也先並無滅明之志，對明朝也無領土要求，他的目的不外乎借助強大的軍威，強迫明朝接受有利於他的通貢條件，撈取更大的經濟利益，總之是志在財貨。可是他的目的沒有達到，數萬勁騎困頓堅城之下，沒有後勤保障，只能靠劫掠一些分散的村莊為生，時間稍久，即難以為繼，而且明朝援軍源源開來，如果再將身後的關隘塞口一堵，斷了歸路，反而成了甕中之鱉。

也先無奈，只好於彰義門之戰的次日撤兵，漸次退出關外。

第四章　太監裡出了個大漢奸

瓦剌退兵後，明朝的防守形勢全面趨穩，但也先不死心，時常派兵到各邊騷擾，邊警始終難以解除。

明朝綜合分析各方面情報，認為瓦剌之所以亡我之心不死，一個根本原因，就在於漢奸太監喜寧從中挑撥誘引。

要說喜寧是「漢奸」，並不準確。史稱：「內侍喜寧，胡種也」，他是一位胡人。明代所稱的胡人，主要是兀良哈三衛及女真人，分布在今天東北的廣大地區，歷史上這裡是東胡部落的活動區域（蒙古分裂後，三衛以西諸部，分別叫韃靼和瓦剌，稱「達」不稱「胡」）。

喜寧是「土木之變」後的一個重要人物。對他之前的經歷我在此略作考證：

據我查考，喜寧的名字最早出現在正統二年（西元一四三七年）由大學士楊溥撰寫的《敕賜法華寺記》裡，該寺由司設監太監吳亮所建，喜寧也捐了款，作為「助緣信官」刻入碑陰題名裡。

喜寧之名再見，是正統四年的《敕賜金山寶藏禪寺記》。該寺為御馬監太監魯安（又名李貴，永樂、宣德間大太監）所建，禮部尚書胡濙撰寫碑文。其中提到喜寧，他的身分是「主管御用近侍大夫」，這是御用監太監的雅稱。在正統五年寶光寺、正統八年法海寺等碑記中，喜寧均列名「助緣內官」，且名次都比較靠前。

喜寧第一次出現在國史實錄裡，是正統九年，因鎮守遼東太監王彥（即狗兒。其事蹟詳見本書第一部）病故，英宗派太監喜寧去「檢閱其家財」。隨後王彥妻吳氏向皇帝哭訴，說喜寧私取他家奴僕駝馬、金銀器皿及田園鹽引等物。王彥並非犯法抄沒，不知為何要派喜寧去「檢閱」他的遺產，喜寧得了這份美差，趁機大飽私囊。遭到吳氏投訴後，英宗也沒降罪，只是命他將田園鹽引等物歸還，其他東西上交國庫。

喜寧是英宗的寵兒，據實錄記載，正統十二年初，喜寧向英宗奏乞北直隸河間府青縣地四百一十五頃。真是獅子大開口，一口就要吞掉近畿土地四萬餘畝！英宗讓戶部差官查勘，發現有許多是民田，但最後還是將其中的荒閒之地七千九百八十畝賜給了他。

已經是富翁的喜寧還不滿足，竟縱容家奴侵占太師英國公張輔家的田宅。

張輔是什麼人？四朝元老、鐵帽子英國公！

張氏父子（父名張玉）都是靖難功臣，張輔原封新城侯，永樂初率師平定交阯，有開疆闢土的大勳勞，進封英國公。張輔不僅是當時排名第一位的勳臣，他的女兒嫁給了仁宗，還是大明的皇親國戚。可就是這樣一位「擎天白玉柱架海紫金梁」的老國公，喜寧也敢動手搶他家田屋。喜寧的弟弟喜勝，領著自家閹奴，打毀張輔家佃戶的房子，毆打張府家人，致其懷孕妻子死亡——瞧瞧宦官的跋扈之態！

張輔挨了閹奴的氣，卻沒法領著大軍去征討，只好訴之於朝，告了一個御狀，請皇帝來主持公道。這要是依著我，一要尊國戚，二要尊大臣，三要尊朝廷綱紀，定將喜寧罷官，驅逐出宮，永不再用。可英宗怎麼處分的呢？他只把喜勝與打人的家奴下法司問罪，而將喜寧輕輕放過。

法司判處喜勝等杖刑。那也好啊！俗話說打狗看主人，棍子打奴才屁股上，值當打太監的臉了。不料英宗連喜勝的杖刑也免了，讓他交幾個錢贖罪了事，只把喜傢伙自收用的幾名自宮家奴發戍廣西南丹衛。

當時朝廷正在追查權貴濫收自宮人的事，這幾個自宮閹奴替主子出力，把自己暴露了。依著法制，自宮者應戍邊。喜家閹奴被遣戍廣西，不是因為他們作惡，得罪了老國公，而是他們違法自宮。喜寧見自家奴才戍邊，心有不甘，指使喜勝揭發張輔也收用了自宮人為奴。英宗倒是「不偏不倚」，一邊扁擔三，一邊三扁擔，下令宥張輔之罪，而將張家所收自宮奴也發往廣西南丹衛戍邊。

正統十四年親征，英宗自然要將喜寧這個寶貝疙瘩帶在身邊。不想走了背運，主奴一塊做了俘虜。昔日同甘，今日正當共苦，可喜寧一入虜營，頓忘往日恩德，立刻背叛了淪為俘囚的萬歲爺，轉而替瓦剌酋長也先效力。這叫啥人呢！

喜寧捨家背主，可他家還在北京呢！喜寧背叛朝廷，給北虜當軍師的事，被明朝偵查到了，就將他家抄沒了。此後喜寧更是死心塌地地給瓦剌人賣命。

據同樣「陷虜」的錦衣衛校尉袁彬回憶，喜寧多次挑動也先南侵，袁彬以天氣已冷為由，勸也先不要動兵，喜寧便挑也先之怒，幾乎殺了袁彬，只是因英宗求情，才免他一死。由於喜寧的背叛，英宗住在瓦剌老營裡，處境十分艱險，生命安全時常受到威脅。

英宗又恨又怒，隱忍待發。

喜寧過去曾多次出使北地，熟知沿邊道路情況，他的投敵，危害格外大。景帝給居庸關、宣府、大同等地守將傳敕，說如果瓦剌再以送駕為名，挾持太上皇來邊，只要喜寧隨行，務必誘之入城，即時殺之，並且梟示。大同左衛一個叫夏回生的總旗上疏，表示要率壯士數十人出境燒荒[3]，潛劫虜營，擒殺喜寧，得到「賜冠帶」的獎賞。可見當時軍民同仇敵愾，誓擒奸閹喜寧。

英宗為了自保，更是急於除掉他，便讓袁彬去跟也先說，打算差喜寧及總旗高斌、達子納哈出等回京傳話。也先同意後，袁彬承密旨，寫了一封密書給高斌，讓他到了宣府，交給總兵官，令其擒拿喜寧，務必將此害除去。

景泰元年（西元一四五〇年）二月十四日，有五十多騎來到宣府萬全右衛，其中一人獨自馳至城下，望城上說：「我是總旗高斌，往北京奏事。」要求進城。守將趕緊稟報宣府總兵官朱謙，朱謙即遣右參將楊俊於當日夜間四更趕到右衛城。楊俊懷疑五十餘騎只是哨探，後面還有大隊達賊，就預先做了部署，他令都指揮江福和內官阮華州、陳倫等，率一支部隊，於次日凌晨前往右衛城外野狐嶺埋伏。上午九、十點鐘，果然發現有虜騎千餘人，近邊南行。

明軍以為瓦剌又要南侵，城內氣氛十分緊張。那個叫高斌的總旗又一人來到城下，楊俊問他，喜寧來沒？高斌答，喜寧在後面。見左右無人，便把太上皇的意思對楊俊說了。楊俊教他去和喜寧說，宣府眾官具酒禮迎接，請他來吃酒。喜寧不敢來，託詞拒絕。楊俊見喜寧不上鉤，便對高斌說，不勞喜太監入關，只消在城牆下一晤即可。不久，喜寧果然領著幾名達兵走過來。楊俊等開門出迎，言談間拿一些好話哄誘他，談著話，不知不覺已近城牆。喜寧忽然發現城下官軍較多，不安起來，打算後

3　燒荒是明軍防邊的一種策略，即在冬季派兵，將沿塞數十裡內的荒草樹木全部燒毀，使塞外部族失水草北遷，並且能防止虜騎偷襲。

退。正在此時，高斌從後躍出，一把將他抱住。喜寧大驚，急忙掙扎，高斌哪裡肯放，二人一齊摔倒，滾入城壕中。明軍官軍奮勇突出，當即將喜寧併瓦剌人火洛火孫生擒，同來的納哈出見勢不妙，縱馬逃走，回營報信去了。

英宗聽說喜寧就擒，仰天大喜道：「干戈久不息，人民被害，皆喜寧所為。今日彼既就擒，從此邊方寧靖，我南歸也有希望了！」

我覺得英宗的性格後來變得極為猜疑，與喜寧的背叛給他造成的精神傷害有莫大關係。

喜寧被捕後，立即被械送上京。為擒此賊，楊俊升右都督，與朱謙各賞黃金二十兩、白銀六十兩；高斌升副千戶，賞衣服一件。而「挾外寇而為內患」的喜寧則被拿送市曹，活剮了三日——喜太監就這樣不喜地去了。正是自作孽，不可活！

確如英宗所言，喜寧一死，他回國的希望倍增。

土木之變的影響，對明朝來說，可用「天崩地坼」四字來形容。景帝朱祁鈺是在毫無心理準備的情況下，為形勢推上皇帝寶座的，正所謂飛來之福。可自從他在寶座上坐定，就將寶座的前主人視作競爭者，打心裡說，他是不希望英宗回來的——兩龍相見難哪！

所以現在英宗回國的最大變數，來自他這位同父異母的弟弟。

在很長一段時間裡，瓦剌人不斷提出要送還英宗，甚至以武力相威脅。這正好給了景帝藉口，他以瓦剌居心叵測為由，嚴令邊將，禁止與瓦剌接觸。雙方僵持了許久。

但是，不僅瓦剌人執著於送還英宗，朝廷百官對於迎回上皇，也頗為熱心，紛紛獻計獻策，還有人主動請纓，要去沙漠遊說也先。景帝無法公開壓制這些言論，只得拖延。不久後，瓦剌與韃靼開戰，急於拋掉那塊雞肋，又派人到邊關傳話，表示要無條件送還英宗。景帝沒辦法了，只好派一個品級不高的小官去接。

也先果然守信，使臣景泰元年（西元一四五〇年）八月初五到，初八日便大排筵宴，會齊大小頭目，為英宗送行，還贈送了大量禮物。英宗辭行，從宣府入關，住了一日，打發了護送的達子，然後經懷來入居庸關，十五日已到達北京。

這一路都有京裡派來的內官、內使，早早搭起帳殿、膳房辦招待，所需飲食都由尚膳監、光祿寺官員供應。

有一個細節值得注意，英宗才從宣府進來，就見到「家裡」差來的太監夏時，他在雞鳴山已搭好帳殿相迎。

史書上沒說夏時是什麼人，但透過考察他的履歷，可知他是孫太后宮裡的近侍太監。考夏時墓銘及北京《崇勳寺敕禁碑》[4]，夏太監永樂中入宮，成化十年（西元一四七四年）病故，年七十二，他「歷侍七朝六十餘年」，「凡朝廷有大典禮，如選王妃、冊封之類，多命公掌行，寵遇尤厚」。夏時首次見諸國史，是天順元年，這表明他在英宗復辟以後得到重用。

我不知道孫太后派夏時跑到宣府門口來接英宗，會不會有防備景帝加害的意圖。在英宗迴鑾前，也先就對他說：「如今是你弟弟做皇帝，你回去之後，要對他說，這個位置是我的，你要讓給我！」

4 夏時墓碑名《司設監太監□□□□碑銘》，出土於北京懷柔定慧寺村。敕禁碑現存北京市東城區東四南大街椿樹胡同成壽寺。

如此強勢灌輸。就連瓦剌酋長伯顏帖木兒有一次偷偷跑來，也表示：「我一定幫忙勸說太師，早日送你還朝，還做皇帝。你可要記得俺呀，俺將來在此若有難，去投奔你的！」瞧瞧，連達子都打這樣的主意，北京城裡的新貴能不擔心嗎？大概太后也憂慮英宗路途安全，才派遣親信太監夏時遠出宣府去接，好隨侍保障英宗安全。

當然啦，不管史實背後隱藏著多少不為人知的真相，事實是，英宗平安回京了。

當英宗一行抵達城北唐家嶺時，停了下來，派人回京，以太上皇的名義詔告文武群臣，言「避位之由」。這是冠冕堂皇、異常重要的廢話，不得不說。它是說給群臣聽的，更是給景帝發信號，好教弟弟放心，哥哥我順天應人，安心避位，不會跟你爭寶座的！

八月十六日，英宗在德勝門外土城校場接見了總兵官石亨、張軏、楊洪和兵部尚書于謙等人。早上，他已讓人從達子所進馬匹中挑出十二匹好馬，分送太后老娘娘、皇上和太子（他的親生子朱見深），並交待先行一步送東華門外擺列，好教皇帝弟弟看到他的心意。

進入安定門，在甕城廟裡換袍服時，英宗仍惦記此事，叮囑隨侍校尉哈銘：「先去家裡好生擺著馬。」哈銘回奏：「去不得，家裡十分緊。」他非常失望，嘆氣道：「既去不得，罷了！」

英宗升轎後，哈銘上馬在後跟隨，向南直走到東安門（皇城東門）。

景帝領著百官，在此等候，見到太上皇的轎子，景帝下輦拜迎，太上皇下轎回禮。然後兩兄弟攜手步入皇城，百官隨至大內南朝殿，上皇升座，百官行禮。百官退後，老娘娘、娘娘們紛紛入見，敘家人之禮。一番唏噓，自不必言。

以上迎接太上皇的儀禮，都是走程序，時間並不長，但英宗與景帝這兩位前後皇帝，都覺得不太對勁，不知說啥好（這種心態，看官可自行揣摩），從「執子之手」到匆匆散訖，基本上沒說幾句話。

而英宗一到南宮住下，實際上開始了近七年的軟禁生涯，兄弟倆再沒見過面。

相見既尷尬，不見也罷！然而，樹欲靜而風不止，英宗與景帝的關係，並不因兩龍不相見便可相安無事。

第五章 金太監被貶，只因一句真話

景泰帝朱祁鈺本是一位親王，因為得到哥哥的寵愛，年長後一直沒有就藩，留在京裡，孰料形勢飛轉，硬生生將他推上皇位。在他的領導下，大明王朝度過了建國以來最大的一次危機，他的帝位也得到鞏固。

景帝性格溫和，勤於政事，善於任使，如果不是後來發生了一系列出人意料的事件，他本能成為一位中興之主，而不是以「戾皇帝」或「代宗」之名鐫於史冊。

景帝由一個凡事不管，整天錦衣玉食的年輕王子（他即位時二十二歲），忽然龍袍加身，儘管文武百官都是現成的，但他端坐寶座之上，卻備感孤獨，他毫無治國經驗，唯有一雙空拳，將如何治理這龐大的帝國？

他必須盡快起用自己信得過的親信。

不必說，前郕王殿下信得過的私人，自然是那些王府官員了。

明代的「王官」系統也分內、外兩部分，外官為長史司，內官為承奉司（首領為承奉正、副）。因為郕王未之國，所以王官配置較為簡單，文官就是輔導王子學習的幾位講書先生，其他就都是宦官了。

如今王爺做了天子，舊王府成了「潛邸」，王府官員應溥「從龍之恩」，一體升賞！王府的輔導內臣如王誠、舒良、張永、王勤等，都進了司禮監，參預機務，成為景泰朝的新貴。

宣德以來，司禮監已成為內府最為重要的衙門，它不僅是宦官的首腦機關，全面管理內府事務，系「秉筆、隨堂」銜的太監們，還有輔政之責，與內閣「對柄機要」，被稱為「內相」。英宗北征時，帶去了一半的司禮太監，全部死亡，剩下的只有興安、金英、李永昌等幾個人。司禮監職任繁重，而闕員嚴重，本來就需要充實。但新人進來後，原來的老人如何表達對新君的忠誠，如何適應與新同僚的關係，將成為他們地位能否穩固的關鍵。後來一系列太監間的派系爭鬥，將不斷證明這一點。

有意思的是，為人性貪的金英沒有做到，而清廉剛直的興安做到了，真是耐人尋味。

景泰初年，金英繼王振掌司禮監印，與興安等在內輔政；李永昌則主要與國公石亨、尚書于謙等文武大臣合作，整頓北京防務及京營事務，是宦官參預軍務的最高代表人物。

這三人在宣德中已任司禮太監，尤其是那位獲得過免死詔的金英，更是寵冠一時。他早在永樂末年就已做到司禮監右監丞，據北京圓覺寺一塊碑文記載，永樂二十二年十二月，仁宗將抄沒充軍欽犯張定名下的房屋莊田人口等，全部賜給金英。大概此事遭到非議，洪熙元年二月，仁宗重申金英得到的那些賞賜仍歸他所有。金英將房產捐出來，建了一間寺廟，即圓覺禪寺（舊址在今北京市朝陽區十八里店老君堂無極寺）。

金英這個人非常溺佛，自稱「佛弟子」。佛教最忌「貪嗔痴慢疑」，而以貪為首惡。照說金英非常虔誠，他生前捐建了好幾座寺廟，死時立下遺囑，要求按釋門規矩，將遺骨舂成粉末。可是此人最大的毛病恰恰是貪！一邊盡心誠意地奉佛，一邊破壞佛祖禁戒，大肆斂財，這人格也太分裂了吧？可掃一眼現實世界，類似的「分裂型精神病患者」滿街跑的都是，也不是啥稀罕事！

金英在正統中多次因經濟問題，遭到追究。前面我講了正統二年他與太監錢安因「私創塌店、霸集商貨」事下獄。才過幾年，又因私自在皇家苑囿南海子放牧並強奪百姓草料，與清平伯吳英、太監吳亮、范弘、阮讓一起下了詔獄。這都是王振當權時候的事，有這麼一個厲害角色在上頭壓著，勳臣太監們時不時到牢裡報個到，吃幾頓牢飯，受點獄氣的熏陶，誰還敢跟王振做對頭？故《明史．金英傳》說：「及王振擅權，英不敢與抗」。

但性貪二字不能抹殺一個人的生平；保唐僧取經的猴子和老豬，不也貪吃好玩，常犯貪嗔之戒嗎？應該說，金英立朝，還是有些正氣的。好比有一次他到南京出差，事完回京，南京公卿大臣全上趕著到江上為他餞行，惟有一人不到。此人便是理學名臣、時任南京大理寺卿的薛瑄。薛瑄曾因這股傲氣得罪過王振，差點被殺，如今又來頂撞金英。金太監一怒，也不是好耍的。金英記住了薛瑄的名字，回到北京，卻逢人便說：「南京好官，惟薛卿一人耳！」不光口頭說說，裝點門面，不久薛瑄奉召回北京任職，與金英的內助不無關係。

金、興二人對景帝來說，都是前朝舊人，相互之間不熟悉，也無感情基礎。然而興安對新君取全力支持的姿態，好比對迎回英宗這件事，他就很不積極。也先遣使來議和，請明廷派人去接太上皇，朝臣都很興奮，紛紛請遣使速往，景帝不懌，興安從宮裡走出來，對眾人說：「先生們欲遣使往沙漠，哪一位足當此差？誰是文天祥，誰是富弼！」辭色俱厲，語含譏諷。後來雖迫於輿論，景帝不得已差官前往，卻只派了一個七品都給事中，而且所攜敕書裡還沒有「迎上皇」字樣。此人大感驚訝，去內閣問，正好遇到興安。興安當面叱責他道：「你奉黃紙詔書行事就行了，其他的事何須你管！」興安的態度鮮明，毫無掩飾，所以後來景帝動易儲之議，許多人都懷疑興安參與了預謀。

與興安相比，金英明顯保守，尤其是在儲君問題上，很不願意與景帝配合。

話說英宗被俘後，本可以立他兒子繼位。年輕的英宗已經生了三個兒子（第二子早夭），可皇子們年紀都還小，國難當前，須有長君，朝臣自然樂於擁戴他們的叔叔郕王。

但這是有條件的！

歷史上不乏哥哥讓位給弟弟，弟再將皇位傳給兒子的例子。孫太后提出，郕王繼位可以，但須先答應一個條件，那就是將來他萬年之後，皇位必須重回英宗這一系。孫太后生怕大位旁落，是因為郕王不是她的兒子，郕王之母是宣宗賢妃吳氏，她不單要替未知歸期的兒子操心，也得為自己著想。她清楚得很，一旦郕王即位，將奉他親媽吳太妃為太后，她這位太后立馬過氣，變成涼拌菜，想想都難以忍受。

孫太后的擔心不是多餘的，郕王此時已有一子，名見濟，封郕王世子（世子是親王之位的繼承人）。精明的孫太后深知，郕王繼位已不可避免，如果不提前把條件講好，將來後悔晚矣。雙方妥協的結果是，先由太后出懿旨，立英宗長子朱見深為皇太子，然後郕王再登基繼位。太子是朝廷的儲君（又稱儲貳、國本），立見深為嗣，等於景帝與太后簽訂了傳位協定，將來皇位傳侄不傳子。

然而等景帝把皇位坐扎實了，不單自己不肯挪位，就是這皇位，也想傳給自己的親生子！這是人之常情，用現在的話說，就是幹嘛拿那麼大一注獎金去誘惑景帝呢？他雖是好人，也經不起那樣的考驗啊！景帝已決心廢除傳位協定。

可他知道，易儲是大事，肯定會有人反對。如果反對聲浪太高，即使動用武力將反對意見強摁下去，也不好看。為此，他想先探察一下司禮監的態度。一次，他裝作漫不經心地對掌印太監金英提到：「七月二日是東宮生日。」金英秒懂了，皇帝在試探他，然而茲事體大，不容他馬虎敷衍，金英鄭重其事地叩頭，更正道：「東宮生日是十一月二日。」景帝說的是見濟的生日，金英說的則是見深的生日，兩下說岔了。

金英做了這道「改錯題」，表明了他反對易儲的態度，也親口毀掉了自己的政治前途。

景帝聽了，甚為不悅，卻不便挑明，只把眉頭皺起，不再說話。金英失去了皇帝的信任，倒霉的日子可以預期了——果然他不久就出事了，還是倒在了貪字上。

事情是這樣的：金英派家人李慶拿著鹽引，到淮上等地的官辦鹽場支鹽[5]。李慶倚仗太監的勢力，違法多支官鹽不說，在往回運時，他還想把運費省了，便賄賂淮安知府程宗，擅自徵調民船六十餘艘為他載運私鹽，更甚者，他還打死了一名船伕。自古人命無小事，出了人命事情就鬧大了。景帝接到告發狀，馬上下旨，將李慶等下都察院鞫問。

都察院是管百官風紀的衙門，李慶只是一名家奴，把他送都察院問罪，皇帝的用意相當清楚——直指李慶背後的官兒。

大概都察院對此也略有領會，將李慶判了絞刑，其餘涉案人員皆施杖刑。但都察院對聖意領會還不深，也或許對金英還有所忌憚，所以在做最後的「結案陳詞」時，沒有觸及李慶背後的主子金英。

這時，刑科給事中林聰憤然上疏，對金英進行了嚴厲的彈劾，說他「怙寵欺君，懷奸稔惡」，同時指責都察院左都御史陳鎰、王文及監察御史宋瑮、謝琚等「畏權避勢，縱惡長奸」。像這樣針對司禮太監，特別是掌印太監的嚴厲參劾，不同尋常，而時機恰恰在金英與景帝產生嫌隙之際，可能林聰從某種管道得到暗示，才勇於上疏。王世貞《中官考》就說：「景帝以其（金英）擅權，惡之，命言

5 鹽雖然不貴，卻是生活必需品。在古代，鹽由國家專營專賣，支鹽必須持官方發放的憑證（鹽引）。至今鹽這宗商品還是由國家專賣。

官論其家奴。」說林聰是奉密旨疏劾。

此疏一上，景帝即批示：「金英，朕自處之。陳鎰等，命錦衣衛逮治。」

林聰一炮就打準了。都察院沒有參劾金英，或是畏其權勢，但將李慶判處死刑，似乎也沒有徇私的情節，而該院長官竟因此通通下獄。皇帝的反應讓嗅覺敏感的人士產生進一步的聯想，馬上意識到，他們「打虎」的自覺性太差了，令皇帝失望了。但不要緊，亡羊補牢，未為晚矣。十三道御史馬上因沒有糾劾金英，上章伏罪——在皇帝降罪前，先提前謝罪，也是免禍之一法。景帝見目的達到，就以十三道主動認罪，下旨「皆宥之」，陳鎰、王文也免罪復職。御史宋琛和謝琚本來被論以「贖杖還職」[6]，但他倆被林聰揪住不放，再次參劾他們「阿佞權要，難居憲職」，結果雙雙調離監察崗位，一個到江西吉安府做推官，一個降安福縣典史，仕途上栽了大跟頭。

凡牽入這一事件的官員都遭到嚴厲處分，比如多給金家支放官鹽的兩浙運使吳方大，因「畏勢受賂聽囑」，被抓到京裡，追贓畢，發原籍為民，為此壞了官。淮安知府程宗因擅自召集民船為太監家運私鹽，謫戍遼東。最倒霉的當然要數狗腿子李慶了，他向來橫行四方，驕縱慣了的，這次淮南之行，不過是其故態。不想主子開罪了皇上，他掉腦袋！李慶被判絞刑，在牢裡坐著，忽然碰上大赦，登時黑壓壓的天際出現一線生機。法司按照程序，將遇赦免死的囚犯名單報上去，然而李慶是景帝重點關照之人，見了他的名字，厭惡頓生，遂大筆一揮，下詔立誅之！遇赦而速死，李慶成了景帝洩憤的工具。

6 就是罪人本該受杖刑，但他們繳納一定數量的罰金後，可免於用刑，並且准許他們回原單位工作。這種以罰代刑的做法，叫作「贖刑」。

金英暫時無事，但他的違法行為遭到徹查——這就是翻舊賬。滿朝慷慨之士秉持「天朝」政治文化之精髓，紛紛上疏舉報，推危牆，落井下石，打落水狗。那些在金家門前門後走動勤便之人，多受牽連下獄。對他們進行審理的規格非常高，好比一個叫劉信的錦衣衛校尉，就由刑部尚書俞士悅親自審問，自然一審就審出「作弊」之事，且件件指向金英——說白了，抓蒼蠅是為了打老虎。俞尚書就奏稱，劉信「締結司禮監太監金英」，冒升百戶，常於午門外探各處事情，輒以報英，罪當斬，並請求將金英下獄。景帝命法司依律將劉信處斬，至於金英，景帝的態度仍然是「姑宥之」。

景帝還在等待更猛的爆料，好給他來個一舉報銷。

不久，錦衣衛指揮僉事呂貴被人揭發行賄。呂貴曾隨軍出征，升授職銜，署（代理）都指揮僉事。打完仗回來，依他現在的職銜，將調到外衛（錦衣衛最大的官只是指揮使，地方都司才有都指揮使這個官銜）。呂貴寧可不陞官，也不願意離開錦衣衛。於是透過金英的家人錦衣衛百戶金善賄賂金英，辭去都指揮僉事的升銜，得以留任錦衣衛。

這在過去，也不是什麼大不了的事，但如今形勢不同了，事發後，呂貴、金善居然被判了斬刑。都察院這回學乖了，沒忘記捎上金英，但皇帝既然說要「自處之」，都察院也沒敢做主，只說「英宜究治」。景帝不客氣，就把金善斬了，呂貴降調邊方衛所，同時下令將金英執付都察院鞫問——經過前期的發酵，金太監這盤菜終於可以下鍋了。

金英的罪狀被整理出來，主要是兩條：

其一，縱家人倚勢多支官鹽。這一塊金家家奴均已伏法，涉案官員也處分了。

其二，多次接受賄賂，幫助內外官員陞官。比如一個叫石璞的大臣，以交結王振，得以升任工部尚書，王振倒台後，他通過賄賂金英得以留任。這一塊涉及到多名大小官員，除了呂貴和劉信，其餘人均寬宥不問。

都察院建議，金英「奸惡如此，宜不拘常律，處以極刑，籍沒其家」。金英是大人物，他的事鬧得很大，此刻只消景帝一點頭，他的腦袋就保不住了。

金英結局如何？

《明英宗實錄》只是說：「英犯贓罪，下獄論死。帝令禁錮之，終景帝世廢不用，獨任（興）安。」對金英的下場，《明史》纂修者因為不知，在做《宦官傳》時，將金、興二人合傳，寫著寫著就竄到興安身上去了，似乎把金英搞忘了。事實是他們不知道，故行此敷衍之筆。

這個謎，直到一九五三年才揭曉。

這年，在南京江寧發現一處太監墓，出土墓誌一方，題為《明故司禮監太監金公墓誌銘》，知為金英之墓。雖銘文剝蝕模糊，但「命往南京安處，以就悠閒」等語尚可辨識。這就明確了，金英在關押一段時間後，被貶謫南京，景泰七年（西元一四五七年）六月初一日卒，得年六十三歲。

第六章　上皇被誣，忠宦殉主

易儲之事，已如箭在弦，不得不發。但景帝初立，時機尚不成熟，為此他隱忍了很久，直到景泰三年才正式做起這件事。而其發動之機，竟是來自廣西的一份上疏。

這年四月，廣西土官黃玹，因私怨殺害其弟一家，他弟弟時任思明知府，此事的性質就不止兄弟鬩牆，還是殺害朝廷命官。

黃玹想，自己的罪太大，為今之計，只有得到朝廷寬赦方能逃死。可是怎樣才能讓朝廷降恩呢？他揣摩景帝的心理，認為景帝急於易儲，只是無人公開提出來，使這件大事沒有由頭——好吧，那就由我來做這根導線吧！他遣使到京上疏，勸景帝「早與親信大臣密定大計，易建東宮，以一中外之心，絕覬覦之望」。

換太子的話題終於被人揭開蓋子！只可惜，率先倡議的，卻是一個殺害親弟的兇徒。

景帝可管不了那麼多，他大喜之下，立命禮部尚書胡濙、侍郎薩琦、鄒幹召集文武群臣廷議；他的感激之情是如此迫不及待，幾乎馬上下旨，赦免了黃玹，還升他做了都督——如此報償，皇帝的態度還不明顯嗎？

廷議，又稱會議、集議，是明代「政治民主」的一種形式，朝廷凡遇疑難大事，常下廷臣公開討論，根據事項的不同，分別由吏、禮、兵等部牽頭，召集勳戚、九卿大臣及科道官，大夥一起議，以集思廣益，與會者最後須投票表達自己的態度。

當廷臣步入會場時，都知道此事的輕重，故多面面相覷，不敢輕易發言。只有都給事中李侃、林聰和御史朱英三人弱弱地表達了保留意見。作為百官之首的吏部尚書王直面露難色，支吾不語。監議的太監興安見會議室裡氣氛壓抑，眾官扭捏，會議久無進展，他不耐煩了，厲聲道：「此事已不可能停止，如果哪位認為不可行，就不要署名好了，勿得首鼠兩端！」他這一喝，大臣們個個「唯唯署議」，均表示贊同。

「署議」就是在會議總結上籤名，這是要進奏的。由於意見一致，別無爭執，禮部尚書胡濙提筆就把廷議結果寫出來，就一句話：「陛下膺天明命，中興邦家，統緒之傳宜歸聖子，黃竑奏是。」然後諸臣排序，逐一簽上自己的名字。

在座眾官中，以魏國公徐承宗爵位最高，故以他領銜。徐承宗走過來，從胡濙手裡接過筆，第一個簽上名。隨後，寧陽侯陳懋、安遠侯柳溥、武清侯石亨、成安侯郭晟、定西侯蔣琬、駙馬都尉薛桓、襄城伯李瑾、武進伯朱瑛、平鄉伯陳輔、安鄉伯張寧等勳戚大臣先後簽名。

然後是——

五軍都督孫鏜、張軏、楊俊等十三人。

錦衣衛指揮畢旺等三人。

閣部大臣：吏部尚書王直，戶部尚書兼文淵閣大學士陳循，工部尚書兼東閣大學士高穀，吏部尚書何文淵，戶部尚書金濂，兵部尚書于謙，刑部尚書俞士悅，左都御史王文、王翱、楊善。以上尚書、都御史共十人。

下為六部侍郎十一人。

通政司堂上官四人。

大理寺、太僕寺等寺卿蕭維禎等五人，另少卿八人，寺丞六人。

翰林院學士商輅。

再後面是六科都給事中六人，十三道御史十三人，即每科、每道均出一名代表。先時略有不同之見的李侃等三人，此刻也隨在人後，默默地簽上自己的官銜及名字。

參加這次廷議的，包括勳戚、都督、錦衣衛、閣部、通政司、諸寺、翰林院及科、道官員，一共九十四人，可見廷議規模之大，代表性之廣泛。

群臣都說「好」，大事已定，景帝的答覆就有些冷漠，他對這個盼望已久的結果，只答了一個字：「可。」下面的事，如禮部具儀、吏部簡選東宮官署等，就由臣子們去操辦了。

景泰三年五月，廢太子朱見深為沂王，立景帝子朱見濟為皇太子。

成功易置太子，是景帝打的漂亮一仗，他為此動了不少腦筋。

事前，他因擔心廷臣反對，與太監王誠、舒良等密議，決定射出糖衣砲彈，用錢封住眾臣的口，於是平白無故分別賜閣臣白金一百兩和五十兩。事成後，又大肆封賞，凡親王、公主、邊鎮將吏軍士、文武內外群臣、太學諸生，無不受賞，又加賜閣臣黃金各五十兩。

新的東宮，「公孤詹事僚屬悉備」，派頭十足。景帝為了籠絡臣下，給官員們陞官，或給他們加東宮銜。時有謠曰：

滿朝升保傅，一部兩尚書。侍郎都御史，多似柳穿魚。

景泰中官爵猥濫之狀如是：「公孤師少，在朝不下二三十員。尚書每部二員，侍郎每部三四員，都御史員數，又有甚焉。名爵之濫，未有甚於此時者矣！」

這說明，景帝主要靠恩惠以結下，而不是用嚴察、威權以震懾臣工。然恩惠可施於平時，一旦發生重大變故，投機分子們為了利益將不顧一切地鋌而走險，無所畏懼。幾年之後，景帝突然失去帝位，其根本即在於此。

黃竑在上疏中塞入一句非常惡毒的話，他說，改立太子，可「一中外之心，絕覬覦之望」。「一中外之心」很好理解，也有一定道理，畢竟時下「當陽」在位的是景泰皇帝，皇太子朱見深只是他侄子，景帝並非無子，豈忍寶位落入他人之手？況且太祖確定的繼承制度，就是「傳嫡傳子」，朱見深無形中已變成一個讓「中外」無法一心的「覬覦者」，被廢只是遲早之事。人們大概已經忘記景帝與孫太后的傳位協議了吧！

那麼孫太后能夠向景帝表示抗議嗎？

也不能。

孫太后的處境也不太妙。英宗回京後，即居南宮（劉若愚《酌中志》說英宗所居名崇質殿，俗稱「黑瓦殿」），說是奉養，其實就是軟禁。身邊除了幾位妃子，就是一些隨侍宦官。起初，孫太后還常去看望兒子，母子倆說些體己話，也是冷漠人世的一種安慰。可有小人對景帝說，太后時不時去瞧太上皇，「慮有他謀」，並且出歪點子，勸景帝趁太后再去南宮時，將宮門鎖閉起來，別讓老太婆再回宮討人嫌了！這話傳出來，太后嚇得再也不敢去看兒子了。

在這樣的情勢下，孫太后能找景帝吵架，替孫兒出頭嗎？

景泰七年間，深鎖的南宮一點都不平靜，是當時朝廷的風暴之眼。

想太上皇帝朱祁鎮，是做過俘囚的人，常念起北宋徽、欽二帝的悲慘下場，他能安然歸國，已是禱謝上蒼不盡，豈敢還有復位的非分之想？可小人們不這麼想。小人立功之心太切，不踩住幾顆骷髏頭，他們怎能爬得上去？不是說成功者必須要踩在巨人肩上嗎？現成一個「巨人」在此，那些貪富慕貴之徒還不爭相往他頭上爬，不停地給他來個「佛頭著糞」？

就在易立太子三個月後，景泰三年七月，忽有錦衣衛校尉李善上疏，奏發太上皇與少監阮浪、內使王瑤密謀復位。

這是異常駭人的告發，不啻於揭發太上皇謀反！

如果沒有對富貴近乎痴迷的慾望，是幹不出這一票的！李善所告，不是別人，可是當今太上皇帝——前任皇帝與現任皇帝之兄！

然而李善只是一隻火槍，扣動扳機的另有其人。

此事真正的主謀，是錦衣衛指揮僉事盧忠和尚衣監太監高平。

盧忠因供事尚衣監，平日就住在監署，與高平關係密切。二人都是利慾熏心之人，沒事就在一起商量，如何摸獎，「中個五百萬」。古代沒有彩票，但一夜暴富的心理是無二致的。

顯然上一個「大獎」得主黃玹啟發了他們，他們想，皇上既已除掉前任太子，解除了皇位的一大威脅，那麼他下一步將解除一個更大的威脅，即住在南宮，距離乾清宮僅僅數百步的太上皇。

黃某衝鋒在前，盧、高接應在後，他們一起幫皇上了結一樁「心事」！二人一拍即合。

盧忠還是有「證據」的！

他與南城內使王瑤相識，一次王瑤給他看了兩樣東西：一件金繡帶和一把鍍金刀。那時，對官民之家使用金飾之物，還有著嚴格的等級限制，雖然破禁現象已經很普遍，但畢竟律文有禁，一旦有人追究起來，那就是僭越，許多人被指控造反，這些東西往往成為證據。

此時盧忠見了這兩樣東西，又見王瑤面露得意之色，不禁心中一動，便問，此物何來？

原來這刀與袋都是「二手」的。此物原屬英宗，英宗賜給少監阮浪，王瑤是阮浪名下官，阮浪又拿來賞給王瑤。王瑤想這是御用之物，如今在他手中把玩，哪能不得意？所以經常發群組，秀給人看。

他是無心的，可觀者有意，王瑤的炫耀成了他的致命毒藥。

那阮浪是什麼人？他是南宮的總管宦官。

阮浪留有一份墓表，是天順中閣臣李賢奉敕撰寫，名為《贈御用監太監阮公墓表》。單瞧他的姓，便知阮浪與他同時代的許多宦官名人一樣，也是出身交南。據墓表記載，他是永樂征交阯時選入掖庭的，入宮後就讀於內書館，書館畢業後，分配到尚衣監理事。宣德初，擢為奉御，掌寶鈔司。阮浪陞官速度並不快，歷經整個宣德朝，才做到御用監右監丞，只升一秩而已。正統改元後，升左少監，遂以此官終身。死後才追贈御用監太監。

這要用外官的話來說，就叫仕途淹蹇不得志。

阮浪在內廷屬於不得志的人，所以太上皇回京居南宮後，便讓他去侍奉。對於宦官來說，南宮是最冷最冷的冷局，不是實在沒法的人，不會去坐這樣冰冷的板凳。

墓表稱阮浪「以老成端謹入侍，左右事無大小悉咨委之」。意思是這個老實人在侍奉英宗時，端正謹慎，不因燒冷灶而頗多抱怨，還是老老實實做事，而英宗呢，對他也很看重，凡事必聽取他的意見——不然怎會賜他金繡帶和金飾刀？

然而這寵信適足以招禍！

盧忠看了王瑤發的「群組」，暗記在心，截圖為證，便拿賜刀與賜袋作法，指使校尉李善上告，說太上皇深結其下，意圖復位。

景帝大怒，立捕阮浪、王瑤下獄。

阮浪入獄後，承受了慘刑。墓表說：

（奸臣）構辭加害，言公（阮浪）欲糾眾復立正統，又欲公旁引內外動舊，羅織成狀。百端拷掠，雖極其慘毒，未肯承服，遂忍恨而死，終不累人。聞者莫不酸辛。

文中的「奸臣」當然不止盧忠、高平，阮浪入獄後，眾人如獲至寶，不僅希望坐實他謀劃「復立正統（英宗）」的逆圖，更望「旁引內外動舊」，將更多的人咬進來，羅織大獄——大家都想立功受賞嘛！

可貴的是，阮浪在酷刑之下，寧死也不誣枉一人。

由於「主犯」不肯交待，案件一時陷入停頓，就在此時，原告盧忠忽然瘋了。

盧忠為人，就像一隻瘋狗，不過他這回發瘋，卻是裝瘋！

原來，盧忠在誣陷太上皇密謀復位後，總覺得心神不寧，就去找人算了一卦。那賣卦人對盧忠的行為十分厭憎，便拿卦事來行罰，掐指一算，乃得一凶兆，對他說：

「此兆大凶，你將萬死難贖！」

算命的嚇死人從來不償命的。

盧忠一聽，已死了一半。但開弓哪有回頭箭？富貴他是不敢想了，一心只想如何逃死。想著想著，忽然口吐白沫，胡言亂語，赤著身子滿街亂爬，竟然瘋了！眾人嬉笑圍觀，其實都被他糊弄了，他心裡亮堂得很，他是裝瘋。

不過他的瘋症也管用，大學士商輅和司禮太監王誠趁機從中寬解，對景帝說：「盧忠是瘋癲之人，他的話不足信。皇上聖明，不宜聽妄言以傷大倫。」

景帝盛怒之後，心情已漸平復，他對始亂而終瘋的盧忠甚為惱怒，就刷一道旨下去，把他也下了詔獄，與阮浪、王瑤一併究問。

此案的兩名被告，阮浪死在獄中，王瑤被處死，此外再無一人捲入其中。

盧忠、高平的舉報，實際上是小人按照小人的思維，自作主張，替景帝畫下除掉政敵、鞏固大位的藍圖。歷史上，無數的宮廷血案、兄弟相煎，都是被這些小人搗鼓操縱的。透過這件事也可看出，景帝並無算計英宗的心，他防歸防，但要他殺害兄長，還是於心不忍的。不然，英宗在七年的時間裡，就是一隻籠中弱鳥，想要他死，只須一個暗示，那真是「閻王叫他三更死，不會留他到五更」。可英宗憋屈氣受了不少，但阿彌陀佛，總歸是平安無事，在那牢籠裡，他還有「性趣」，生了好幾個孩兒呢！

盧忠不久後由於別的罪被貶到廣西柳州衛任千戶。當他悻悻上道時，一定覺得鬱悶，可他怎麼也想不到，他已種下一枚苦果，五年後將綻開一朵殘酷的花。

他若真信了那算命先生的話，就該自己死了先！

第七章 與弟與弟，還我土地

五年後是什麼情況？五年後的景泰八年（西元一四五七年）正月十七日，燈節後第三日，天寒，這日清晨，太上皇朱祁鎮在忠國公石亨、太監曹吉祥、都督張軏、都御史徐有貞等人的扶持下，復登寶座，是為「奪門之變」。[7]

一夜之間，天下易主了！

英宗復辟，據說早有預兆。正統二年（西元一四三七年），京師大旱，街巷孩童捏泥塑龍祈雨，時有童謠道：

> 雨帝雨帝，城隍土地。雨若再來，還我土地。

「雨帝」是「與弟」的諧音，指英宗要將皇位讓與弟祁鈺；「城隍」音諧「郕王」，是景帝的本封王號，當「雨」再來時，弟當歸還土地，英宗將復為天下主。

英宗的人生簡直太神奇了，他以一人一身，完成了前輩帝王們從未完成的任務：從來沒有被異族

7 關於英宗南宮生活及復辟的詳情，可參看《大明後宮有戰事》。

俘獲的皇帝能夠平安歸來，他歸來了；從沒有被迫退位並被監視居住的皇帝還能鹹魚大翻身，他滿血復活了！他也是唯一一個被人告發謀反的皇帝。朱祁鎮一再刷新歷史，令人眼界大開，稱奇不已，來倆預言助興，也是必須的！

「奪門之變」是一次兵不血刃的宮廷政變。然而政變之後總要流血的，當奉天門上的皇帝，像變戲法一樣，由清矍的景帝變為胖而多鬚的太上皇，文武群臣尚懵然不知所以，忽就一道旨下來，從朝班中拿下了內閣大學士王文與兵部尚書于謙，同時司禮太監王勤、王誠、張永、舒良也從內廷縛出，一併押送錦衣衛問罪。

這些人便是景帝朝的內外「奸臣」！

百官沒一個敢反抗的，都乖乖地做了順臣，六科給事中還馬上調轉槍口，對王文、于謙及內閣、司禮監予以嚴參。英宗表示，「朕初復位，首惡已就擒，余姑置之，以定人心。」同時命錦衣衛差官，往寧夏捉拿太監高平（時任寧夏鎮管神銃內官），往廣西捉拿柳州衛千戶盧忠，並籍沒其家。很快二人拿來，「磔於市三日」。還有首發易儲之議的廣西土官黃玹，也被抓到北京，凌遲處死。

英宗報私仇的事我就不多講了，只說正月二十二日這一天，下了兩道旨，一道為紅事：以「迎駕功」，升太監曹吉祥嗣子錦衣衛帶俸指揮僉事曹欽為都督同知，侄曹鉉及太監劉永誠侄孫劉聚等為錦衣衛世襲指揮僉事，且賜敕褒諭之；另一道為白事，命斬于謙、王文、王誠、舒良、張永、王勤於市，抄沒其家，內閣陳循、商輅等，或充軍，或罷職為民。

朝臣就像麻雀。以前他們全聚在景帝的屋簷下，贊和易太子，現如今又倏地旋飛而起，齊落於英宗簷下，力主嚴治于謙等人，給他們定了三條大罪：一是串同黃玹構成邪議，更立東宮，又逢迎景帝之意，退黜汪皇后；二是樹立私黨，舉用私人；三是景帝重病時，文武群臣合詞請立皇儲（景帝子見濟被立為太子後不久就死了，儲位復虛），于謙等不欲復立沂王朱見深，而意欲別圖，遲疑不決，因見群情皆欲迎復太上皇，乃圖為不軌，糾合逆旅，欲擒殺總兵等官，迎立外藩。這群麻雀也夠狠的，他們斷案的結果是：王文、于謙、王誠等坐謀反，凌遲處死；陳循等坐謀反知情故縱，斬。本章留中兩日，到二十二日宣詔，皆從寬一等，凌遲改處斬，處斬改為充軍、罷職不等，處斬諸臣家屬俱發口北充軍。

看官還記得司禮太監興安麼？興太監不願迎回太上皇，又力贊廢置東宮，正是所謂「景泰忠臣」，他到底死了沒？

興安那麼大一尊「偶像」在那裡，目標極大，急於立功洗白的官員自不會放過他。就在于謙被等處決的第二天，六科、十三道聯合上疏，彈劾司禮監太監興安，稱其「竊弄威權，紊亂朝政，鎖南內之門，易東宮之位，與王誠、舒良、王文、于謙等為黨，明知逆謀，不能諫阻，而伺釁乘機，心持兩端，觀成敗以為向背」。他們強烈要求，「梟其首以戒權奸」！

然而英宗批覆道：「（興）安罪本當死，姑從寬貸，令勿視事。」並沒殺掉他，只是解除職務，令其閒住而已。

群臣稱興安與于謙等為一黨，並非毫無道理。《明史．興安傳》說，「興安有廉操（他在操行上要遠勝同儕金英），且知于謙賢，力護之」。于謙在景泰中為名臣，與興安的調護是分不開的。景泰七年春，于謙因病在家休養，景帝派興安、舒良每日前往探視。于謙為人持身甚嚴，一毫不苟取，位至孤、卿（即少保兼兵部尚書），在京住房只是小屋數間。妻子董氏死了，于謙年未五十，也不再續娶。因為忙公事，常年不歸私第，住在朝房裡，身邊只有一名養子侍奉，飲食也很簡單，除非參加公家宴會，從不飲酒。興安與舒良更番來視，見于謙自奉過於簡樸，皆嘆息而去，如實奏聞。有人說，于謙柄用太重，興安道：「只說日夜與國分憂、不要錢、不愛官爵，不問家計者，更有何人？朝廷正要用人，像這樣的，你們有本事再找一個來換于公！」眾人聽了，為之羞默。

從興安「有廉操」、力護大臣來看，他頗有名大臣風範。英宗不戮之，僅置之閒散，可能因為他歷侍四朝，資格非常老，為人威重有望，行事多從公允，深服人心，所以大難來時，內廷擠之者少，才免於一死。

興安卒於天順三年二月，享年七十一歲。據《大明故司禮監太監興公之碑》，「訃聞，上（英宗）震悼久之，憂形於色」，特賜寶鈔二萬緡、白金百兩，覆命有司建塔紀年。臨葬時，遣內官諭祭，內而各監之官，外而公侯伯，悉行祭禮。場面還是很大的。

英宗是被一幫「忠臣」從噩夢中扯出來，得復大位的，他本人並無寸功。而所謂「奪門功臣」，並非真忠，他們是臨時拼湊起來的造反小團夥，為了自家奇福，拿太上皇做賭注，冒死幹的這一票，他們在本質上與黃玹、盧忠、高平等人並無不同。

「奪門之變」，就是宮廷政變。

其禍首名叫石亨，官居總兵官，爵封武清侯。

石亨本是大同的一員邊將，生有異狀。如何異法？他生得「方面偉軀，美髯及膝」。「方面」就是今天說的國字臉，偉軀大概相當於「小姚明」吧。石亨大臉高個，還算尋常，但「美髯及膝」就厲害了。《神鵰俠侶》裡有一位長鬚怪樊一翁，鬍鬚極長，過了膝蓋，可是他個子亦極矮小，石亨卻是一副「偉軀」，他的鬍子大概有兩個樊一翁長吧，可以在下面藏一個長鬚怪。

在下研究相術有時，卻是孤陋寡聞，第一次見人長了一部漂亮鬍鬚，能垂到膝蓋——都可以當肚兜蔽體了！看官應知，古書上一旦說某人生有「異狀」，馬上就要談他的富貴了。好比永樂皇帝朱棣，也是一部美髯，飄逸如龍鬚，相術大師袁珙見了，馬上說，等鬍子長到肚臍眼那兒，大王您將為天子。後來果然應驗。石亨的鬍子可比朱棣長多了！

「偉軀」與「美髯」可能是老石家的基因，石亨的侄子石彪長得也是狀貌魁梧，鬚長過腹。有一次叔侄倆到酒店飲酒，遇一相士，此人奇怪地說：「今日天下太平，為何您兩位都有封侯之相呢？」——可見鬍子有了，就差機運了。

土木之變後，石亨由于謙推薦，升右都督，掌京師五軍營，又封武清侯。石彪在天順三年也以軍功封侯——這回鬍子該得意了，它沒白長！

其實，石亨的飛黃騰達，與鬍子完全無關，除了世亂的機緣、他過人的軍事才能，主要還是景帝的栽培與重用。

石亨是如何報答君恩的呢？

景泰八年正月初，景帝因祭祀著了風寒，宿齋宮不起，讓石亨代行祭禮——代天子行禮，該是多麼高的榮譽！可石亨一回來，立馬約了都督張軏（張輔弟。張輔已死於土木之役）一起去找太常寺卿許彬，對他說，皇上的身體非常虛弱，眼見過不去這道檻兒，與其等聖駕升天，百官迎立沂王見深即位，不如咱們提前下手，迎太上皇復位，奇功一件，可享開國之勳！

許彬是個秀才，心有餘而膽不足，他道：「好好，我祝公等建立不世之功。可惜我老了，出不了什麼力。不過徐元玉善出奇策，何不找他商議？」他推薦了一個人。

石亨把大腿一拍，鬍子撩飛，道：「我怎沒想到他！」乘夜趕到徐家。這位徐元玉比許彬膽粗十倍，毫不猶豫地加入逆謀，他們還邀約司設監太監曹吉祥，一起閉門密議。

這位徐元玉不是陌生人，他就是土木之變後，倡議南遷，為于謙、興安叱責的那一位翰林。當年他叫徐珵，因為名聲臭了，改名徐有貞，元玉是他的字。

徐有貞不愧是多謀之人，他首先提出：「此事須令南城知此意。」南城指太上皇。

張軏隨口道：「已經差人密告上皇了。」

徐有貞點頭，又道：「還應該提前告知孫太后。」

曹吉祥應道：「太后老娘娘那裡，咱家去說。」

十六日夜，陰謀家們再次在徐家密會。

有謀有術的徐有貞已是眾人的主心骨，為了給大夥打氣，他裝模作樣地爬上屋頂，看了會天象，很快下來，肯定地說：

「時機已到，立刻行動，勿要錯過！」

說幹就幹。政變的勾當，不動武力是不行的，而石亨和張軏都手握兵權。最近邊方告警，徐有貞就讓張軏詭言「備非常」，勒兵入大內。皇城鑰匙就掌握在石亨手裡，於是約定次日四鼓時分，由他打開長安門，放張軏兵馬入皇城。

張軏一進城，立刻關閉皇城四門。

此時皇城已在他們控制之中。但他們幹的畢竟是謀反的勾當，搞不好就要滅族，到底還是心虛。抬頭看天，只見天色晦冥，剛才還在的月亮忽然不見了。石亨和張軏心裡就打起鼓來，還得請教軍師！他們不安地問徐有貞：「此事能成嗎？」

徐有貞心裡有些瞧不起這兩位統兵大將，可事情緊急，不待細說，遂大言道：「一定成功！」催促他們快些行動。

石、張二人領著兵馬直奔南城，見宮門緊閉，就率眾翻牆入內。英宗有早起的習慣，此時已經起身，在燈下獨坐，忽聽外間喧嘩，忙掌燈出來查看，徐有貞等人已匍匐在丹墀之上，口中疾呼「請上皇復位」。英宗不明就裡，簡單詢問了幾句，遂果斷登轎。

徐有貞忙催「請轎」，可轎子只管亂抖，怎麼也抬不起來。原來抬轎的士兵因為害怕，竟一時失力，還得秀才徐有貞幫忙來扶，轎子才動起來。英宗非常激動，兩旁保駕的「忠臣」，他都不認得，路上才逐一相識，一一記下姓名。

轎子很快到了東華門（紫禁城東門），守門禁軍不開門。英宗大聲呼道：「我是太上皇！」門上自然是認得上皇的，他們不知何事，只好開門。英宗一行從東華門進來，直登奉天門，在門上先受了徐有貞等人的謁賀，然後出來朝見百官。他這就算重登大寶了！病榻上的景帝隨被廢為郕王，軟禁在西宮，幾天後就死去了。英宗復位後，將這一年景泰八年改為天順元年。

英宗復辟後，景泰朝的「用事」大臣斥逐殆盡，幫助英宗復辟的那一撮人，成了天順朝的新貴。然而，大肆封賞之後，朝廷的擾攘未必平息，隨後又是一連串的紛爭與動盪，不久後還發生了明朝歷史上唯一的一次宦官叛亂……。

第八章 「宦權」，如春江水漲

正統十四年的「土木之變」，在當時的輿論裡，已被普遍視作大太監王振專權、宦官亂政的結果。大亂之後，按理說，宦官勢力應該受到重挫，甚至是嚴厲的壓制……然而，歷史永遠沒有簡單的邏輯，事實並非如此。

這一章，我們討論一個嚴肅的話題：宦權。

景泰初年，確有一些人建言，希望以「王振亂政」為鑑，加強對宦官的控馭。如工部辦事吏徐鎮上疏，乞「監（鑑）前失」，不可令「刑餘之人」侍於君側，宦官有參預朝政及監軍、鎮守者，悉令撤回內府，各守原職，「如此則宦官無召釁之端，國祚有過歷之兆矣」。又有陝西蘭縣舉人段堅請「遠閹寺」，徵還各地監軍內官。肅王府儀衛司余丁聊讓借日食地震為言，指出「大臣陽也，宦寺陰也，君子陽也，小人陰也」，日食地震是「陰勝陽微之兆」，希望景帝「總攬乾綱，痛抑宦寺，使不得專國政，遏絕小人，使不得居庶位，則陰陽順而天變弭矣」。

對於這些言論，朝廷均按慣例「下部議」，而討論的結果，不是「以無實跡指陳」，就是「窒礙難行」，最後「皆寢不行」。

景帝只做過一次正式答覆。

景泰元年正月，陝西臨洮府同知田暘奏言，監軍宦官只准令其隨大將討賊，不許擅專兵權。我在第一部裡講過，自永樂以來，宦官已通過監軍、出鎮、總兵（如鄭和稱「總兵太監」）廣泛參與軍政；

宣德中，更多的宦官來到邊腹兩地，或監督或鎮守，干預地方軍民政務逐漸常態化、職務化。要想再改回去，確乎「難行」！景帝的態度也很明確，他批答道：

> 朝廷委任內臣各處鎮守、備禦、監軍、行事，皆是祖宗舊制，不可更改。

田暘說的四點，確實是永、宣以來的「祖宗舊制」，景帝並不認為需要「監」前人之失，改轍易行。景帝的批示，等於公開表示，以後不再接受類似建言。

值得注意的是，上書建言的，都是邊遠小官，沒有任何一位朝廷大臣發表如是言論。京朝官員對待「宦權」的態度，或許更值得玩味。

下面我分別從鎮守備禦、內官監軍和宦官行事三個方面來簡述明初「宦權」之發展——

其一，鎮守備禦。

宦官出鎮邊方，始自永樂，東邊之遼東、西邊之甘肅，都有宦官領兵鎮守。宣宗朝，宦官鎮守制度逐漸定型，且成為定制，每當一位太監撤回，馬上又會由司禮監再差出一位接替他，「鎮守內官」成為在地方的固定職位。每當朝廷有大征伐，總會任命一位宦官監軍，這位監軍宦官到了地方，常常就地轉任為鎮守。鎮守內官制度還從邊關往「腹裡」擴展，正統中，福建、山東、河南、湖廣、浙江等地先後增設內官鎮守，最後內地十三布政司（省）全都添設鎮守內官（鎮守太監是俗稱，並不是所有鎮守內官都是太監，也有部分少監，甚至監丞）。此時部分省分還沒有差文臣巡撫，各省「巡撫都御史」的添設普遍晚於內官，在這些地方，內官便成為督領一省軍政事務的最高長官。到憲宗成化年間，各邊、省均設立鎮守內官與巡撫文官，加上鎮守總兵官，這內外文武的權力三角便構成了我稱為「三堂體制」的地方管理體制。

宣德以來，還差出大批宦官，到邊方鎮堡管理火器。因為火器（神機火炮、火銃、火箭等）是軍中祕器和對付漠北騎兵的利器，出於技術保密的需要，地方上是不許私造的，全部由北京內府兵仗局（內監「二十四衙門」中的八局之一）製造，然後差宦官分送邊鎮使用。

起先，只有邊鎮大城才配備火器，隨後一些重要的城堡也有配置，但這些先進武器的管理使用，包括火器手的訓練，全部由宦官負責。這些宦官實際上成了邊疆「特種部隊」的司令官，正式名義是「監槍」。久之，遂加授（內）分守、（內）守備等銜，從而形成與武官系統相對應的內官鎮守備禦制度。比方說，在邊鎮一級（「九邊」），有鎮守內官與鎮守總兵；邊鎮下為「方面」，有分守內官與分守副、參將領；方面之下為重要的關、堡，有守備內官與守備武臣。這種完備的邊鎮統御體系在正統年間基本形成，凡用兵處，必參用宦官一員或數員任鎮守、分守或守備。工部吏徐鎮說，祖宗朝「不令宦官預政，不令典兵，但使之守門、傳命而已」，是很久很久以前的老黃曆了。

其二，宦官監軍。

宦官最早介入軍務，正是通過「監督軍務」。朱元璋曾多次派遣宦官到軍中「觀兵閱勝」，就是監軍的一種形式。「觀兵」這個詞很容易讓人想到唐代的「觀軍容使」，其全稱是「觀軍容宣慰處置使」，是由宦官預軍發展出的一種使職。由朝廷派來「觀兵」的宦官，其權力顯然不止於代表皇帝檢閱軍容，必然含有宣慰將士、處置軍情的職責。宦官監軍，永樂以後形成定制，凡朝廷調京軍出征，必差內官監督軍務。

景泰年間，宦官監軍制度又有了新的發展。

大明最精銳的武力，是京軍。明朝的都城北京，抵近燕山，自遼代在此建都（遼之南京），歷金（中都）、元（大都）三代，皆為漠北草原部族南下征服、控馭中原的基地，與明代建都形勢截然不同。從戰略態勢上來說，明朝定都北京，是「天子守邊」，在京城駐紮一支強大的武裝，十分重要。這支武裝，便是京師「三大營」，包括五軍營、三千營、神機營，各設總兵官統領。每當需要調動京軍征剿時，臨時任命一位勳臣擔任大將，掛印出征，他所統帥的兵馬從各營湊撥。

京軍在土木之變中損失慘重，精銳盡失。景泰三年十二月，經于謙、石亨奏准，從三大營選出精銳馬步官軍十五萬，分為十營操練，稱為「團營」，每營一萬五千人。

除了挑選「廉能驍勇」的將領坐營管領操練，各營皆設監槍內臣，命太監阮讓、陳瑄、盧永等會同都督等武臣提督，稱「坐營內官」，十營官軍俱聽太監劉永誠、曹吉祥及尚書于謙、武清侯石亨等約束調遣。自此，宦官全面滲入京營軍政事務。

新選出來的十營兵馬，不再參與京城的土木工程建設，專一訓練，是明朝最新編練的精銳，而原三大營選剩官軍則從此淪為工程兵部隊，專門替皇家蓋房子、建陵寢。以後凡遇地方或邊方發生緊急事態，則依據軍情，調撥一營、二營或三營人馬，前往剿殺，其餘的仍於本營訓練，守備京師。但凡動兵，必差內官一員監軍，同時調撥之營的坐營內臣隨軍監槍（或充監軍）。也就是說，平日無事，宦官在營提督操練（坐營），有事則轉任監軍、監槍出征，遂為定例。

其三，宦官行事。

行事，又稱緝事，今天稱為偵緝。

偵緝本是中性詞，但許多中性詞卻能刺激人的感官，具有催吐效果，比如「一坨屎」；偽軍偵緝隊，提起來也令人憎惡。明代的「特務」亦是如此，讓人念起就想啐一口。過去有人寫了一部明代宦官的書，名字就叫《明代特務政治》。將宦官定性為特務，觀點偏頗，在今天看來已經過時了，然而其發論並非全然為空穴來風。眾所周知，明代有兩個特別有名的偵緝機構，一個是衛，一個是廠，合稱「廠衛」，它們都與宦官具有重要關聯。

「廠」主要指東廠（另外還一度設有西廠、內行廠），因其衙署在皇城東安門外而得名。如此重要的一個祕密機構，卻只低調地稱為「廠」，正可見其性質神祕。

東廠屬保密單位，它開設的時間沒有記載，諸書所記，皆出推測。[8]在成化以前，明朝國史明實錄中，沒有東廠的任何記錄。然而「內官行事」卻並非全無消息，前引景帝稱朝廷委任內臣行事，為祖宗舊制，就是一條證據，表明在正統以前，內官「領行事」已為定制。

景泰中，宦官行事的記載驟然多起來。比如一個叫阮伯山的少監，就以「掌行事」的名義首見於實錄。我勾稽史料，大致勾畫出此人的經歷：

正統三年，禮部尚書胡濙撰《敕賜淨明禪寺記》，言「中貴阮公伯山，夙慕宗乘」，於宣德八年罄資建寺，該年訖工，具聞於朝，賜額「淨明」。這是阮伯山首次出現在史料中，伯山或作柏山、白山，還見於正統五年《敕賜寶光禪寺助緣記》、八年《敕賜法海禪寺碑記》、十二年《敕賜真武廟碑》

8　關於東廠沿革的考證，可參見作者的論文《東廠「新證」三說》（發表於《西南大學學報（社科版）》2010年第5期）。

等碑的「助緣信官」名單裡，他在內廷身分應不低。

《明英宗實錄》記其事蹟數例：

最早是正統九年，駙馬沐昕杖死閹者（家用的閹人）及家奴，被時為奉御的阮伯山告發。

景泰元年，阮伯山已任內織染局副使，奏發都督劉安等或老疾不才，或廢邊務。

景泰二年正月，乃稱「掌行事者右少監阮伯山」，這是正史第一次出現內官「掌行事」的名義。當年七月，以擒反賊功，升左少監，錦衣衛官旗劉祥等十九人俱升一級。八月升太監。又奏發公侯伯等違反朝廷禁令，擅自收用自宮閹人——可見阮伯山在景泰初年較為活躍。

由大學士商輅所撰，刻於景泰四年九月的《西山淨明禪寺興造記》云：「淨明禪寺者，前中貴阮公伯山所創建」。碑文既稱「前」，阮伯山此時應該去世了。

透過梳理以上材料，可知阮伯山自正統以來即「善訐」，所發皆為不法之事，被他告發的都是勳貴大臣，這顯然不是他的個人行為，而是在履行「行事」的職責。

值得注意的是，阮伯山到正統九年才任奉御（內官，比監丞低一級，正六品），職位並不高，卻有實力在宣德末、正統初捐資建廟，且屢屢與眾太監大佬比肩助緣，說明他官位低，職任重。我推測阮伯山在宣德末年即已領校尉行事，正統中較為安靜，而在景泰初忽然活躍起來，是其權力得到加強的結果。

景泰年間東廠的活動，是有確鑿證據的。

明代筆記《雙槐歲鈔》的作者黃瑜，景泰中為國子監生，他在該書第六卷「王忠肅公」條記道：「景泰時，優人張甚通同東廠邏者，害及舉子。」說一個叫張甚的優伶，經常給東廠探子提供情報，誣害平人，就連來京參加科舉考試的舉子都不能避害。就我所見，這是明人記東廠行事的最早記載。東廠由默默無聞開始進入時人筆記，這不是偶然的。

我還查到一份《安千戶墓銘》，作者是明中期著名學者羅玘，傳主是一個叫安順的東廠官校。墓銘提供了關於東廠的重要材料，摘錄如下：

景泰初，也先未即悔禍，南土弄兵之戎，所在蜂起，一二奔命之臣，乘時覬望，多其身圖。由是奸伏於肘腋間，莫可擿拔。景皇帝赫然震怒，恐有以戚我上皇，遂嚴偵探之柄，拔錦衣群校，置之東廠，使之入微搗深，不以時達。

說的是景泰初年，政治形勢不穩，於是從錦衣衛撥出大批官校，置於東廠，令他們祕察奸宄，所得情報隨時進奏。結合前面的材料，基本上可判定，領「錦衣群校」行事的，就是阮伯山（只是實錄沒有指稱東廠）。他最後的官銜應是「掌東廠官校行事太監」。可以說，阮伯山是目前可知的第一位東廠太監。

自景帝「嚴偵探之柄」，內官緝事權大大加強，這從阮伯山在景泰初的兩年間由副使驟升至太監可見一斑。顯然，由於時局的關係，內官掌握的緝事權在景泰中大為加強，表現在東廠所領錦衣官校人數有了不小的增長，緝事權也開始出現濫用的情況（如黃槐說的「害及舉子」）。

但以「發奸」為責的東廠卻有嚴重失職，一些投機家密謀「奪門」，它竟毫無覺察，致使景泰時代在一場鬧劇一樣的政變中黯然收場。

第九章　曹、石驕逐徐有貞

頗具滑稽意味的是，發動「奪門之變」的，都是景泰朝的親貴大臣，其中武清侯石亨、都督張軏握有兵權，是政變的支柱，他們找到副都御史徐有貞，一拍即合，徐氏乃成為政變的主心骨和軍師，而在宮廷內外穿針引線、傳遞消息的，是司設監太監曹吉祥。所謂「奪門功臣」，主要就是這幾位。

英宗復登大寶，改年號為天順（西元一四五七～一四六四年）。

天順這八年，政局動盪，可用「奪門功臣盛極而衰」來勾勒出一條拋物線：奪門之變後的半年，他們的勢力達到頂峰，隨即徐有貞與曹吉祥、石亨不合，為其排擠遣戍。曹、石二人恃功倨傲，久之為英宗所憎，遂通過扶持錦衣衛（門達、逯杲），逐步壓迫他們。石亨叔侄敗亡後，曹吉祥密謀叛亂，然而闕門一把火，卻將其一族焚滅，下場可悲。這段歷史，被稱為「曹石之亂」。

「吉祥」本是佛教徒的常用名，如鄭和的法名就叫「福吉祥」。我在正統年間北京寺廟碑刻的「助緣信官」名單裡，發現多位以吉祥為名的內官，但就叫「吉祥」的，唯有一人，他就是太監曹吉祥。吉祥可能是他微時的小名或賜名，在正統早期史料中，均只寫作吉祥。

吉祥最早的記事見於正統元年（西元一四三六年）十一月，他因率兵剿殺入寇莊浪的達賊，受到朝廷的獎諭，稱其「忠勇可嘉」。

莊浪是「九邊」甘肅鎮下一處重要據點，曹吉祥此時應任「莊浪（內）守備」一職。作為「軍功宦官」，莊浪也許是他發跡的起點。

正統四年，朝廷起大兵討西南麓川宣慰司，時任司設監右監丞的吉祥與太監吳誠共任監軍。王世貞《中官考一》稱之為「內臣總兵之始」，是不對的，早在永樂時，鄭和不已經以「總兵太監」的身分出使海外了嗎？但也說明了這次軍事行動中宦官的重要性。

「三征麓川」是正統年間的大事件，戰事持續多年，然而初次用兵，朝廷有些輕敵，只調動了雲南地方部隊參戰，用兵並不順利。朝廷隨於正統六年二月改吉祥鎮守雲南，同時調集重兵，以定西侯蔣貴為總兵官，兵部尚書王驥提督軍務，大興撻伐。大軍到時，吉祥就改監督軍務。明代著名儒臣陳敬宗所撰《贈大司馬王公（驥）總督南征奏凱序》裡，稱吉祥、蔣貴、王驥及參將、督糧、紀功等官為「六君子，皆智謀勇略之士也」。

吉祥在雲南頗樹戰功，正統七年正月，以麓川平，奉召回京。他的鎮守之職由都知監少監蕭保接替，從此「鎮守雲南內官」成為固定的職位。大概因吉祥在雲南立功，經朝廷同意，他恢復了本姓——在這以後，無論是私家碑刻，還是國史實錄，他都叫曹吉祥了。

曹吉祥的主要經歷，均與用兵有關，他是典型的「軍功內官」。正統中，他還參加了九年正月出境掃蕩兀良哈三衛的軍事行動，此時他已官居太監。十三年征福建鄧茂七，他與太監王瑾一同提督神機銃炮（監軍）。

曹吉祥在宮廷的地位直線上升，前文曾提到正統十一年初，英宗在「大祀」禮成後封賞太監，一共五人：王振、錢安、高讓、曹吉祥、蔡忠，他名列第四。這是個很有說服力的名次。

由於曹吉祥知兵，景帝即位後，他與太監劉永誠作為內官，和武清侯石亨（武官）、兵部尚書于謙（文官）一起，總督京營軍務。景泰中，內官排名，曹吉祥常常居首，甚至在司禮眾太監之上。應該說，景帝對他是有知遇之恩的。然而富貴如此的他，當「景泰皇帝疾不能起」時，立刻背主求榮，與同樣受恩深重的石亨等人一起，發動「奪門」之變。

從景泰帝的教訓來看，作為領袖，馭下用恩，不如用威。景帝對石亨、曹吉祥那麼好，他們不照樣背叛他？友誼的小船，說翻就翻！

論「奪門迎駕功」，以石亨為首，進爵忠國公。曹吉祥是宦官，做到太監就到頭了，太監本人是不能封爵的，但太監立功，也不白立，獎賞可以轉讓給他的子侄家人。「奪門」後的數月間，曹吉祥的嗣子曹欽，就由錦衣衛指揮僉事升任都督同知，又升左都督（武臣極品，正一品）；侄子曹鉉、曹鐸也都升一品武職，於錦衣衛帶俸。什麼是帶俸呢？好比曹欽，他做的是左軍都督府左都督，但他不必到左府管事，每月到錦衣衛支領俸祿就可以了。這差使，真是好棒棒！曹欽大概就是正統十一年世襲錦衣衛副千戶的曹整的兒子，因為吉祥無子，就把侄子曹欽過繼過來。很快宦官公子曹欽又進一步，封昭武伯——可笑的是，此人一生只打過一次仗，那就是天順三年舉兵焚闕造反，結果當天就被幹掉了。如此「昭武」！

除了石亨的忠國公、曹欽的昭武伯，徐有貞也封伯了。

大軍師徐有貞向來是不甘人後的。他在英宗復位當日，就奉特旨入閣，第二天又加兵部尚書銜。可他還覺不盡興，找到剛剛進封國公的石亨，對他說：「願得冠側注從兄後。」這話很文，翻譯成白話，就是「我也想封個爵陪您玩玩」。那時他和石亨還是患難兄弟，情感尚濃，石亨馬上答應了，就去和英宗說，英宗重做皇帝，正在興頭上，二話不說，立刻封徐有貞為武功伯，兼華蓋殿大學士，掌文淵閣事，賜號「奉天翊衛推誠宣力守正文臣」，祿一千一百石，並世襲錦衣指揮使，給誥券——這一長條文字，代表了極高的榮寵與實惠。

明代文臣封爵的極少，除了開國時的劉伯溫（誠意伯）和汪廣洋（忠勤伯），其他如王驥（靖遠伯）、王越（威寧伯）、王陽明（新建伯），都是因軍功封伯，而徐有貞之得「武功」伯，卻與武功沒有半枚銅錢的關係。

奪門之變，實為犯上作亂，居然造出一公、三伯（還有一個興濟伯楊善）；曹欽封伯，更是明代歷史上宦官近屬第一次得授爵位。

曹、石兩家算是貴富盈門了。可投機客永遠不會饜足，這二位也真是臭不要臉，三天兩頭跑去見英宗，見面之後，說的最多的話，就是替人要官，而理由無非是此人「與謀迎駕」，彼人「有奪門保駕功」。弄得英宗一見他倆來，心裡就發毛，頗有些厭煩，但他的大位畢竟是曹石兩兄弟幫忙搶回來的，毛歸毛，還得儘量滿足他們。為此石亨弟侄家人冒功錦衣者五十餘人，部曲親故竄名「奪門」得官者四千餘人；曹吉祥門下廝養冒官者也多達千人。當然啦，他二位積極性高，並不是甘心為人做牛馬，他們批發官帽子，為的是中飽私囊，培植黨羽，引進私人——不白幹！

奪門功臣們一邊貪嘴，還一邊鬥嘴，很快起了內訌。

尤其是曹、石二人與徐有貞的關係迅速惡化，達到不可調和的地步。

我講過了，徐大師不是好對付的人，他不僅要做大官，還要攬權肆威。由於他的誣陷，少保于謙、大學士王文被殺；原首輔陳循過去於他有德，杖一百、充軍鐵嶺衛，他也不救。復辟後，內閣諸臣斥遂略盡，事權乃盡歸徐有貞。

徐有貞得志後與曹、石不合的情形，他的外孫祝枝山在《野記》中有所記述：

（徐有貞）權寵傾朝。始凡批答制旨皆出閣臣，後入宦寺手。至是，徐復請歸閣，宦人浸失權，嫌徐。迨曹、石私謁徐以事，輒不從。去，自陳情於上，徐復諫止。每節縮恩典，益銜之。

指出徐與曹、石的矛盾，首在於爭權。過去內廷出旨批答，皆出閣臣，其後漸落宦官之手。徐有貞掌閣後，請復舊制，宦官因失權而嫉恨於他。曹、石常因私事來請謁，徐有貞一概不從，他們自己找皇上去說，徐有貞又從中阻止，並故意節縮朝廷賜給二人的恩典。

祝枝山的記載，可能根據徐有貞本人的自述，大體可信，與《明史．徐有貞傳》「（有貞）窺帝於（曹、石）二人不能無厭色，乃稍稍裁之，且微言其貪橫狀」的記載可相互印證。英宗對曹、石二人的貪得無厭已相當厭煩，徐有貞窺知聖意，故對其多加裁抑，他這麼做，雖有爭權的成分，本質上還是承上意行事——這些，徐有貞自然不會對他外孫講。

曹、石權重而貪橫，還是有大膽御史敢於揭發。

天順元年五月，御史楊瑄奏言：直隸（今河北）府縣連年水澇，民飢至於相食。河間全縣只有一個鄉的田地位於高阜，可免水淹，小民種植小麥，日望收穫，石亨全部將其占為己有。真定府饒陽縣田可耕者僅千餘頃，曹吉祥家人抑逼有司，欲俱占耕。楊瑄請求朝廷將兩家侵占民田的事下巡按御史覆勘，全部歸還百姓。

英宗拿著這一本，詢問徐有貞與另一位閣臣李賢的意見。徐有貞當然不會維護老夥計，兩位閣臣都表示，楊瑄不避權幸，所言公正，宜從其請。英宗正有此意，馬上命巡按直隸御史核實，並讓吏部給楊瑄記功一次（「吏部記名」）——含有鼓勵的意思。

為此，曹、石恨極了徐有貞。

英宗的態度給了臣下某種暗示，御史張鵬等見楊瑄一告即准，遂踴躍起來，準備來個「宜將剩勇追窮寇」，約集十三道御史，合章寫了一本，集中火力，轟擊石亨。

看官請留意，過去的言官上糾皇帝，下察百官，後來就不行了，上只能糾宰相。到了明代，言路愈加不堪，往往要「希旨」或「承旨」劾奏，為皇帝做虎狼，皇帝指哪兒，他們咬哪兒。當然啦，劾人雖為表演，也有它的套路，得照著劇本，一步一步來。

好比御史劾人，明明是奉旨糾劾，或揣摩上意所為，「深獲上心」，可皇帝呢，偏要假意優容，做出寬大的樣子。這時，則需御史窮追猛打，切勿放鬆，勿要以為皇帝不忍。直到三番五次，最後皇帝才裝出無可奈何的樣子，說公議如此，朕也不好違眾啊，只好請您進去了！

皇帝如此進二退一，扭捏作態，主要有三方面的考慮：

首先，對「罪人」，昨日還是滿滿的愛，今天就只剩下汪洋之恨，愛恨轉移太驟，人們會說朕無情，面兒上不好看，緩一點，方好掩人耳目。

其次，在攻打敵方主城前，應先解決外圍堡壘，待只剩下一座孤城，一舉克之為便。

再次，先不動本主，像剝洋蔥一樣，將其左右附麗之人逐一剝去，逼勒口供，搞到更多的材料，等到事件不斷發酵，罪行不斷暴露，再將本主一鼓蕩滅，此時他已為死人矣！

歷史上「請君入甕」的戲劇，大抵如此，讀史需看門道的！

且說張鵬等上疏，本是揣摩聖意，一心立功，可惜他太性急，沒有選擇「倒石」的最佳時機，打亂了英宗的部署，英宗便沒法跟他們配合。最不該張鵬行事還不密，他聯合諸道御史彈劾石亨，為都給事中王鉉探知，洩露給了石亨。石亨先下手為強，邀了曹吉祥，一齊找到英宗，跪地大哭，說張鵬是已誅司禮太監張永的侄子，他誣陷自己，是為了替叔報仇。

張鵬確為張永之侄，這一下就被扣住命門了，英宗無話好說，只好將張鵬連同楊瑄等下獄，並親臨文華殿，把十三道御史全召來，加以責問。他這麼做完全是違心的，覺得憋悶，故對御史疾言厲色。

御史辯解說，我們所劾之事皆有實據，不敢欺君，石亨跋扈之態，自景泰以來即如此。英宗沒好氣道：「石亨之罪如實，汝等為何不即劾之，到今天才說？來呀——」命錦衣衛將御史全部收監，讓他們交代主使之人——這是石亨要求的，英宗為了敷衍面子，不得不答應。

究問的結果，牽出了都察院右都御史耿九疇和右副都御史羅琦（十三道屬都察院，這兩位是都察院副長官），他們也一齊下了獄。

但曹、石仍是不依不饒，他們認準了，御史敢於參劾他們，是受了內閣指使！

曹吉祥心裡有數，徐有貞已經失去皇帝的信任，此時是推倒他的最佳時機。

可是，復辟這才幾天，怎麼徐有貞忽然就已失去英宗信任了呢？

其實正是曹吉祥在背後搞鬼。原來，徐有貞有謀，很得英宗倚信，他們經常屏開旁人密談。曹吉祥和徐有貞疏遠後，覺得徐有貞是心腹大患，決心除掉他。他是宮廷政治的老手，深悉「親則難間，疏則易構」的道理，他要害徐有貞，必須先讓他與皇帝之間產生隔閡。

曹吉祥是會用兵的人，大概也很懂謀略吧，很快讓他想出一計：他祕密安排小宦官偷聽英宗與徐閣老的談話，然後他在奏對時，不經意地將他們密談的內容說出來。英宗聽了大驚，這些話他只對徐有貞一人講過，外人如何得知？納罕地問：「你從哪裡聽來這些話？」曹吉祥趁機下藥，道：「都是聽徐先生講的。」更將徐有貞某日講某事，一一學給英宗聽，並且說，這些事不僅奴婢，就是外廷，也是無人不知。

俗話說，君不密則失國，臣不密則失身。君臣密議，最忌外洩。英宗想到，他與徐有貞密談時，論及時弊，辭氣慷慨，一副忠臣模樣，不想轉身就將談話內容外透，這不是沽譽賣直嗎？打這以後，英宗對徐有貞就漸漸疏遠了。

皇帝對徐有貞的信任動搖，再陷害他就不難了。此刻時機已到，更待何時，曹、石二人聯袂大哭不已，指定內閣是幕後黑手，一定要追究。英宗窘迫間，也不免心疑，便將徐有貞、李賢一併下獄究問——堪堪是要興大獄的節奏啊！

忽這天夜裡，雷雹交作，大風折木，一陣可怕的疾風暴雨讓英宗心生警悟，意識到他處置過當了，便將眾人開釋，各自回任辦事，但他不願拂曹、石之意（他現在需要羈縻他們），加上對徐有貞早已不耐，便不准他再入閣，將他降為廣東參政，令其離京。

可曹、石是睚眥必報的小人，他們不容徐有貞平安脫身，一定要除掉他。

為此又設一計，找人按照「徐大師」慣常的口吻，偽造了一封匿名信，都是「指斥乘輿」，表示對朝廷不滿、危言聳聽的話，很切合徐有貞算命先生的身分和他此時失意怨望的心情。

信寫好了，怎麼投進宮讓皇上知道呢？居然又讓他們想到一個歪招。

明朝的章疏，分兩類投進：外地本章（京外本），由通政司進呈；在京本章則直接送到宮內左順門，交門上的接本內官收進。當時有一個叫李秉彝的給事中剛剛丁憂歸鄉，曹、石便找了一個和他長相頗似的人，到左順門進本——還別說，壞人做壞事，真有點想像力！

接本內官把本章接過來一看，見奏牘很長，隨口問：「大人說何事，這多文字？」那假冒的不敢答話，只將頭低低垂下，內官瞧了一眼他腰上掛的牙牌，刻著「吏科給事中」的官銜，也就笑著將本章收了。

本章遞進去，次日早朝便急索李秉彝入見。李秉彝早已離京了，一查才發現，原來遞本的是個冒牌貨。英宗大怒，命錦衣衛滿城搜捕。

還真讓他們逮住一個，送來讓接本內官認，可內官上下打量，不對啊，昨天那位，長得肥而多髯（滿嘴鬍子的大胖子），這個瘦而無鬚，不是不是！於是錦衣衛按照內官的描述，按圖索驥，很快又抓來一人。此人是江蘇常熟人，名叫張廷端，「以寫竹游都下」，用今天的話說，就是一個很會畫竹子的上京畫家。他長的正好肥而多髯，可惜那假冒的沒有開口說話，沒法對口音，張廷端自己又不承認，只好按老規矩辦——「加掠無狀」，一個字：打！

曹、石又誣稱匿名信出自徐有貞的門客馬士權，派人南下捕拿徐有貞。徐有貞剛走到山東德州，就被朝廷派來的緹騎抓了回來，與馬士權一起下詔獄。張畫家和馬門客，都屬於權臣爭鬥造成的間接傷害。虧得馬士權是個義士，挨了重刑，硬是挺住不招，不承認受徐有貞指使寫了那封匿名信，不然徐有貞死定了。

徐有貞是一個術士，經常通靈、察天象，似乎與老天拉上了關係，前回大風折木已幫過他一回，這回他入獄，又來幫忙，突降一場大火，把承天門（皇城正門，今天安門）燒了。按照慣例，逢到重大災異會赦免囚徒。都到這一步了，曹、石豈容徐有貞再生？他們對英宗進讒說：「徐有貞封伯的誥券是他自己撰寫的，自稱『纘禹成功』，封邑武功縣也是他自己選的。大禹受禪為帝，武功是曹操的始封之地，可見徐有貞為人，其志不小，有非望之心。」他們竟然說，徐有貞想學大禹、曹操，受禪稱帝！

英宗是個精明的人，不會輕易為曹、石糊弄，以為文臣徐有貞竟能狂妄到想謀反稱帝。而且當時他對曹、石已然不滿，準備對他們動手了，所以明知徐有貞無辜，也不便維護他，打草驚蛇。他二人既這麼說，就將徐有貞交刑部議罪。刑部屈從權臣，居然依照汙衊之詞，將徐有貞擬了「棄市」。英宗當然不會同意處死徐有貞，從輕將其發雲南金齒為民。只要人活著，便有平反的一日。果然，石亨死後，一日英宗對李賢和吏部尚書王翱提起舊事，說徐有貞哪有什麼大罪，他不過被石亨輩陷害罷了，現在可以把他放回來了。徐有貞才從遙遠的金齒回到蘇州老家。

第十章 宦官公子要學曹操！

過去評價明英宗朱祁鎮，多說他是昏君。因為在他在位的前一段，有「王振專權」和「土木之變」，後一段，又有「曹石之變」。有這幾座大山壓著，不「昏」能行嗎？

正統時的情形，因為英宗年紀還輕，加之明代中樞制度的特點，決策的過程較為隱祕，也搞不清是英宗本人的獨斷，還是太監王振從中操縱。好比正統十四年八月，內廷突然傳旨，決定御駕親征，外廷感到很突然，而內旨嚴急，馬上就要動身。大家都不曉得是怎麼回事，就猜測是王振出的主意，甚至說英宗被王振挾持了。

天順年間的情形就比較清楚了。從諸多事實來看，英宗在歷經磨難後，已成長為一位沉毅、精明，並且較有政治手腕的英主。對天順這段歷史，我們不能只看到八年間的亂象；如果換個角度，這八年，也是英宗通過他的忍耐和精心謀劃，將亂臣賊子逐一分解、消滅的過程。大明王朝這艘航船，雖在激流中劇烈搖晃，但畢竟順利渡過了一個又一個的險灘。

英宗是倉促之際復位的，之前他被關在南城七年，復辟時基本上就是一個光棍漢，除了那幾位「奪門英雄」，還能依靠誰？內閣、司禮監作為皇帝的左膀右臂，尤其重要，原來的內閣已經解散，他決心親自選拔可用之人。

很快他就發現一個「三好」大臣。此人姓岳名正。他有哪「三好」？首先是長身美鬚髯，長得好；

近京漷縣（在今北京通州）人氏，地方好；他還是正統十三年的會元[9]，出身好。英宗認為岳正正當年富力強，又是「我北方人」，還是「我親取之士」，有這三好，立馬相中此人，將他擢拔入閣，並經常向人誇耀，說岳正是朕自擇的閣臣。

岳正為人「素豪邁，負氣敢言」，驟然為英宗賞識重用，自是「感激思自效」，在奏對時，滔滔不絕，經常把口水噴到英宗衣服上。岳正知道曹、石恣甚，英宗對他倆已經很厭煩了，他大大咧咧地，當這是小事，向英宗拍胸脯：

「二人權太重，臣請以計間之。」

英宗滿以為他有什麼好手段，就同意了。豈料岳正走出來，直接去見曹吉祥，問他：「忠國公常令杜清來此何為者？」杜清是石亨門下武將，經常在曹、石兩家跑。曹吉祥不知岳正來意，答道：「辱石公愛，致誠款耳。」岳正當即駁道：「不然，此人為忠國公所遣，來窺伺曹公所為的。」岳正並不曉得曹、石利益相關、休戚一體的底細，以為憑兩句話就能離間他們。他還勸曹吉祥辭去兵柄，以戒「盛盈」。

從曹家出來，他一徑又走到忠國公府，諭令石亨自戢，行事當收斂些。

岳正本不是戰國時代的縱橫家，沒有辯士的機智和口才，還書生氣十足，以為憑他一番正能量的肺腑之言，就能令曹、石醒悟，自覺交出兵權——他肯定覺得這是權貴能夠善終的最好出路，興許他二人還感激他呢！可惜，這全是他自說自話，曹、石可不這麼想。他們被岳正弄得一頭霧水，然後相

9 會元，即會試第一名。會元不是狀元，會試之後還得殿試，殿試合格方為進士，其第一名才稱狀元。

互一對，才明白他的用意，頓時大怒。

曹吉祥馬上跑進宮，見到英宗，把帽子一除，伏地大哭請死，並且暗諷岳正說的那些話，是英宗教他說的。英宗窘愧不已，連忙否認，且拿好言來寬慰他。待曹吉祥走了，英宗氣得不行，把岳正召來，好一頓埋怨。他很後悔信了這酸子，將心事洩露了。過了不久，就將他攆出內閣，讓他去給小宦官們教書——此時距岳正入閣，不過二十八日。

內閣徐有貞、岳正先後去位，還有一位呂原，此人有志節，但也是個書生。英宗真正能夠倚靠的，是與徐有貞一同入閣的李賢。英宗厭曹、石驕橫，曾對李賢說：「此輩干政，四方奏事者先至其門，為之奈何？」李賢說：「陛下惟獨斷，則趨附自息。」英宗憂慮：「也曾不用其言，乃怫然見於辭色。」說只要不聽他倆的，他們竟敢給皇上甩臉子！李賢勸英宗不用心急，「願制之以漸」，急則生變。

李賢進言，多緩緩開導，比如「奪門」之事，他對英宗說：「稱『迎駕』則可，『奪門』二字豈可示後？天位乃陛下固有，『奪』即非順。且爾時幸而成功，萬一事機先露，石亨等不足惜，不審陛下於何地！」英宗才恍然大悟，意識到曹、石並非真心擁戴他，不過拿他做了蹈危取貴的墊腳石。

李賢又說：「若郕王果不起，群臣表請陛下復位，還用這些擾攘做什麼？此輩又安得邀功升賞？如果平穩過度，則老成耆舊依然在職，何至有殺戮、降黜之事，致干天象？《易》曰『開國承家，小人勿用』，就是說的這件事啊！」他說一切弊政的根兒，都在「奪門」上。英宗大以為是，於是下詔，命自今章奏勿用「奪門」字樣，並議革冒功者四千餘人。對曹、石也逐漸疏遠。

天順年間，英宗真正可以倚為左右手，是兩個人，在內閣為李賢，在司禮監為牛玉（太監牛玉事詳下卷），而他制衡權臣的主要工具，是錦衣衛。

錦衣衛是朝廷的鷹犬，天順中錦衣衛勢力最大的，是兩個人，一個叫門達，一個叫逯杲，都是怪姓兒，容易記。

門達，直隸豐潤縣人，為人「性機警沉鷙」。他本是錦衣衛籍，襲父職為百戶，正統末年在鎮撫司理刑，景泰七年佐理錦衣衛事兼鎮撫司理刑，是錦衣衛的二號人物。天順初，進錦衣衛指揮使，專任理刑。

門達掌詔獄，本來較為仁恕，有一些重獄，還要靠他來平反，以至於有罪者以下詔獄為幸事，門達也有了「賢」的聲譽。然而英宗復辟後，「欲知外事，倚錦衣官校為耳目」，要把錦衣衛這根鞭子舞起來，「以為懾服雄奸之具」，像過去那種「仁恕」的做法，就不時興了。

皇帝這時需要的是能幫他震懾「亂臣賊子」的酷吏，於是逯杲趁時而起。

奪門之變後，大治「奸黨」，逯杲意識到立功的時候到了，他先把本衛百戶楊瑛捆了，說他是司禮太監張永的親屬，又一次上朝時，突然從朝班中拿住千戶劉勤，稱其訕謗。二人皆因此被誅，逯杲因功升百戶——典型的血染頂子！

英宗以逯杲「強鷙」，大加委任。逯杲也明白皇帝的心思，遂「摭群臣細故以稱帝旨」，很快就升到錦衣衛指揮。逯杲本來是門達的手下，要靠討好門達混飯吃，他得幸之後，其勢反出門達之上。史云：「錦衣衛指揮同知逯杲每遣校尉廉得事情，送指揮使門達鍛鍊成獄。」就是說，逯杲率領校尉，在外偵緝密訪，訪得奸人姦情，即拿送錦衣衛，由門達審訊。門達受了逯杲的刺激和威脅，再不敢以「賢」自得，也學會了刑訊逼供，以鍛鍊冤獄為能。

英宗在經歷人生的大變故後，對人喪失了基本的信任，為了瞭解臣下的忠誠，他甚至會親自交辦偵伺任務。比如李賢曾進言，說錦衣衛官校在外為害，就讓他起了疑心，懷疑李賢言過其實，他不是去瞭解錦衣衛是否有播虐的事實，卻密令逯杲對李賢進行調查。「得君」之如李賢，在天順中尚且兩次下獄，我想假若王振復生，也不可能再像正統時那樣擅權了。

逯杲就是英宗豢養來咬人的狗，不管對方是誰，只要皇上一指，上去就開咬，絕不遲疑。而凡為逯杲劾奏者，多得重罪。天順中，錦衣衛派出的校尉，偵事四方，文武大吏、富家高門多進伎樂貨賄以祈免，就是親藩宗室亦不能免。

而英宗最大的心事，就是侍寵不法、且其叔侄在內外掌握兵權的石亨。

英宗對奪門功臣的心態，已發生微妙的變化，由最初的感激，變為厭惡和猜忌了。

逯杲本是曹、石進用之人，但所謂「跖犬吠堯」，獵犬是不講恩德情義的，逯杲在得到英宗授意後，立即加強了對石亨的伺察。國公府整日被一群特務監視著，什麼事都逃不過英宗的眼睛。詳情我就不細表了，總之，石亨侄子石彪最先事發，被人告發密謀鎮守大同，以與在內握兵的石亨表裡奪權，石彪下獄後，逯杲即親赴大同，抓捕其黨七十六人，連坐者甚多。不久又奏石亨「怨望」，心懷不軌，石亨下獄庾死——隨即下詔，盡奪「奪門」一功。

曹吉祥瞧在眼裡，急在心裡，他知道自己不可能做旁觀者。

在石氏叔侄倒台後，逯杲不解盔、不卸甲，馬上奏發太監曹吉祥和他嗣子昭武伯曹欽的「陰事」。曹氏父子又恨又怕，有石亨的先例在，渾是一個死，不如放手幹一場，或許還能死中求活呢！他們不甘毀滅，決定先下手為強，對英宗發動反擊。

曹吉祥要造反，是有一定本錢的。他長年在軍中，提拔了一批軍官，他尤其注意籠絡達官（即蒙古族的軍官），經常宴請犒賞他們，推薦他們陞官。依靠私人紐帶將這些人與他捆綁在一起，形成一榮俱榮一衰俱衰的關係，曹太監一旦壞事，達官們的富貴也保不住。這些人都是刀口下滾出來的莽夫，輕義重利，不怕死，頭腦也簡單，一聽說曹老太監受朝廷的欺負，都表示不平，願意為太監效死力。

曹欽還有些擔心，他問自家門客馮益：「自古有宦官子弟為天子者乎？」馮益道：「魏武帝曹操不就是嗎？他還是爵爺您家家門呢！」

馮益這典引得好，曹操的父親正是宦官養子。曹欽大喜，天子之位，曹家盡坐得！他把自己當作明朝的曹操，以為是天意，立志要反了。

造反的戰船就此鼓帆遠航。曹欽每日在府與達官宴飲，金錢、穀帛恣其所取，隨時準備召集人馬幹起來。

曹家在這邊調整造反的狀態，朝廷對曹家的壓迫也逐漸收緊。

天順五年七月的一天，曹欽因事責打了家人曹福來，這本是宅中小事，居然也為言官所劾。有了這個由頭，英宗馬上下令逯杲嚴查，並且降敕遍諭群臣，對曹欽予以指責。曹欽大驚，他知道英宗終於要向他家動手了，他道：「上次降敕，就拿了石將軍。今日復如此，完蛋了！」於是決定動手。

造反是大事，須擇良辰吉日，曹吉祥讓他的親信掌欽天監事太常少卿湯序選個好日子，湯序選定七月二日庚子這一天的拂曉，由曹欽擁兵直入皇城，曹吉祥率禁軍在內接應。

謀劃已定，曹欽就把親信達官召集起來一起飲酒，把自己的謀反計劃和盤托出。過去這幫傢伙聚在一起胡吃海喝，說些對朝廷不滿的話，那是給老曹家捧場，圖個嘴巴快活。可是等曹欽正式招呼大家扯旗反起來，他們心中還是恐懼害怕。但既已上了賊船，也只好借酒壯膽，豁出去幹了再說。其中有一個叫馬亮的，眾人喊口號他也喊，眾人表忠心他也表，卻趁人一個不留神，鞋底抹油——溜了！出得門來，便望長安街急走。

馬亮要找的人，是懷寧侯孫鏜與恭順侯吳瑾。這一段時間，西邊甘、涼告警，孫鏜奉命掛印西征，在京整軍，還沒出發，就住在朝房裡。馬亮找到他們，急慌慌地道：曹家反了！

恭順侯吳瑾也是一個達官，他一聽，知事不宜遲，馬上催促孫鏜草疏，由長安西門的門縫投進，向英宗做了緊急匯報。

這封十萬火急的信立刻送到英宗寢宮。英宗大驚，立刻下旨，先將在內的曹吉祥拘起來，同時敕令皇城與京師九門不得開啟。與此同時，曹欽已發現馬亮逃走，知道他一定報信去了，遂當機立斷，決定行動。此時正當半夜，他率領人馬不奔皇城，卻先撲到逯杲家，將仇人殺死，報了平生之仇，然後才向皇城殺來。

皇城以南的朝房裡，燈光點點，人影搖曳，一些在朝房值宿的大臣已在準備上朝。忽然亂兵殺到，當即在西朝房殺死都御史寇深，學士李賢在東朝房小坐，不及逃走，背上挨了一刀。亂兵待要殺他時，被曹欽制止，曹欽將逯杲的頭舉起來給他看，道：「曹某今日所為，都是被此人所激。」他請李賢替他寫一份奏章，解釋他被迫起事之故。要說曹欽也是一隻呆鳥，你反也反了，還說恁多廢話，不白白耽誤時間嗎？

曹欽心神已亂，他勒逼李賢代寫奏疏，自己卻領兵攻打長安門去了。此刻門內已有準備，曹欽見門不開，便命縱火。守門士卒急忙拆除玉帶河護欄的磚石，將門洞堵塞起來。曹兵在外狂呼，哪裡攻得進去！這時，孫鏜的兩個兒子率領急調來的西征部隊，由東向西攻來，曹軍在東長安門外稍微接戰，便不敵潰退。曹欽眼見朝廷援兵到了，氣急敗壞，想如今唯有攻入皇城，才能轉敗為勝。他立即領兵北避，轉攻沒有城牆的東安門。巧的是，他在路上遇見恭順侯吳瑾，一刀將其砍死。

曹欽又在東安門放火，三座落地的門樓一下燒起來。曹欽大喜，直待火勢稍弱，即麾兵突入。不想守門的禁軍見大門起火，知不可守，乾脆往火樓子裡添柴，火越燒越旺，熾熱難近，叛兵反而沒法進入了。

曹家兵馬少，貴在突襲，最怕延誤時機。時間一久，人心就亂了。當東方漸白時，叛兵紛紛散去。而孫鏜率大勢兵馬殺到，孫鏜公子名孫軏的，一刀砍來，正中曹欽右臂。曹欽見事不可成，幾乎發狂，又走安定等門，試圖逸出京城。可所到之處，城門緊閉，他已為甕中之鱉。無可奈何，只好逃回家，關上府門，做最後的掙扎。

隨著天亮，下起雨來，而且越下越大。想來老天爺也不幫忙，這場大雨要是早下一會，將東安門的火淋滅，說不定曹欽就打進皇城了！此時孫鏜督兵過來，將曹府團團圍住，乘雨猛攻。曹欽滿眼只是慌亂，耳朵裡嘶鳴著慘叫，簡直如天崩地裂一般。曹欽絕望，投井而死。官兵殺進來，不分老幼，盡屠其家，曹氏一門皆滅。

過了三天，從內廷發出曹吉祥，送到市上，處以磔刑。湯序、馮益及其姻黨皆伏誅。

曹欽舉兵焚闕，變起倉促，幸而先得馬亮告變，又得孫鏜領兵未行，否則流血廟堂，後果實不敢想像。曹欽要地下有知，一定恨死了擇日子的湯序。還說良辰吉日呢！如果再等數日，待孫鏜西征大兵離京，也是好的嘛。這故事再一次告訴我們，「大師」，不可信！

事後，馬亮被授予都督之職，孫鏜懷寧伯進侯；死難者，逯杲贈指揮使，吳瑾贈涼國公。對事變當日的情態，京師有謠曰：

> 曹奴此日發癲狂，寇（深）逯（杲）諸公死亦當。學士（李賢）叩頭如犬吠，尚書（王翱）鎖項似牽羊。萬安叩首稱三叔，恭順（吳瑾）當凶戰一場。寄語滿朝當道者，將何面目見吾皇。

如果曹奴得志，局勢將如何發展，還真不好說。

逯杲一死，也替門達除去了絆腳石。亂平後，門達以守衛功，進都指揮僉事。他學著逯杲的做法，派出更多的旗校到四方探事，雖曹、石已滅，而告詰之風日盛，中外重足而立，英宗就是這樣強化他的統治的。

第二卷

一朝天子一朝臣

關鍵人物

牛玉、王綸、梁芳、懷恩、覃昌、汪直、黃賜、陳祖生、尚銘、阿丑、陳準、李榮、蕭敬、張敏兄弟

第一章　大漸託付，牛玉承遺詔

天順八年（西元一四六四年）正月十七日，也就是那年上元燈節後的第三天，大明英宗睿皇帝朱祁鎮因病去世，時年三十八歲，此時離他復位不過八年——巧的是，七年前，也是在正月十七這一天，他重登大位。

英宗之死，事起突然：正月初一，英宗還親自去奉先殿給祖宗拜了年，然後出臨奉天殿，接受百官和四夷朝使的慶賀。在熱烈的氣氛裡，英宗沒說什麼話，群臣也沒看出異常。但第二天他身體就不好了，以至於不能上朝，讓司禮監傳旨，暫免朝參。官員們想，年節裡宮中事務繁多，皇上身體勞累，停天把朝，略作調養也是好的。可朝會一停就是三天，大夥就有些不安了。正月初四，英宗的舅舅、太保會昌侯孫繼宗，與太子少保、吏部尚書兼翰林院學士李賢領銜，代表公侯駙馬伯及文武群臣，具本問安。英宗派太監出來傳話，說連日進藥，病已減輕，卿等可安心理事。

皇帝生病，不是小事。看官應記得，當年景泰皇帝也是在年頭裡，連著好些天沒上朝，並且傳出病危的消息，就丟了寶位。皇帝的病症，是機密，外臣也不便打聽。孫繼宗與李賢，一個是外戚兼勳臣之首，一個是內閣首輔學士，對此竟毫無所知。他們與一般廷臣一樣，自元旦那天過後就再沒見過皇帝。而司禮太監傳旨後，也不搭話，即匆匆返身入內，沒有透露任何關於英宗病勢的消息。

到了正月初五這一天，內廷傳旨，令皇太子朱見深代為視朝，並於文華殿處理日常政事。看來御體越發不妙了。然而孫繼宗和李賢連續兩次具本請安，英宗都只答覆：「朕已知之」。

就在群僚焦急不安時，闃然緊閉的宮門內突然「砉如寒隼驚暮禽」，爆出一個令人震驚的消息：萬歲爺大漸了！

大漸，是皇上病危不治的委婉說法。

原來，捱過幾天之後，英宗深知這回病來如山崩，半條腿已邁入鬼門關，挺是挺不過去了。決定趁著還沒迷糊，對放心不下的心事做出交待，於是將嗣君皇太子朱見深及太監牛玉、傅恭、裴當、黃順、周善等召至病榻前，口授遺囑。

英宗還未開口，眾人已哭成一片。英宗像一本皺巴發黃的書，無力地躺在床榻上，雙眼赤灼如近火，被厚厚一團眵目糊糊住，雖不停有內侍用濕毛巾輕輕拭去，直是瞠目不開。英宗也沒有力氣睜眼，耳聽那聒噪，愈是不勝心煩，胸口慌悶。

「自古人生必有死——」

英宗說道，氣若游絲，微弱的聲音彷彿能被風吹去。跪在太子下首擔任錄旨任務的司禮太監牛玉忙「噓」一聲，大家都知道萬歲爺遺言要緊，忙止住悲聲，暖閣內頓時靜下來，就像面向集市的窗戶忽然關閉，喧鬧被攔在外面，墮入一個寂寥的空間。

牛玉唯恐有所遺漏或誤聽，向內膝行，近榻一些，幾乎與太子面對面跪著。太子惇厚的臉上掛滿了淚，手腕搭在榻沿上，握住父皇的一隻手。他還是個單純的孩子，似乎還沒法理解這一幕的本質，垂著眼簾，怔怔地呆望著牛玉手中的一沓白紙在簌簌抖動。

「今朕病已深，倘言有不諱……。」英宗緩緩說出這幾個字時，嗓音哽咽，悲情宛如一群寒鴉從身前掠過。他還年輕，只有三十八歲，如有「不諱」，心不甘哪！

「不諱」二字引發的抽噎，像海潮一樣漫起來，要將臨終人淹沒。英宗焦躁地搖頭，手中一緊，虛握住太子的手滲出汗來，他能感到太子的微顫。

英宗接著往下說，牛玉記錄——

「倘朕言有不諱，東宮速擇吉日，即皇帝位，過百日，成婚！」

皇上的語音黏稠、沉悶、破碎，牛玉卻聽得真切。過去八年裡，他作為司禮監掌印太監，是皇帝身邊最為親近的內臣，沒有誰比他更熟悉皇帝的聲音。

牛玉在紙上點畫著，錄下聖諭的扼要，然後唸給太子聽。太子默然無言，只是垂淚。牛玉見他無異議，便望英宗道：「奴才記下了。」

英宗擠了擠眼，歇了口氣，又道：「皇后錢氏名位素定，當盡孝養，以終天年。」

牛玉一邊記一邊想，太子即位，朝廷自有定制，后妃人選都是現成的，百日之內大婚，也不必著慌，唯獨這一件行孝，該著太子爺，須他當面應承。

可太子聽了牛玉的複述，依舊悶不吭聲，牛玉促問道：「小爺？你回奏一句。」太子才醒悟過來，慌地答「是」，又垂下頭。

這位太子爺有口吃的毛病，打小就不愛說話，但他到底是嗣君，一個字一個押，一口吐沫一顆釘，金口玉言，說出來的話，必要作數的。

「小爺純孝，萬歲爺放心吧！」牛玉向榻上垂死之人回道。

英宗緊閉的眼裡淌出一汪熱淚。牛玉深知英宗久為太子母周貴妃與錢皇后不和的事鬧心，太子即位後，母以子貴，必然崇封生母，並尊周、錢為太后。周為人性傲，錢性拗，皇上走了，沒人居中調劑，他害怕錢皇后孤立吃虧，是以拳拳以孝養為囑。

牛玉心裡想，太子柔嫩，不善言辭，又屬晚輩，將來兩位母后打起來，還得咱家一力擔當維持，總之不使錢娘娘太吃虧罷。

英宗又交待了德王等幾位皇子的分封事，想想差不多了，在歇了長長一口氣後，將一件醞釀已久的心事，說了出來。他道：

「殉葬非古禮，仁者所不忍，我死之後，眾妃子，都不要殉葬……。」

此言一出，閣中之人，無不唏噓。

牛玉對皇上的心思，比任何人都更清楚——

他記得，英宗自受「北狩」之辱，在漠北為俘一年，幾無生望，原以為自己便是大明的宋徽與宋欽，不想誠感上天，居然還有歸國的一日。回到北京，日子也不好過，以上皇之尊，囚禁於南城，兄弟猜忌，眾叛親離，原以為便當如此聊以終身了，殊未料還有翻轉天地，重登寶位的一天。人間奇蹟，彷彿萃於他一身！是以復位之後，常感念上蒼無量之恩，一心想順天德意，做盛世太平之主（所以改元「天順」）。故他明知曹、石作孽恣狂，亦只一味隱忍，可不想君臣之恩，到底還是一拍兩散。種種沒想到、想不到，經歷了太多的無常和無奈，英宗別有了一副大慈大悲的心腸，對於弱者，他格外憐憫。

在復位的第二個月，他就傳詔鳳陽守備太監，將在鳳陽高牆中關押了近六十年的建文子孫全部釋放寧家，並且讓牛玉親自前往，將其好生安置，不使有缺。

牛玉回朝後，對英宗說起「建庶人」（建文帝次子朱文圭）已經五十多歲了，初從高牆裡出來，見到田野上吃草的牛馬，竟然不識為何物！牛玉本來是當笑談來說的，豈料英宗聽了，竟喟然長嘆，泫然為之垂淚。

去年，惠妃去世，英宗久思不置，忽然提起，在他萬歲之後，不當再令妃嬪從殉。殉葬之事，自祖宗朝以來，無不如此，亦太慘矣！英宗嘆息道，妃子亦我家人，豈忍令其不得善終？想列祖列宗非無慈仁之心，唯臨終前不及交待，而嗣君哀戚，不忍減其禮，以故相沿至今……此話原是這麼說的，牛玉只當皇上思念惠妃，一時隨感而發，不想到今日大漸了，他還記掛此事。他感動得伏地大呼道：

「萬歲爺千古仁德！」

說了許多話，英宗已感吃力，牛玉抹著淚探問，是否休息一下？英宗偏過頭，讓近侍擦拭雙目，努力睜了睜眼，他繼續往下說的，都是些安排後事的話了。

英宗心思縝密，講的也細，他道，我一生持儉，不事奢華，我死之後，入殮時須沐浴潔淨，棺內裝用袍服不需多，多亦無用，皇后、東宮挑幾件舊衣裳給我穿上，腰間繫上條環即可。只是山陵未建，一定要擇一好地，他日皇后壽終，宜與我合葬，惠妃亦須遷來，以後眾妃百年後，也須次第遷來祔葬……英宗一邊說，一邊叮囑，爾等俱要遵行毋違，似有懸心不下之意。

牛玉此時端端地像一名顧命大臣，記著，並保證著。他是司禮監掌印，皇上交待的這些事，還不得靠他來落實嗎？太子繼位，不也得靠他贊翊輔佐麼？他心中道，萬歲臨終託付，老奴定當奮勇擔當，萬死不辭，無愧於皇上多年倚畀栽培之德。

在英宗訣別易簀的床前，忽然有那麼一刻，一股強烈的抱負之志從牛玉胸中騰然升起……。

在明代大太監中，牛玉的名氣並不大，但他卻是英宗復辟八年間權勢最大的太監。

明實錄中關於牛玉的記載不多，虧得他的墓誌已經找到（在牛玉的老家河北涿縣東鹿頭村老公墳出土。老公墳者，牛玉之墓也！），補充了許多有用的材料。結合這些公私史料，我先介紹一下牛玉的生平——

牛玉，字廷圭，號退思居士。從太監有別號，且號「退思」來看，牛玉是一位文化素養較高的宦官，只惜腹下少一物，否則可稱文士了！但反過來想，牛玉縱然才學過人，他若不受閹進宮，近接宸居，恐怕也沒有那麼好的機會，讓他坐上輔政之位。天下讀書人那麼多，都擠一座高考（科舉）的獨木橋，即使打破頭擠上去了，還有好多不幸被擠落水的，真正攀上龍庭之柱的已是鳳毛麟角。牛玉不到五十歲就掌司禮監，躋身朝廷中樞決策的核心，最關鍵的，還不在他學問有多高，主要還是要感謝那「寶貝」的犧牲！

言歸正傳，據《明故兩京司禮監太監牛公墓誌銘》，牛玉於永樂十一年（西元一四一三年），以「俊秀」選入內庭，按其生年（永樂七年，西元一四〇九年）計算，他入宮時還不到五歲。

牛玉入宮後，隸名司禮監。工作單位安排得好，這是他未來一路上行的基礎。此後牛玉一直在司禮監供職，直到坐到掌印之位。司禮監在宣德年間開始「參機務」，牛玉作為重點培養的後備骨幹，宣德二年（西元一四二七年）十四歲上已升長隨，「主管內外章奏」，並且跟從大學士楊溥學習經學。楊溥，人稱「南楊」，與「西楊」楊士奇、「東楊」楊榮，合稱「三楊」，是明代前期最為著名的宰輔大臣——牛玉師傅牛氣！

作為閣臣，楊溥政務繁忙，為何百忙中還要抽出工夫來教牛玉讀書？

其實宣德中的閣臣，都有「內府教書」的兼職，如楊溥之後的陳山、張瑛、呂原、岳正等，都有過「教小內使書」的經歷。

閣臣教書，不是在大家熟悉的內書堂，學生也不是普通的閹童；內閣師傅們開席的所在，離禁密之地更近，就在文華殿東廡，稱為「文華殿續學」。

位於紫禁城外朝東路、左順門（今故宮協和門）裡的文華殿，在宣德年間成為皇帝處理政務、接見臣僚的便殿和日常講讀之所，內閣就在文華門南的斜對過。這塊地方，是明代中樞的核心區域，相當於今天中國的中南海——神祕吧！

文華殿東邊廊廡的讀書聲，皇帝開窗便能入耳。在這種地方學習，自然不是一般學生，他們都是司禮監管章疏的小內官。據明代人黃瑜《雙槐歲鈔》記載：「景泰時，選小內侍黃賜、覃昌等七人，俾中允倪謙、呂原教之，亦於文華殿東廡。」覃昌與他弟弟覃旺「一同選入內廷，又一同入內書堂讀書，後來覃昌更進一步，「復被擢進學於文華殿之東廡，特命故學士文懿呂公（呂原）、少保文僖倪公（倪謙）教之」（《司禮監太監葵庵覃公（昌）墓誌銘》）。從覃氏兄弟的情況來看，他倆因資質較好，進宮後選送內書館加以培養，覃昌尤為出類拔萃，經再次遴選，進入文華殿東廡深造。黃賜、覃昌等人，應該和牛玉一樣，都是為了在御前管理筆札章奏，專門送到文華殿東廡接受「高等教育」的。我認為，所謂「文華殿續學」，是專門為培養司禮太監而設立的，這座菁英學堂的畢業生，如牛、黃、覃等，後來都做到了司禮監掌印太監。[10]

宣德七年（西元一四三二年），二十歲的牛玉迎來了人生的第二次機會。這年他升任奉御，「充東宮伴讀」，從此分身，一頭在司禮監管章奏，一頭陪六歲的皇太子讀書。[11]

當時東宮的主人，便是未來的英宗朱祁鎮。

在現代漢語裡，「陪太子讀書」是貶義，讀書是「太子」的，沒陪客什麼事。可是在有太子的時代，

10 參見作者的《明代司禮監文書房考》（《歷史檔案》2013年第4期）。文華殿東廡的小學堂，天順以後罷撤，宦官讀書只在內書堂，教書先生也只用翰林院官員了。

11 洪武時，朱元璋鑒於歷史上朝廷與東宮各設一套班底，容易發生矛盾之舊事，命東宮官員都由朝臣兼任，宦官也是這樣。「東宮伴讀」只是牛玉的兼職，他本人仍以奉御的官職在司禮監管事，屬於「兩頭跑」。

能夠陪太子讀書，意味著仕途一片光明。明代的閹臣與司禮太監，多數都是皇帝的潛邸出身，或有東宮任職的經歷，這層關係馬上還有深度分析。

牛玉在英宗正統年間的情況，實錄和墓誌都沒有記載，墓誌僅僅提到，正統十四年（西元一四四九年）秋，英宗親征，命牛玉「提督宮壼事宜，兼典機務」。可以肯定，牛玉此時已任太監，地位與王振接近（王振也曾兼任東宮典璽局郎）。

同年八月，景帝接過大位，牛玉作為英宗的舊人，自然得不到信任，很快被驅離內廷，到剛被立為太子的朱見深宮裡，服侍這位孤獨的太子，官職也降為監丞。

不到三年，太子被廢，景泰這八年裡，英宗父子日子不好過，牛玉過得也潦倒。英宗復位後，牛玉時來運轉，以「翊戴功」，「加賜蟒衣玉帶貂裘，歲加祿米，掌理中外章奏」——牛玉復為司禮監太監，參與機務。

有件事值得一提：在曹欽謀反事件中，牛玉「主畫於中，隨機應變，罪人既得，京師肅清」。此節出自牛玉墓誌，可惜交待太少，難以詳知牛玉在平亂中到底有何作用。但事變時，太監曹吉祥是在皇城內被抓的，莫非「主畫於中」，就是抓捕曹吉祥，並指揮皇城的防禦？如是，確實是極大的功勞！事後，英宗給予牛玉大量的賞賜，除了金幣諸物，還有河西務（今屬天津市武清區）馬房、羊房莊田二千餘頃。

牛玉從英宗六歲即隨侍在側，一直到天順八年正月為他送終，君臣知遇三十餘年。英宗在臨死前說了許多話，有許多未了的心願，與其說是託付給太子朱見深的，還不如說是託付給牛玉的。對英宗來說，辦事放心的，是牛玉。

但令牛玉沒想到的是，英宗剛剛咽氣，他的地位就遭受挑戰。

第二章 急入司禮奪權

聽完父皇的遺言，太子朱見深一夜昏頭糊腦，心迷智亂。

父皇病得太急太驟，正應了一句古話：病來如山倒。本是綠意蔥蔥的一盆花，不知怎麼，突然就開始落葉，不幾天葉子已落大半，再怎麼挽救也救不轉來了。

英宗對生命終結的預感很準，在他大漸的第二日，拂曉未開，忽然後宮滾雷般地響起一片哭聲——

聖駕升天啦！

接下來這一天，整個皇城都在打亂仗，所有人都忙得腳踢後腦勺。哭，忙，亂！朱見深作為嗣君和孝子，必須親自主持「大行皇帝」的喪禮，可這些事他哪裡懂啊，活似一個牽線木偶，被人引來拉去，到處站台，事事聽他處分，卻全如一個沒用的閒人，他很想伸手幫忙，卻不知手往哪兒伸，似乎哪裡都離不開他，哪裡他都多餘。

就是這樣，大半天下來，也是又睏又乏。坐在乾清宮大殿裡，勉強支應著，卻時不時走神發愣。東暖閣裡擠滿了人，忽然轟地一下，就像泉眼噴水，全退出來了。朱見深不知何事，忙起身張望。司禮太監牛玉走過來，啟奏道：「馬上要給萬歲爺洗身子、換衣服，奴才叫閒雜人等都出去。」

朱見深「哦」地應了一聲，心中一片茫然，他不知在父皇「大殮」時，他這個「孝子」是否該守在一旁。可是他真的很怕，怕走進那間停著他父親遺體的屋子。牛玉瞧出來了，嘆著氣道：「小爺您別進去了，瞅著怪教人心酸的。」

自英宗害病以來，宮中大事小情，全是牛玉跑前跑後、忙裡忙外張羅。沒了他，還真不行！宮中規矩嚴，而最大的規矩，就是不管多大的事，都必須請旨，不准擅行。這兩天，各監局的內官、各宮的宮人，事事來奏，每天都有好幾十起。太子哪見過這個呀！他在東宮散淡慣了，從沒操過心，如今要他做主了，那才是兩眼一抹黑呢！多虧牛玉時時在側，閒時給他講解，忙時就直接代為處分了，他畢竟是老臣子，做起事來有條不紊。

在這紛亂的局面裡，牛玉的維持之功，太子還是心存感激的。

「君逸臣勞，這不應該的嘛！」

對太子的慰勞，牛玉一副理所當然的神情。他還不忘給即將登基的太子講一些「理政」的法門，他說，本朝最重祖制，管他們拿千件百件事來奏，您只消答四個字就可以了。太子好奇：「哪四個字？」牛玉扳指數道：「依例而行！就這四個字。不管宮裡的事，還是朝廷上的事，從祖宗那兒下來，一百多年了，件件都有成法，只管依例行事，準沒錯兒！」

做皇帝的竅門就這麼簡單？！

太子半信半疑。他對馬上要接手的皇帝這項工作，還是心有畏懼的，生怕做不好，或者說，他根本不知道如何去做！聽宮裡講書的先生說，前朝儲君，如皇曾祖仁宗皇帝、皇祖宣宗皇帝，在即位前，都有過很長時間的政事歷練，特別是仁宗，長期監國執政，經驗非常豐富，很得臣工愛戴；就是他父皇登基時，年紀雖小，但在內有皇曾祖母張太后主持，在外有「三楊」等一班老臣扶持，父皇又聰明，上手也快。太子自忖，自己沒有父皇的明敏，也做不到父皇的勤勉刻苦，這些年，他一個大臣沒見過，一件政事沒批處過，突然把偌大一個國家交到他手裡，全然是懵懂的，隨便拿一件小事來問他，他都不知如何作答，勉強答了也不知對不對，這是多苦一件事啊！難道真像牛玉說的，凡事只用四字來搪就夠了？

牛玉看出太子的疑惑，微笑道：「不請自決，便是無君；無君無父，是為大逆不道。聖明在上，臣下不敢自專，威柄不倒持，內外百官知尊君不擅權，爺便是好皇帝。天下庶務繁多，天子縱然三頭六臂，日理萬機，也是支應不過來的，故須分政於臣工。君臣宛如一身，天子是元首，臣子是臂膀和股肱。天子督百官，百官各守其政，天下就大治了。小爺將來批本章，您再瞧，批的紅本，也不過四個字：『該部知道』，也是將本章下部，讓臣子依例處分的意思。」

牛玉瞅著空，巴拉巴拉講了許多，太子朱見深才對朝政有了一些初步的瞭解；這位天子對於如何行政的第一課，竟是在他父親的靈堂裡進行的。

當他臨時抱佛腳，惡補做皇上的功課時，他明白了，從今天開始，一個時代結束了，一個屬於他的新時代開始了。

英宗的大殮有條不紊地進行，大家各自忙著手頭的事，這時，一個宦官提著裙邊，側身走進來。他問候了太子一句，便徑直走到暖閣前，挑起門簾，兀自往內張望。

這傢伙往那兒一堵，宮人進出不便，他直是不理，只顧往裡張。乾清宮是何去處！要擱過去，對如此無禮之人，乾清宮近侍早一通棍棒打過去了。可如今天變了，主子去了，奴才也沒了脾氣，對這個「添堵」之人，竟無一人開口訓斥。這傢伙的威風還呼呼地長，放下簾兒，把肩一抖，竟做張做勢地訓起話來，好像他是乾清宮的主人。

要說起來，等英宗靈一出去，太子爺再一搬進來，他還還真是這間宮殿的半個主人，乾清宮近侍們都得看他臉色吃飯。

今天，他是東宮典璽局丞王綸，太子登基後，他就是司禮監太監王綸！

要說王綸也不是今兒才抖起來的，他一直是這副死德性。過去太子見了，也不像今天這般心生憎惡。王綸說話愛抖肩，此時一抖，就從他外罩的白布孝服裡，露出內穿的一件名貴的輕裘——黑亮的皮毛，像針尖一樣紮了太子的眼！

但太子不是個長於言辭的人，更不善於說一些需要宣洩情感的話，情感愈濃，愈容易堵住，難以言表。他默默地吞了口唾沫，拌著惱怒吞下，一個字都沒有說。

這一天，王綸在京城名人熱搜榜上的排名迅速飆升，比嗣君皇太子他也只差一位了。

沉潛多年的王綸，在即將到來的「成化」朝——這是內閣所擬改元年號——將是呼風喚雨的風流人物。大家都這麼說，更有機智官員率先行動，提前向王綸示好，趁物價還沒飛漲，把「友情」這貨先囤下，坐等升值。這是普遍的心理，更是現實的考慮。好比緹帥門達，這位曾幾何時，把腳一跺，半拉北京城都要抖三抖的厲害角兒，如今也倒了架，主動過門向王公公致以親切的問候。門達深知，他這幾年害人無數，得罪人太多，雖說是效忠皇上必須做的，可皇上蹬腿去了，沒人保他了，大概他的大限也不遠了。他希望能重新攀上一棵大樹——這是門達趨福避禍的心理。

當所有人的嘴裡叼著「王公公」，對他極口稱讚時，這顆未來之星也引起一些人的深深反感和警惕。

在內閣，大行皇帝的靈牗由學士李賢親筆題好，交給司禮監文書官。李賢順便問了先帝梓宮造作及大殮安排等情況，文書官道，大行喪儀有牛掌印在內主持，先生放心，只是先帝遺詔和新君繼位大赦詔，還須抓緊些。李賢點頭稱是。

每逢改朝換代，都是朝廷「更化」的重要契機，遺、赦二詔，尤其是新君登基當日發布的大赦天下詔，是新朝繼往開來的重要文件，哪些政事應革，哪些政事應興，都要靠它體現出來。一年之計在於春，成化朝的「春天」，就要從這份詔書開始。這幾日，內閣向各府部院寺衙門廣詢輿情，力求將重要的政事都寫入赦詔，閣臣們為此已議了好幾次。

送走文書官，李賢向閣僚強調了擬詔的刻不容緩，是當下工作的重中之重，不僅大事不能漏、要妥當，還要跟上朝廷大喪、嗣君繼位的節奏。

說著，他鋪開紙筆，擬寫詔稿。大家討論熱烈時，吏部右侍郎兼翰林學士陳文一直沒怎麼說話，[12]這時他忽然站起來，做了一個驚人的動作：他走到李賢身邊，一把將毛筆從首輔手裡奪過，道：「這詔，不寫也罷！」將筆摜在桌上，氣咻咻的，弄得墨汁一路淋漓。

他衝著滿臉驚訝的李賢說：

「詔書早有人擬好啦，我們還寫個鬼！」

他隨即講出一件事，讓在座之人震驚不已。

事情的起因，還要從陳文家的鄰居說起。

陳閣老的高鄰，姓錢名溥，現任翰林院侍讀學士。

翰林院與內閣是「內外府」的關係，陳文與錢溥也兼有同僚之誼。前文我說到，在內書堂給小宦官們教書，自天順以來成為翰林官的專責。錢學士在內書堂教書很長時間了，可謂「桃李滿內府」，

---

12 陳文是閣臣，但他的官職是吏部侍郎兼學士，而不是大學士。凡大臣入閣均兼殿閣大學士，是從成化朝開始的。

許多門生貴幸發達，做了內官，還不忘師恩，時常提了禮物來拜老師。錢府常常高朋滿座，不是年節，勝似年節。陳文也跟著沾光，錢學士是好客的，家裡來了客，總要盛情邀陳閣老過府會飲，彼此情熟。

陳家與錢家只隔一堵牆，其實陳文內心也有一堵牆，他對錢某懷有極大的防忌與反感。他認為錢溥刻意接納內臣，有很大的政治圖謀。

「內府教書」一度被儒臣視作「賤者之事」，沒人願意幹。但漸漸的，這項差使的好處顯出來了。原來，「內書堂讀書」對宦官是最好的出身，讀過書的小宦官，畢業後都會有好的分配，也只有「讀書官人」才有資格升入司禮監等「大衙門」，做到司禮太監那樣的高位。讀書的人都重名分，小宦官們做了太監，多不忘本，對昔日的老師多有照拂。這對老師來說，是有力的奧援。一些「熱衷」之士，便刻意經營與內官學生的關係，將其作為仕進的一條捷徑。錢溥便是其中的一個。

錢溥有個學生，名叫朱奎，現任尚寶司丞，曾以幼童的身分在內書堂陪讀。此人常在內府行走，宦官朋友多得很，與王綸更是交暱親厚，錢溥便通過他向在東宮廝混得不賴，「大有前途」的王綸示好。

王綸眼見要大發了，正愁「朋友圈」人物太Low，找不到合適的人做事業合夥人。如今翰林錢老先生主動來親近，他大為高興，馬上拉了小朱，跑錢溥家去拜老師。他把尊師重教的戲碼做得挺足，給老師、師母各置備了一份禮，見到錢溥，硬把老師按到太師椅裡坐下，再將禮物頂戴在頭上奉獻，給足了錢溥面子。待王綸端端正正行完弟子禮，遂開席，師生把酒言歡，說不盡的話，一直吃到夜深方休。

這些事，人們或多或少都有耳聞，而此時陳文要說的，卻是二人私擬詔書！

陳文說，最近二人來往密切，先帝大漸那天，王綸還曾專門來訪，二人議了很久。因為時機特殊，陳文覺得王綸此來不同尋常，派家人到錢府打探，得悉二人所議，皆為朝廷大事。

比如，王綸問，東宮納妃之事當如何？

先帝有令嗣君百日內成婚的遺言，王綸已經開始操心了。「這是他該操的心嗎？」陳文憤憤然道，「朝廷之事，不問大臣，不問於廟堂，而問私人於私室之中！」

王綸自以為出身東宮，早有司禮之志；錢溥奸邪疏狂，以為有內官援引，他入閣輔政，已在彀中。

陳文更爆料說，王綸對錢溥打了包票，等他一入司禮柄政，就力薦錢溥入閣直機務。

「那王綸器小易盈，驕橫慣了的，在東宮便有專擅之名，如今還未做司禮呢，已經私擬詔書，他眼中還有我等乎？若等他師徒進來把了權，此處便非我等立身之地！」

陳文挾憤極論，他這一大通話，雖然夾雜著猜測和誇大之辭，但於情勢甚合，令人不得不信。

皇太子即位，東宮內外臣僚必然紛紛登用，王綸作為東宮典璽局丞，入司禮監並無意外。但沒想到，此人如此狂妄，還未輔政，已然目空一切，背著司禮監、內閣，於私室之內，和私人妄議大政，等他將來得了志，豈不人人自危？

眾人聽了，無不咿呀怪嘆，李賢呵呵冷笑：「那也得等他們進來再說！」

李賢意識到這是一次政治陰謀，他道：「內臣與外臣交通，是國朝大忌，私擬詔書，更屬罪在不赦，此事若不發，我等皆有罪耳！」

儘管這件事沒有證據，全憑陳文一面之詞，但王、錢相結之勢已成，在當前國喪、皇位空虛的特殊時刻，對朝局的穩定已構成巨大威脅，成化新政，豈容聽其傷害？

李賢表示，此事須急告牛老太監，內外一起使勁，破奸人之計，不難！

——完了，錢溥算是被陳文這位「好鄰居」害苦了！

第三章 「奸黨」未興而速敗

這兩天，牛玉昏天黑地地忙大喪的事，直待內閣通氣，才曉得他原以為穩穩當當的時局，下面竟暗伏著如此逆流！他坐不住了。

俗話說，一朝天子一朝臣。每逢新天子登基，改朝換代之際，總要換一班人馬，你方唱罷我登場，後人躁進，前人不甘退出舞台，朝堂便如廝殺的戰場，難免風雨驟變。

為了更好地說明政局攻防變幻之局，不是出於個人恩怨，而完全是特殊的制度造成的，我需要首先介紹一下明朝官員的銓選（又稱「選舉」，是對官員的考察與任用）與遷轉（遷官、轉官，是官員的升轉調動）制度。

明朝立國一百年後，其龐大的官僚體制已形成一套完整、嚴密、規範、運行有序的運轉機制，官員該什麼時候遷轉？怎麼遷？遷到什麼地方？各有相應的成例。這些規則有明有暗，「明」的都記在《諸司職掌》、《大明會典》等制度之書上，「暗」的就是通行的慣例（所謂「潛規則」，只是其中一部分），雖不記在官書裡，卻在實際生活中如是施行著。好比「重科甲」，沒有那部法律規定了，朝廷用人，只能用科舉出身之人，但在現實中，官員是進士出身，就有好的前途，若只是舉人、監生、捐納、蔭襲等，往往沉淪下僚，很難擢升高位，更別說進入翰林院這等清要衙門了，而如果沒有在翰林院「養望」的經歷，又幾乎不可能入閣為相。類似通行的非明文「規則」，是形勢造成的，也為大眾所認可，故不為「潛（規則）」。縉紳出仕做官，必須對這些異常龐雜的規則熟諳於心，就像牛玉對嗣君說的，朝廷制度由祖制與歷年奏准事例構成，大家都看得見，在萬目注視之下，很難作弊。這套制度雖然僵化，但好處是較為公平，只要按制度來，不破例，皇帝便是好皇帝，官人便是好官人。

陳文指錢溥以王綸為內援，意圖進入內閣，實刺中了首輔李賢的隱痛。李賢是部屬出身（他做官是從吏部開始的），沒有翰林院的工作經歷，更沒有在東宮做講讀的資格（東宮文臣皆從詹事府與翰林院選拔），不屬於「東宮舊臣」。這兩方面的不足，是他在政治上的軟肋。而當一個具有全面優勢的競爭者出現時，他對錢溥自然尤為忌嫉。

說了外廷官員，再說內廷，其實內府用人，也講出身、講資格，也形成了一套「內官」選拔任用的規制。就說司禮監吧——

司禮監是一個職權很大的內府衙門，相當於外朝內閣（參機務）、吏部（掌銓選）、禮部（典禮）、都察院（主糾劾）的集合體。能進司禮監任職，有一個基本的前提條件，就是必須在內書堂讀過書，這是內官出身的「正途」，如同外官的進士出身。

明代幾乎所有的司禮太監，都有「內書堂讀書」這個資格。只是在正德、天啟年間，大太監劉瑾是鐘鼓司出身，魏忠賢乾脆是個文盲，他們能夠入司禮監柄政，是極為特殊的例外。

從黃儼開始，司禮太監都是皇帝最為親信的私人。[13]一般來說，只有兩類人才能進司禮監任職：一是內書堂的優秀學生，在完成學制畢業後，被選拔分配到司禮監，從基層做起，逐步擢升。二是曾在東宮或天子「潛邸」效勞的內臣，主上登基後，以「從龍之恩」入司禮監，如東宮典璽局郎、丞、

13 黃儼是明代第一個大太監，詳見《明朝的那些九千歲》第一部。

伴讀等官，一般直接轉任司禮太監；反過來，東宮內官也多由司禮監官兼任。

比如司禮太監王振，他在英宗做太子時，就是東宮師傅，長期兼任東宮典璽局郎。英宗做皇帝後，他順理成章地接過監印，仍為「輔導首臣」。王振與英宗交知最深，有著二十多年的感情基礎，英宗對他十分信任，如對親人，外人是很難疏間的。

即使像景泰帝朱祁鈺，以親王入繼，也照樣提拔他潛邸郕王府宦官進入司禮監。「奪門之變」後被殺死的王誠、張永、舒良、王勤等司禮太監，都是他潛邸的私人。

由於司禮監用人已形成如上慣例，而在司禮監「參機務」就等於「參柄大政」，是新朝的大貴人，所以英宗大漸之際，東宮內官們自然蠢蠢欲動，以為出頭之日到了。

可王綸到底是器小，以為入柄司禮，進而擠掉牛玉，再援引錢溥入閣，內外合作，把持朝政，是煮熟的鴨子——飛不了，竟忘了韜光隱晦的前人教訓，引起內閣與司禮監的共同惡感，司禮太監牛玉更是被他逼到了牆角，這新舊兩班人馬就不得不較量一下了。

英宗留下的輔政班底，在攻防激烈的時刻，成為守的一方，他們必須維護自己的利益。

司禮監與內閣，一屬內臣，一屬外官，雖然分屬不同的官員系統（內外官），但一個是內府衙門，一個是內廷辦事機構（內閣不是衙門），性質接近，都是御前輔導班子，是皇帝的機要祕書。明朝的行政，主要靠章疏運轉來推動，所謂「章疏即政事」也——官僚主義「公文旅行」的毛病，大概就是那時候落下的吧！內閣掌票擬，司禮監代聖批紅（下卷具體講「批紅」是怎麼回事），分別為章疏流水線上的兩個重要轉軸（票擬提出處理意見，批紅用硃批的形式予以確認），故司禮監與內閣必須「內外相繼，可否共濟」，共同承擔政治責任，只要一個軲轆轉不動，整部機器就要停擺。

司禮監與內閣緊密的關係以及太監、閣臣的產生機制，確保了他們具有較深的歷史關係，經過長期磨合，能本著協商、溝通，乃至妥協的精神，共同維護大局，較好地開展合作。

作為內閣「外府」的翰林院則提供了重要的交流場域。這主要是兩點：

一是閣臣多數為翰林詞臣出身，他們在入閣前多有經筵、日講或東宮講讀的經歷，與司禮監有著直接或間接的工作聯繫。

二是翰林詞臣多入東宮任職，與東宮內臣形成同僚關係（「宮僚」），將來一起柄政，已有良好的合作基礎。

司禮監要行使權力，離不開內閣的支持，在明代歷史上，居強勢的司禮太監，總要與閣臣（尤其是首輔、閣揆）建立某種戰略同盟，內外同氣相應，甚至是榮辱與共（最典型的便是張居正與馮保）。監、閣之間不能合作，乃至互鬥的情形是很少見的。

在天順年間，以上態勢還只是一種明顯的趨勢，比如內閣首輔李賢就不是翰林出身，他與司禮監掌印太監牛玉的關係，是在入閣後形成的，他們在歷史上沒有老關係。但經過近八年的合作，他們的關係已非常良好，此番面臨的挑戰也是共同的。錢溥與王綸聯騎而來，向他們的陣地發動攻擊，王綸在內勢孤，需要內閣的接應，他入司禮後，再援引同盟者錢溥入閣，內外相應，實同一身，必將對李賢和牛玉的地位造成威脅。特別是王綸，還沒發達，就已露出專斷之相，他一旦真地進來，再加上他有東宮舊臣的優勢，久之必不能敵。

對此，牛玉看得十分清楚。

牛玉為人，與王振不同。他喜歡權力，權力遊戲也能讓他娛情，產生快感，但他不飢渴，他也不是權力野獸，沒有堅決捍衛領地不容他人染指的本能；他為官謹慎，不像王振那樣膽大包天，搞煩了不憚把天捅出個大窟窿。

對王振這位前輩，牛玉是佩服而自嘆不及的。

明英宗的前半生，倚賴王振；後半生，用的是牛玉。

「倚賴」之與「用」，詞意大不同。倚賴不僅有信任，更有依靠與託付之意；而「用」，只是把被用之人當工具，意義是完全不同的。

英宗正統朝，可以有王振，而同樣是英宗的天順朝，則只能有牛玉。

牛玉深明此理。

正統時，英宗還年輕，乏歷練，與王振感情深，倚毗重，對他言聽計從。但經過了土木之變、南宮幽囚、奪門之變、曹石之亂等一系列的變故，步入中年的英宗成熟了，老練了，性格也變得格外猜疑。不然，李賢怎麼會因為門達的誣告而落獄？即使是親信如牛玉，也不是百分百的信任。有一回，英宗當著所有司禮太監的面，從御案上拿起一本奏章，對著燈光，察看良久，忽然指某處道：「此處顯系有塗改！」窘得眾太監面紅耳赤，倒像他們擅改了奏章一樣。英宗放下本章，沉下臉問：「這一本，六科為何沒有發現，沒有糾劾？」牛玉忙請奏，是否下諭責問六科失職？英宗卻搖頭，不再追問。有了幾次之後，牛玉漸漸明白了，英宗這麼做，只是為了顯示他的明察，讓身邊人有所畏懼，不敢作弊。自此，他也曉得自己在萬歲爺心中的分量，做事更加小心了。

牛玉常想，英宗嚴察如此，設若王振復生，怕也不能「得君」如昔了。只有像他這樣，能體察聖心，辦事用心，善於在君臣間彌縫，又沒有野心，才能得到英宗的信任。

牛玉的思路悠悠地轉回來，想到當下這件急迫事，忽然生出一個念頭：如果王振在他現在的位置，將怎麼做？牛玉嘆了口氣，這還用問？王振定然是毫不猶豫地將對手毀滅！

在正統十四年間，王太監的地位穩如磐石，不管是外朝勳戚大臣，還是內府大小官員，無不畏懼他、逢迎他。也曾有兩次，有內官對王振不滿，又不敢公開罵，就寫了匿名信，扔在內廷。結果被他揪出來，施以凌遲之刑——罵太監而用此極刑，王振並不怕人說他自擬天子。這還不夠，他還強迫內府管事官員們，排了隊去刑場觀刑，實際上是教內官們看看，中傷他的人是何下場！在受刑者悽慘的叫聲裡，眾官肝膽俱裂，誰還敢「反王」啊？至今想來，牛玉還是佩服萬分，這一點，他無論如何都做不到，也不可能做到。

反觀自己，魄力差太多了。為王綸這件事，他一直犯愁，百思窮結，始終想不出好辦法；他甚至想，不慌，等大喪忙過了，再來處置不遲。

「如此，老太監將悔之不及！」

想到李賢的提醒，牛玉忙將此念抹去。玩政治的，可容不得拖延症，一拖就是個死！

兵法上講，趁敵立足未穩，一鼓擊滅之，正是此理。如由著王綸，坐視滋蔓，等他真進了司禮監，可就沒那麼容易制他了。間不容髮，當速出手！可用什麼招數制敵，卻一時想不好。

此事也唯有心腹可托，他還有一侄，名叫牛綸，是可以商量祕事的人，忙把他找來商議。

牛綸是景泰五年（西元一四五四年）進士，初授翰林院編修，升左春坊左贊善，仗著他老叔的勢力，入仕才十年出頭，就已經做到了太常寺少卿兼

【宦官小知識】

因宦官出身微末，子弟讀書者少，其家暴貴之後，或入貲為監生、中書舍人，或蔭武職，通過讀書入仕的動力不足。宦官子弟通過科舉入仕者極少，只有正統、景泰間太監李永昌的嗣子李泰、成敬子成凱、牛玉侄牛綸，弘治中張敏侄張定，萬曆中陳矩弟陳萬策等少數幾例。

翰林院侍讀。

話說大明朝宦官勢力不小，可宦官家子弟通過科舉考試出仕做官的，還真是鳳毛麟角。牛綸做過「春坊贊善」，也是東宮文學之臣。《明憲宗實錄》對他的評價是「為人滑稽，又以太監（牛）玉之侄，善張權要，為士論所鄙」。喜弄權，愛開玩笑，說明此人聰明，腦子轉得快。果然，聽了老叔的話，他馬上道：「王、錢二人的罪名是現成的，就拿『內外交通』之罪來治他便好。」

「可是，私擬詔書，只是風傳，沒有確證。」牛玉道。

對此，牛綸表示同意：「閣臣不是御史，不可將聽來的消息寫入奏章。」可他話鋒一轉：「閣臣不言，不還有那麼多御史嗎？他們都等著在新朝立功呢！請一位朋友代筆上奏，不很簡單嗎？」

一句話點醒了夢中人，牛玉連聲稱好，在這件事上他竟想迂了。只要有人說話，劾疏奏進來，到司禮監就好辦了。

「此事也不盡為風言，」牛綸忽然想起什麼，高興地搓手。「我的好朋友劉中允告訴我一件事，此刻正好用上！」

劉中允姓劉，名珝，現任詹事府左中允，也屬東宮官。東宮官都有入閣之志，錢溥一心入閣，劉珝也想入閣，可閣門路窄，閣中也容不下太多人，大家在門口撞見，就堵上了，疏通之法，唯有推開一人，自己才好別進去。這位劉中允急於功名，同樣是「門口的人」，他與錢溥就很不對盤。競爭者之間是互相盯死的，這兩天，劉珝探知，晉州知州鄒和派人進京來，托尚寶司丞朱奎，送給王綸一封書子，還有幾件禮物。說起來，鄒知州也只是千百附羶的蒼蠅中的一隻，劉珝聽說了，他是有名的「劉大砲」，不免要痛罵幾聲世道敗壞（世道躺著也中槍）。牛綸聽了，也沒在意，此時猛地想起來，頓時計上心頭，連呼「有了」！

「錢溥私撰遺詔，就是透過朱奎遞進內府，交到王綸手裡的！」牛綸拍案道。

牛玉不解，鄒和私書與錢撰遺詔是什麼關係，他一下沒想明白。

「這不很簡單嗎？」牛綸笑道，「老叔欲發王綸之事，就差一樣證據，朱奎通書，就是咱們抓在手裡的實據。小侄找御史將此事寫進彈章，管它那麼多，先把王、錢二人掛上彈章，監、閣再合力給他一參，他們不倒才怪哩！錢溥有沒有私撰遺詔，王綸有沒有接進遺詔，都不要緊，它只是一個藥引子，老叔借它來和一劑猛藥罷了！」

他這一說，牛玉全明白了，連讚小子有才。牛綸出來活動，揭發錢溥、王綸私擬遺詔的彈章很快找御史寫好，一本參上去。大明體制，最忌內臣與外臣「交通」，依祖制和大明律都要論為「奸臣」，是要殺頭的。本章遞進去，先送內閣票擬，再送御前裁斷。嗣君朱見深剛剛即位，嘛事不懂，還不得聽內閣、司禮監的。便咨問牛玉，牛玉早等著這一問，他馬上拿起一根籤子，可勁地往王綸指尖上扎，「數其過惡」。也是王綸點子背，他在英宗大殮那日的一番舉動，令孝子朱見深「深惡之」，本就沒了好感，再被御史本章一臭，牛玉再從後猛地一推，「噗通」一聲，倒頭掉進了糞坑裡。

很快，嗣君傳旨，嚴糾王綸、錢溥「奸黨」。

第四章 一個月，牛太監也完蛋啦

明憲宗朱見深繼位之始，朝廷即發生一番人事大變，似乎預示了，成化一朝的政局，注定是不平靜的。

憲宗對此並未太在意，他身邊的人變來變去，或是高昇飛去，或是降黜貶出，都不是出自他的指示。內臣由司禮監，外臣由吏部，都給他安排得好好的，用不著太子爺操心。如今做皇帝了，也是如此。依牛玉所傳心法，朝廷內內外外的事體，皆有規矩和家法，一切「依例」行事，他老人家只消端拱無為，便天下大治。他已經習慣了，沒覺得有什麼不對。於是呢，在他當政之初發生的這一場政潮和風波，在他看來，竟與大河向東的一朵浪花無異，僅惹他瞥了一眼而已——況且，那些被處分、被攆走的人（「奸黨」），除了王綸，其他人他一概不識，也是無動於衷、無關痛癢的。

看官！容我在此插一言，嗣君如此渾渾噩噩，不明政事，不了政情，滿朝百官，不識一人，這是英宗的失誤。

英宗復辟後，復立朱見深為太子，到他繼位，其間有八年時間，太子也十八歲了。太子是朝廷儲君，國家之本，怎麼著也要讓他出來見些世面，製造機會讓他熟悉一下朝廷人事，在各方面多歷練一下！可英宗全未念及至此。當年輕的太子突然被推到君臨天下的寶位上，舉目四顧，什麼也不知，什麼也不曉，他能做好君主嗎？過去仁、宣二祖在正式繼位前，都曾有過長期的鍛鍊，宣宗還隨太宗皇帝出塞北征，累積了豐富的經驗，他們登臨大位後，大臣都是熟悉的，政事該怎麼辦，心中也有定見。憲宗卻是兩眼一抓黑，毫無端緒與條目。更糟的是，自憲宗以後，太子的歷政實習基本上就廢了，即使在東宮做皇帝備胎十餘年，也根本不與朝政沾邊，都是等到登基後再重新學習。

人無教，無以成立，皇帝這個職業也是如此。

好，這個話題先擱下，我所強調的只是一點：正因為憲宗是突然上位，毫無準備，做臣子的也不大把他放眼裡，成化之初，政爭激烈，時局接連發生重大變故，與憲宗作為皇帝的弱勢，大有關係。

天順八年的夏天，還沒改元呢，京師又一次發生「地震」。這回被震垮的，是太監牛玉。

牛玉到底沒能打破「一朝天子一朝臣」的魔咒。這一劫，劫數早在天順六年就種下了。那年五月，英宗覺得太子長大了，是時候為他選親呢，就按照慣例，分派多位太監到各地選擇「民間良家女子」為妃（所謂「良家女子」，就是家庭成員沒有犯罪記錄或惡疾之類），在京的，是裴當、牛玉；到直隸、山東的，是顏義；赴南京、河南的，是孫太后的親信夏時。

這次選妃，不同尋常，因為選的是皇太子妃，將來的國母皇后。太監不敢大意，各自盡心。選妃是件大美差，今日選進宮的，來日不是后就是妃，太監們都在後宮裡混，誰不想有一位女主撐腰做靠山？如果我選的美女將來被立為后，這排場多大、後台多硬呀！皇后娘娘是我選出來的，等於她的富貴是我給的，那還不得死心塌地罩著我？——還有一點，他們的利益也是緊緊捆綁在一起的……此節我馬上講到。

再說奴才們奉命選妃，他們心中打的鐵算盤，就是我選的人（我的人），必須上。有了這一層心思，太監們暗地裡都較著勁呢！

天順六年夏天的開選，一共選來十二名女子。進宮後，由英宗親自選出三人，為王氏、吳氏、柏氏（請注意，這排名是「分先後」的），將其養在宮中，學習禮儀，待擇日與東宮成親，便是將來的皇太子正妃與次妃了。

大明的國史「實錄」，一般是不記後宮之事的，但這件事因為後來引發震驚朝野的「廢后」案，故在《明憲宗實錄》裡留下幾筆，也很簡略：

……中官往采，得十二人皆至。英宗親選王氏、吳氏、柏氏三人留於宮中，初意在今皇太后，會章太后崩，既而英宗崩，左右竊有不利之疑。

我抄錄原文，是因為實錄的記載較為含糊，疑竇頗多，咱們講故事時，可以借此分析一下，史文當如何讀？

《明憲宗實錄》是憲宗之子孝宗時修的，所稱「今皇太后」，指的是憲宗的王皇后，就是那三人中的王氏。實錄說「英宗親選」，誠然，兒子娶媳婦，公公老頭「親自」過問一下是需要的，但真正主持選妃事務的，是英宗母孫太后，也就是實錄所稱的「章太后」（她的謚號是孝恭章皇后）和錢皇后、周貴妃這些女人們。家事差不多都是如此吧！

孫太后做主，她聽誰的？自然聽她親信之人的，就是她的掌宮太監夏時。當年英宗從漠北歸來，太后就是派他去宣府接駕。夏時的「選區」在南京，而王氏恰恰是南京上元縣人，說明王氏是夏太監選回來的。自己人選來的孫媳婦，將來不也是自己人嗎？孫太后喜道：「就是她了！」懿旨一宣，誰敢有異？

不料這三名女子還沒冊立，孫太后忽於當年九月去世，立妃的事，只好順延。過了一年多，天順八年正月，英宗也去世了。二「聖」不旋踵而亡，皆在三女入宮之後，於是就有

「左右竊有不利之疑」的輿論出來，說這三名女子——當然首先是排名第一的王氏——都是不祥之人！

那怎麼辦？

再選吧！

於是如實錄所記，「上（憲宗）即位，皇太后（錢皇后）覆命禮部榜諭京師採擇」。採擇地點，只在北京城。

這麼做，明顯有人在背後操作。這個人，就是太監牛玉。

剛才說了，確定王氏為一號選手（太子妃）的，是孫太后。太后一死，王氏沒人照應了，排名之高就有點高處不勝寒，顫巍巍往下掉。因為有勢力的人要加塞，把「自己人」送到前面去。英宗死後，牛玉就在製造一種輿論，說王氏為不祥之人，她剋了老奶奶，又剋了老公公，搞不好將來還要剋夫。這樣的人，怎能做一國之母呢？他這麼一說，英宗的未亡人錢皇后就信了。因為關係親生兒子的性命，憲宗生母周貴妃也不得不信。於是兩位太后一致同意：再選！

牛玉又說，大行皇帝要求嗣君百日內成婚，大選怕來不及，不如就在京採擇好了。而他前年選妃，「選區」就在京城。娘娘們也同意了。

倉促之際，又選來幾位，連同原先三位，混同重選。搞笑的是，說是重選，可最後入圍的「三元」，仍是原先那三位，只是名次略有變化：吳進，王退，柏不變。牛玉選來併力推的吳氏果然上位——這簡直是掩天下之耳目。

司禮太監牛玉勝利了，他選來的吳氏被立為皇后，在英宗遺言規定的百日之內，與憲宗大婚。牛玉非常自得，以為他的天平上又加了一塊重重的砝碼，在宮廷的地位將更為穩固。

可人算不如天算，福兮禍所伏，牛玉怎麼也沒想到，今日播下的種子，可能生出有毒的植株，牛玉選的這位作弊皇后，很快闖出大禍，不僅自己被廢，還連累把牛玉拖下水。

吳皇后是北京順天府人，出自武將之家。吳氏在天順八年七月被立為皇后，按照慣例，後家亦當加封，吳氏的父親吳俊，被封為從一品的都督同知。大概是家庭出身的緣故，吳小姐與一般閨秀不同，她更像東吳的孫尚香，性情較為剛烈。如今十六七歲上得意，做了皇后娘娘，一時意氣風發，就有點捺不住性子。

吳皇后在入正中宮之前，在宮裡生活了兩年，聽到不少東宮的風聲，有一件事讓她心結已久。原來宮中傳得沸沸揚揚的，都說太子身邊有一侍婢，喚作萬氏，與太子關係曖昧。

太子與宮女曖昧，在別人看來，不過是茶餘飯後的話題。而對這位新皇后，卻如眼中之刺。不斷有傳言送到她耳朵裡，說萬氏原是孫太后宮中婢女，因為眼裡會觀風色、手上會做事，被選到東宮照顧年幼太子的起居。她原比太子年長十七歲，年齡差距宛如母子，不想這賤婦竟以其風騷之姿誘引初通人事的太子，遂登了小爺的龍床。萬婢恃寵，在東宮倒成了主子，無事不由她主張，太子也事事順著她。

閒話聽多了，吳皇后愈發渾身不得勁，覺得萬婢是眼中刺、肉中釘，不拔不快。她容不得狐狸精在她眼皮底下浪騷，也是剛做皇后，有意在後宮立威，一時心急，也不打聽行情，就急於拔刺。八月的一天，她命人將萬氏招來，「賤人」、「姦婦」地一通臭罵，然後喝令左右，棍棒伺候！將「小三」萬氏打了一頓。

萬氏挨了打，自有她訴苦的地方。別看皇后看她不順眼，她是驕寵慣了的，還瞅皇后不順眼呢！在她看來，皇后都該是她的，卻被吳氏截了胡。這口氣她忍了許久，早想鬧一鬧了，只是一直沒找到機會，如今皇后自己把機會送來，可莫怪萬貞兒不客氣！萬氏嗷嗷叫著，跑到憲宗跟前，一頭紮進小心肝懷中，扭曲、委屈，叫天屈！

憲宗聽說萬氏挨揍，頓時肝火爆升。一個男人，如果連自己心愛的女人都保護不了，不如直接做太監好啦！本來木訥惇厚的憲宗，被萬氏一激一鬧，竟然對新婚妻子下了狠手。

皇帝下狠手，不是說跑到坤寧宮實施家暴，替小三做主，再把老婆打一頓。那倒便宜了皇后。萬氏的心願亦不在此。萬氏是一個心機很深的女人——今日俗稱「心機婊」，她不是街上混的小阿妹，被誰欺負了，立馬打電話搬人，把仇人臭揍一頓解氣。她的心更高，欲以此事為契機，將打她的棍子化作一根槓桿，撬動更大的目標。

萬氏知道自己出身微賤，雖在東宮得寵，卻始終沒有一個名分，若她自己再不爭，恐怕永難有出頭之日。這次所受的羞辱，她要足足地掙回來，不掙回一頂鳳冠，絕不罷休！所以，她把著皇帝的手，一巴掌打回去，竟是要將吳皇后從鳳輦上拍下去。

之後，就發生了明朝歷史上第二次廢后事件。我在「明宮揭祕」第二部《大明後宮有戰事》裡詳細講過，這裡就不再贅言了。

但有一個問題還要指出來：憲宗是一個靦腆內向的年輕人，我們不妨設想一下，在他新婚不久的一天，剛過門的妻子打了與他偷情的丫鬟，這位新郎官會如何處理？我想，最大的可能就是賭氣，或大鬧一場，一個月不上新娘的床等等，與現在的年輕人沒有二樣。然而走到休掉新娘這一步，怕是很不容易。不說那是禮教甚嚴的社會，就是風氣大開的今天，才結婚就打鬧要離婚的，也屬罕聞之事。再從憲宗一生的作風來看，他是那種比較黏糊、性情平和、缺乏決斷力的人，他欣賞的是「一團和氣」的世界（他有一幅很有名的畫作，就叫《一團和氣圖》），要讓這樣一個人起意休他新婚的妻子，與那麼大一場風波，著實難以想像。

還有一個難點，他要廢的不是一般人，而是有「國母」之稱的皇后，不是說皇后不該打一隻媚主的狐狸，就能拿出去當藉口，向天下臣民交待的。況且在那個時代，主母打侍婢，稀鬆平常，該著她打！這便需要有一個合適的休妻理由，而傳統的「五出之條」顯然不夠，必須放一個大招。

最後他怎麼做到的呢？

憲宗通過打擊「牛玉之黨」達到了廢后的目的。

吳皇后是牛玉選來的，先廢牛玉，再廢皇后，便如釜底抽薪、上游斷水，實為高明的政治手腕，恐怕不是憲宗想得出來的。

可能憲宗和萬氏有東宮的內臣智囊做支持，他們替主子出謀劃策，既為他們的「萬侍長」出了氣，也替被貶逐的同夥王綸報了一箭之仇；待宮裡最大的太監頭子牛玉一倒，萬侍長再一上位，東宮的舊人們都有福了！

我判斷，憲宗初意可能並不想廢后，但他被萬氏及東宮集團的舊人們攛掇著，對吳皇后下手就重了。說到底，廢后表面看是宮鬥，其本質還是新舊兩套勢力的爭奪。如《明憲宗實錄》所言：「又謂有惡牛玉之專者，欲奪其權，有所承望而然，故罪獨歸於（牛）玉云。」

萬氏挨打的當天，宮內風平浪靜，吳皇后原還有些擔心，生怕皇上跑來與她理論。可擔心了一天，皇帝也沒來，便以為這件事過去了。可是第二天，忽有驚人的消息傳來，說皇上傳旨，將司禮太監牛玉下了都察院獄，同時下獄的，還有太監吳熹。

聽到牛玉下獄的罪名是「壞朝廷大婚」，吳皇后驚呆了，感到事態嚴峻。

牛玉下獄後，很快交代了他選婚受賄的罪行。隨後老國丈都督吳俊、皇后兄吳雄，也被捕入獄。

憲宗斷然將老丈人和內兄投入獄中，絲毫不給皇后留面子，其意圖再明顯不過了：他就是衝著皇后去的。吳皇后驚慌失措，悔之晚矣！

震驚朝野的選婚受賄案很快審結，獄詞送呈御案。憲宗這才知道更多的內幕，原來，吳俊父子為了讓自家女兒選上皇后，透過太監吳熹向牛玉行賄；牛玉則以王氏非其所選，尋機遊說太后，令王氏退處「副宮」，而進吳氏為正宮。牛玉做成了這件事，洋洋得意，到處對人說，立吳氏為后是自己的功勞。憲宗深深震怒了，廢后意志趨於堅決。

憤怒之餘，他將獄詞向外廷公開，並且下了一道專敕，羅列了吳氏入宮以來的諸多過失，「命多官集議」，讓大臣們都看看，這樣的皇后，該怎麼辦？

「多官集議」又稱廷議，是朝廷遇到大事──如大獄、大興革、大征伐時，集思廣益的一種方式，也是政治民主的一種形式。參加者人數眾多，包括公侯伯、都督、尚書、侍郎、都御史、通政使、大理寺卿、給事中、御史等官員百餘人，前文記景帝易太子，也是採取廷議的形式決定的。

這兩天，牛玉受賄選婚案鬧得沸沸揚揚，但朝臣多不悉詳情，此時奉旨集議，唯一能參考的就是牛玉等人的供詞和寫滿皇后過失的敕書，眾官已經明白憲宗的心意，對廢后這樣的大事，竟無一人表示異議，沒有一個人為皇后爭一句。最後以勳臣中地位最高的會昌侯孫繼宗（孫太后兄）領銜復奏，說吳氏系先帝所退，且有過，決不可與皇上共承宗祀──也就是說，群臣都同意廢后。

憲宗在請示兩宮太后後，立即傳出兩份敕諭，一份是給皇后的，文辭刻薄，含有羞辱之意，說：

> 朕惟皇后所以共承宗祀，表正六宮，非德性淳淑、禮度閒習者不足以當之。爾言動輕浮，禮度粗率，留心曲調，習為邪蕩，將何以共承宗祀、表正六宮？

就是說，做皇后的，必須是淑女，似你這等輕浮之人，豈可為后？命令吳氏交出皇后冊寶，退處別宮——俗稱「打入冷宮」是也！

另外一份敕諭是給文武群臣的，說：

> 太監牛玉偏徇己私，朦朧將先帝在時選退吳氏於母后前奏請，立為皇后。朕觀吳氏輕浮粗率，詩云「靡不有初」，初尚不謹，何以堯終？朕負天下之重，處禮之變，冊立中宮，為風化之原，不幸所遇如此，豈得已哉？

遂將牛玉、吳熹謫南京孝陵衛種菜，國丈吳俊戍登州衛，吳雄隨住。

吳氏旋立旋廢，前後不過一月。

牛玉倒台後，他的姻親，京營總兵官懷遠侯孫鏜，罷職閒住；侄牛綸、外甥吏部員外郎楊琮「除名」，罷官為民。

最後說一下牛太監的結局。

牛玉被貶後，就從國史上消失了。牛玉墓誌說：「初政之行，儀度備舉，率公（牛玉）總挈綱維，內外井井。尋罷歸南京，未幾覆命掌南京司禮監印」，對他被貶這件事毫無交待和評價。

根據其墓誌記載，牛玉到南京種菜沒多久，就「覆命掌南京司禮監印」，做了南京宦官的老大。

此後一直住在南京。弘治六年（西元一四九三年），乞休養老。孝宗念其舊勞，「優詔許之，俾佚老於京，兼賜人夫供役」。八年後，「恭侍七朝」的牛玉卒於私邸，春秋九十有二。

牛玉只是廢后案的犧牲品，故憲宗對其較為優容，不久就讓他復職了，但終生未許他回京。

第五章　成化三宗弊

牛玉到南京種菜，可南京的「東道主」很不給他面子，當即有給事中王徽等人上言，請求誅殺「謀立皇后、欺辱陛下」的牛玉，並治內閣李賢等「坐視成敗、不出一言」之罪。

這幾位科道官員對選婚賄案這件「宮禁祕事」瞭解得並不多，此疏實借牛玉作題，是專門針對宦官而發的。他們將牛玉視作王振、曹吉祥之後的第三個專權宦官，希望憲宗以牛玉等人為鑑，從三個方面預防宦官為禍：一不許內官與國政，二不許外官與內官私相交結，三不許內官弟侄在外任事並置立產業。

明清兩代，「科（六科）、道（十三道監察御史）」連稱，均負有言事之責，合稱「言路」、「言官」，向朝廷進言是他們的責任。王徽等人進諫，並非「出位言事」，是正常履行職責的行為。然而他們所議是宦官！大約王徽等人因一時之憤，又見新政之初，就把太監大佬牛玉廢了，還當「朝廷」剛毅果斷，是一次難得的撥亂反正的機會（士大夫從本性來說，對宦官是看不慣的），便輕率進言了。他們還是太年輕，以為靠一篇激揚的文字，就「敢叫天地換新顏」。他們也不想想，這一本奏上去，那些讀本章的人（首先就是被指責為「黨牛玉」的李賢），沒一個快活的，還不得對他們大加懲戒？旨意下來，口氣宛如寒冰，說：「牛玉壞大婚禮，眾人無預，朝廷已有處分。（王）徽等不知情，實妄言要譽，希求進用，令吏部俱調官遠方。」此疏列名的五名給事中，全部降為邊遠地方的州判官。

熱血漢子，一言壞了官，心也涼了。

宦官勢力已然積成，若非主上有斷臂的決心、不撓的意志，是絕難撼動的了（當看嘉靖皇帝如何來做？請留意本書第三部）。

「成化」這一家店，還沒開張（改元），已有兩名大太監接踵垮台！

在講述成化年間大太監鬥法的故事前，有必要概述一下，這一朝的二十三年間，政治上都有哪些大弊政？大致說來，弊有三宗：

第一弊，是傳奉之官太多。

傳奉官，就是不經過「有關部門」（具體說就是吏部）履行相應的考（察）選（舉）程序，由皇帝直接傳旨（內批）升授官職。這在唐代已有一個專門詞彙，叫「斜封墨敕」；明代則稱之為「傳奉」或「傳升」。

明朝對官員的考察與銓選有著嚴密的法例，皇帝雖然是最高權威，但他憑一己喜惡，繞過吏部授予某人官職，仍被視作是下侵部臣之職，是對既定規則與制度的破壞——儘管傳旨是到吏部，執行「墨敕」的也是吏部——傳升被認為是不合法的，事後在某個適當的時機（如新君即位），傳奉官員總是遭到清算和汰斥。

據《明憲宗實錄》記載，天順八年二月庚子，即憲宗即位的第二十六天，牛玉傳奉聖旨，升司禮監人匠姚旺為工部文思院副使。《明史·憲宗本紀一》說，這是「內批授官」之始。

明朝擁有龐大的文武官僚體系，皇帝怎麼可能認識那麼多官員，並瞭解他們的賢否呢？所以官員的選拔、遷轉，必須由專門的機構來做。皇帝卻巴巴地親手發官帽子，他不是和吏部搶活幹，而是將官位當作他私有之物，拿官爵這種公器做人情。傳奉官的產生，是皇權的濫用。

第二弊，是佞幸多。

佞幸與傳奉官是緊密相關的。皇家的「帽子」不是隨便亂發的，他只發給自己喜愛的人：佞幸，或稱嬖倖、近習！這些人來路很雜，但有一個共同特點，就是陪皇帝「各種嗨」，大家都很高興。皇帝對這些人，愛之深，情之切，金銀綢緞已無法表達其愛意，就直接發官帽子。

佞幸之多，往往是皇帝多欲的結果。

在明代，唯兩朝佞幸最多，一個是成化，一個是正德。而憲宗與武宗，恰恰是明朝皇帝中較有才氣的兩位，一位窩在皇城圈圈裡玩，一位耐不住寂寞，滿世界晃蕩著玩。

憲宗的才氣主要體現在文藝上，他喜歡書畫（有多幅作品傳世），喜歡瓷器（有著名的成化五彩雞缸杯為證，此杯在二〇一五年被拍出了二億八千萬元人民幣的天價）。我沒法判斷憲宗創作水平的高下，但有一樣我知道：喜歡文藝，費錢！

憲宗還喜歡燒煉符水、道術養生那一套玩意兒。憲宗後半截兒子生得多，不知道是否有縱慾之弊，但下半身壓力太大，經常動能不足，確實需要借助一些外力來催，那就要服食壯陽的丹藥。當時進祕戲之藥的人很多，就連內閣大學士萬安都弄了個小盒子，裝了好些房中術祕笈，偷偷獻進宮，以為邀恩固寵之術。朱見深在位二十三年，看起來不短，可他陽壽只有四十一歲，與許多明朝皇帝一樣，沒能逃過壯年遽崩的魔咒，想是不良的生活習慣戕其生而促其壽了。

修行當一人獨為，而玩樂則必與眾共之。

皇帝找樂，又要學做神仙，自然需要「術有所攻」的專家來陪侍。陪皇帝玩樂並因此得寵的那些人，就是佞幸。憲宗身邊的佞幸，主要有釋、道、妖三類，而又可以全歸入「妖」類。比如釋教中人僧繼曉、道教中人趙玉芝、鄧常恩等，都不是正宗的佛教徒和道教徒，他們主要靠齋醮、扶乩、燒煉、厭勝等邪術混世，屬方士、妖人之流；佛教之中呢，憲宗更偏愛來自神祕西番的藏傳佛教，什麼法王、國師、活佛封了一大堆。除了這些「宗教界」人士，還有眾多上京的丹青名手，專門陪皇帝「玩藝術」；在內府各監局以及在外諸寺觀，都有書辦人員負責傳錄道書、佛經及詞曲小說。這些書畫界人士統一由御用監或近幸內官管理，在宮裡有專門的活動空間（主要是武英殿和文華殿），其中尤得寵者，得以在錦衣衛落籍，掛一個千百戶的官職，吃一份鐵桿的莊稼。

最初陪憲宗玩樂的，都是宮中近侍太監如梁方、韋興、陳喜、錢義等人，後來他們又招引四方道流方生術士入宮，隊伍越來越大。比如成化朝最著名的佞幸李孜省，本是江西布政司的一名小吏，因為犯罪，逃到京師，他聽說皇帝喜歡邪術，就專門學了一門看家的手藝，叫「五雷法」，托梁芳引見，在御前露了一手「祈禱術」的絕活，大得憲宗歡心，立刻傳升太常寺丞，以後不斷傳旨陞官，一直做到正三品的禮部左侍郎，儼然為朝廷大臣。

成化年間，「傳奉盛行，名器愈濫，左右近習各立門戶，恃寵鬥勝，而太監梁芳尤甚，每一傳奉，除拜滿紙，謝恩私第者相踵前後，無慮千人」。

據說明初時，宮中有內帑十窖，每窖積金數萬兩，這是累朝的積蓄，就防哪天動兵打仗，而預先備下的儲蓄，屬於戰略儲備金，歷朝都不敢輕動。景泰末年，頗事奢侈，英宗那時還在南宮，嘆道：「累世之積，其盡乎？」他一復位，馬上前去查看，見金子都還在，就是多闕角，他立即節省其他費用，將其補足。成化中，梁芳、韋興等作奇技淫巧，大建禱祠宮觀，且大肆購求寶石，很快十窖罄盡。

【宦官小知識】

梁芳，《明憲宗實錄》俱書作梁方，《明孝宗實錄》則作芳。考成化九年其自撰《敕賜勝泉寺佛殿碑銘》，當以「芳」為是。梁芳，嶺南人，官御用監太監，《明史》有傳。

有一天，憲宗指著梁芳等人說：「帑藏之空，皆爾二人為之！」韋興口拙，懼不敢言，梁芳卻大言道：「臣為陛下造齊天之福，何謂虛費？」因歷指在京所建三官廟、顯靈宮等宮觀建築，道：「此皆為陛下後世齊天之福也！」他倒沒瞎說，憲宗不懌歸不懌，卻說不起他，只好起身道：「我不與爾等計較，後之人必有與爾等計較！」

他這叫說不起就跑，卻差點害了那位「後之人」。

憲宗的意思是，你們都說是為我而「造」，我跟你們掰扯不清，不說了行吧？自有我的後人跟你們算總賬。他說的「後之人」，就是皇太子朱祐樘。

梁芳回去越想越怕，心想，將來皇帝一蹬腿，他倒好了，嗣君拿我等來頂鍋，這可咋辦？為此憂急攻心，寢食俱廢。憲宗有不少兒子，他最喜歡的是邵妃所生的興王朱祐杬，就有人給梁芳出主意，說不如請沒有子嗣的萬貴妃勸皇上改立興王，這麼做的好處是「貴妃無子而有子，興王無國而有國」，惟其如此，能保富貴於無窮，豈止免禍哉！成化朝的佞幸們，不單要討好皇帝，更要討好萬貴妃，他們是一根繩上的螞蚱。梁芳大以為然，立即跑去對萬貴妃說了。此事正擊中貴妃的心事，萬貴妃這一生，福祿雙全，什麼都好，就是沒有子嗣，是最大的缺憾（萬貴妃生過一子，不幸夭折了）。她尋思，如果改立興王成功，則是她的功勞，將來興王登基了，還不得拿她當親娘一般供養？就拿此事來遊說憲宗。憲宗是個軟耳根子，貴妃一說，他的心就動了。

不料此事在司禮監碰了釘子。

當時的司禮監掌印太監是懷恩，易儲之事，是繞不開司禮監的。憲宗把懷恩找開，在談話時微微露出易儲的意向，想試探一下懷太監的態度。看官可還記得當年景泰帝要廢太子時，也曾試探司禮太監的態度麼？金英故意裝糊塗，不接茬，遭到貶謫。懷恩將如何表態呢？他非常堅決，立刻摘下帽子，叩頭道：「奴婢死不敢從，寧陛下殺我，無使天下人殺我也！」伏地哭泣不起。

憲宗只好暫時作罷。

懷恩知道事出貴妃，必不會輕易停止，他回去後，就閉門不出。不久果然有詔，命他去鳳陽守陵。他臨走之前，仍不忘交待司禮太監覃昌，此事一定要頂住。

覃昌在懷恩貶逐後繼任司禮監掌印，他自忖資歷威望皆不如懷恩，不敢像懷恩那樣硬頂——「以懷太監之力尚不能及，我輩何能為」？為此憂懼不已。

有人給他出主意，說茲事體大，必須與內閣商議，讓閣老們一起出主意，也好分卸一部分責任。於是覃昌去內閣找閣臣商量，首輔萬安默然不對，次輔劉吉也是如此，這兩位精得很，豈肯得罪萬貴妃？覃昌見閣臣都不爭氣，沒法子，跺腳而出。而憲宗督責甚急，他實在頂不住了，走投無路，幾次想上吊自殺。恰好這時山東泰山發生地震，大慈大悲！阿彌陀佛！總算救了覃昌一命，也挽救了太子朱祐樘的儲位。因為泰山地震後，內靈台奏報，說：「泰山東岱，應在東朝得喜。」泰山號為東嶽，太子稱東宮、東朝、東駕，泰山之事，正是太子的預兆。泰山崩，必須通過東宮有喜來沖。憲宗疑惑：「太子亦應天象嗎？」覃昌忙道：「陛下即上帝，東朝，是上帝之子，怎麼能不應天象！」憲宗想想也是，於是下詔為太子選妃，太子的地位從此鞏固。

這個故事表明，佞幸的影響力有多麼大，甚至足以動搖國本。

以上是成化朝的第二弊，第三弊，就是朝堂之上政爭激烈。下面，我們將看到一連串，幾乎無絲毫停歇的爭鬥——

第六章　狐妖牽出來個西廠

考察成化年間的宮廷史、京城風尚史，以及政情政風政潮，都撇不開萬貴妃這個人。

想憲宗初立時，她還只是一名宮婢，被新立的吳皇后拉去打了屁股（打哪裡不詳）。她真是老虎屁股摸不得，吳皇后竟因此被廢，換了王皇后上位。王皇后見了前任的覆轍，豈敢再居大婆，抖她中宮娘娘的威風？成化二十餘年間，萬貴妃才是不居皇后之名的真皇后；她所居的昭德宮——而非皇后所居的坤寧宮，才是紫禁城裡真正的「中宮」。

我查閱成化年間的宦官墓誌，發現不少大太監的履歷上，都標註著志主曾在昭德宮或安喜宮「答應」的經歷。萬貴妃先就住在昭德宮，後來移居安喜宮，在這兩個宮裡當過差的，都是貴妃的私人。有貴妃罩著，自然容易調撥好衙門，撈到好差事；貴妃為人又爽朗重義，凡她宮裡出來的人，她從來都是關愛有加。

成化十四年正月，憲宗決定組建一個新的緝事衙門，專命一名親信督領，刺察內外之事。

萬貴妃道：「小汪不正好麼？就讓他來做。」

憲宗頷首道：「就讓他來做，我也是此意。」

小汪名叫汪直，自小就在昭德宮當差，因為頭腦靈活，很得貴妃喜愛，才二十來歲就已做到太監。憲宗刺察外事的心思也有一段時間了，先就由貴妃的推薦，讓汪直來做這件事。

汪直接差後，不事聲張，每天青衣小帽，騎一頭不叫的驢，出入裡巷，側身市井，打聽各種消息，回宮後學給皇上和貴妃聽。他就是兩位主子投放到宮牆外的耳朵和眼睛。他講的又生動，聽者宛如親見，一會嘖嘖有聲，一會驚嘆稱奇，就跟聽戲一般。

憲宗派汪直出去包打聽，並非為了找樂子。他因為「深居九重」久了，感覺耳目閉塞，需要瞭解更多的外情。而且這樣的需求日益迫切，光靠汪直一個人單幹就不夠了，經過幾個月的試驗，憲宗有了專設一個運作模式與東廠類似，但獨立於東廠之外的緝事機構的想法，於是汪直順理成章地「脫單」，從十四年正月起，他領著一批從錦衣衛抽調來的幹探，將刺察的觸角伸向京師內外，並很快聲威大震，一朝成名。

汪直其人，記載並不多，《明憲宗實錄》僅稱其為「昭德宮內使，年幼最得寵，升御馬監太監」。《明史・宦官傳》補充了一點信息：「汪直者，大藤峽瑤種也」。征大藤峽是正統年間的大事件，汪直為大藤峽瑤種，說明他是征西南夷時俘獲入宮的瑤童。

許多記載都提到汪直「年幼」，如稱汪直「年少好操兵」等。在成化十三年前，汪直默默無聞，自設立西廠，才一夜「爆紅」。在他勢力最大的那幾年，汪直的大名甚至被記入朝鮮實錄中。朝鮮來華使者向國王報告說：「汪直，本在南方一萬里之地，其父能舉千斤，故名曰千斤。嘗叛焉，中朝討平，而宮汪直」（見朝鮮王朝《成宗實錄》），印證了汪直為「大藤峽瑤種」的說法，並稱汪直之父名叫千斤（不知是否為汪姓），因叛亂而為明軍剿滅，他的兒子汪直也被閹割入宮。

成化十三年後，昔日的「瑤童」不得了了！朝鮮使臣說：「皇帝甚寵待（汪直），使之總兵。然能進退人物，號曰小皇帝。」「小皇帝」的稱謂，應為坊間戲言，以形容汪直權勢之煊赫；這與稱正德初年的劉瑾為「立皇帝」，有異曲同工之妙。

《明史・汪直傳》說汪直「為人便黠」，即機敏而靈巧。其實「便黠」二字是形容佞幸、小人的常用詞，未必真切。朝鮮使臣卻有很生動的記載，說「人稱（汪）直之為人，不輕言，體弱而善射」。既說是「人稱」，則使臣所記當來自傳聞，而非親眼目擊。然而這些傳言來自當時之京人，可信度極高。如此說來，來自廣西的汪直，身材瘦弱，長於射箭，他「言不輕發」（此詞後面接的是「言必有中」），說明汪直是一個心思縝密、性格謹慎的人，不是狂妄無知之輩。

這個由汪直領頭的緝事機構，叫「西廠」。「西」是相對於皇城東安門外的東廠而言的，也因其衙署開設在皇城西南靈濟宮旁的舊灰廠，方位在西。

明朝已經有東廠，為何還要增設一個西廠呢？

這是因為憲宗不滿意信息閉塞的狀態，「急欲知外事」。他的這種急迫心態，是由兩件事直接觸發的，這兩件也算得上明代史上的奇事。

第一件，是去年（成化十二年）七月，京師鬧起的「黑眚」。

眚，是災異的一種，五行（金木水火土）之中，黑眚屬「水」。根據《明史．五行志》的記載，雨水如墨汁、黑氣如煙亙天，皆稱黑眚。但成化十二年七月庚戌日這天京師所見黑眚，較為奇異。這天半夜，黑眚忽然發作，只見「有物金睛修尾」，長著紅眼睛、長尾巴，狀如犬狸，負一團黑氣，從人家窗戶出入，直侵密室，所遇者皆昏迷。有許多人聲稱親眼目睹，並做了繪聲繪色的描述。謠言就像陰溝裡的老鼠一樣四處亂竄，很快滿城都恐慌起來，百姓都不敢待在家裡，男男女女露天坐著，操刀張燈，鳴金擊鼓，以震懾驅趕黑眚。

鬧了大半宿，一無所得，到五更天，精神疲倦的官員們懷著惴惴不安的心情，進入皇城，準備上朝。大家在排班時還在議論此事，忽聽幾聲靜鞭響過，方安靜下來，憲宗從奉天門上走出，在御座上落座，早朝開始了。

大臣正在奏事，站立在朝門兩側的禁衛官軍中，忽有一人大喊：「黑眚」！此時眾心未寧，尚還擾攘，就像剛剛看完一部恐怖片，還未從那可怕的氣氛中還過魂來，不知誰這一嗓子，登時讓眾人渾身炸毛，脖頸起陰風，兩旁禁軍亂作一團，幾乎要扔了儀仗逃跑。

這邊驚慌，那邊還有一位，嚇得從座中立起，扭身要逃。別人都可逃得，唯獨此人不可逃，他要是真逃了，那可要落下千古笑柄，說明朝的憲宗皇帝上朝時，被妖精嚇得棄了百官逃命去也！豈不要笑死人？

幸虧立在御座左側的太監懷恩眼疾手快，一把牽住憲宗的衣袖，小聲道：「萬歲爺勿驚！」先安撫了聖上，請他坐定，然後喝令兩廂侍衛：「鎮定」！

懷老太監素有威重之勢，此時由他出來壓場子，門上門下的數百名將軍、侍衛才慢慢將吐出的心肺重新放回腔子裡。再仔細查問，哪裡有黑眚的影子，不過是一場虛驚！

成化十二年夏天大鬧京朝的黑眚，與一般黑氣、黑煙不同，也與發生在天空或荒郊野外者有異，它具動物之形，分明已煉成精怪，已經不怕人了，否則怎麼會發生在人群密集、陽氣旺盛的京城，至乃驚擾了朝會？

黑眚鬧得這麼厲害的，明朝歷史上一共發生了三次。

除了成化中年這一次，另一次發生在正德七年六月壬戌，黑眚見於直隸順德、河間至涿州一帶，大者如犬，小者如貓，夜出傷人，有至死者。不久，眚怪北移，進京了。此物形體赤黑，風行有聲，居民在夜裡持刁斗擊打，一直鬧到天明，足足有一個月時間。

第三次，發生於崇禎十一年，京師黑眚狀如黑狸，在百姓家作祟，這回持續時間更長，長達半年之久。

《西遊記》裡的「黑風怪」自然是不存在的，那這長著動物之形的黑眚到底是什麼怪物？正德七年，正當「劉瑾亂政」及河北之亂後；崇禎十一年，大明的天下已近崩潰。皆在亂中。成化十二年，雖號曰「承平」，可是在「群小」鬧京華的背景下，人們的內心，實際上是懷有深深的隱憂的。正因為人心本就不靜，懷有強烈的焦慮感，所以稍有風吹草動，便草木皆兵了。故實非眚亂，而是人心之亂，這才是亂源。

就在黑眚之變的間月，京城又發生侯得權之亂。

侯得權的案子，我在「明宮揭祕」第一部《大明王朝家裡事兒》裡詳細講過，這裡只略作複述：侯某本為一遊僧，因為得了一本妖書，頂了一個叫「李子龍」的名字，就自稱大師，要做「大事業」。他先在直隸一帶活動，然後轉場到京城發展。京裡場面大，新入門的弟子們頓時「高大上」，多是手面闊的內府宦官，還有一些京衛的中下級軍官。這些弟子對侯得權極為崇拜，對他頂禮膜拜，見面必叩頭稱「上師」，不敢對坐。

宦官都是皇帝身邊的人，如今被吸納加入侯得權的小團夥，用今天的話來說，就是邪教組織打入統治階層的內部，這是很可怕的。

憲宗事後確實非常害怕。因為他聽說，侯得權曾在他宦官弟子的安排下，混進皇宮，趁人不注意，在偏殿的寶座上「試駕」了一把，聽說憲宗在不遠處蹴鞠，他還扒在一棵樹後瞧了一會熱鬧呢！這都是侯得權事發後交代的情節。憲宗越想越怕，侯得權是有異心、要謀反做皇帝的人，他若蠱惑那些痴迷的閹人弟子，忽然圍攻上來，殺自己一個措手不及，那我豈不成了史上在遊戲時被弒的荒淫天子？

這些事就在身邊發生，危險如此迫近，憲宗卻毫無所知，廠衛緝事衙門更無一個字的報告，每天「打」上來的事件，儘是些柴米油鹽的例行瑣事，他急切想瞭解的信息，少之又少。憲宗不滿於廠衛，甚至懷疑他們有所「遮蔽」，就想到起用私人出去探察事體；西廠的設立，可能還有刺激東廠，在其屁股上掛一掛鞭、燒一把火的用意。從史料上來看，在國史中首先出現的，是西廠，然後再由西廠引出東廠，隨即東廠也開始活躍起來，甚至東、西二廠爭功，形成纏鬥的局面。

這是汪直機會降臨的原因。

小汪很懂皇上的心，待衙門一開，上手做事，立馬威震朝野。

第七章　西廠開張，燒起幾把火

汪直到任後的第一把火，就燒向了內廷太監。

那是一個叫覃力朋的南京守備太監，他上京進貢，事完南返時，調發了百餘艘快船，說是為公家運東西，其實載運的都是私鹽。他假公濟私還不低調一些，一路騷擾州縣，到了山東武城縣，縣典史稍稍過問了一下，覃力朋就怒了，一錘子敲掉典史的牙，還射死了一個人。

死了人，事情就大了。

此事官府還未奏報，先被西廠的人探聽到了，汪直馬上向皇上奏發。覃力朋就被逮捕問罪，還被判了死刑（後得倖免，沒有執行）。經過這一件事，憲宗認為汪直能夠「摘奸」，沒有「朋欺」（指下人合起伙來欺騙）的習氣，對他更信任了。

就此西廠一炮打響，它隨即又做成一件更大的案子，西廠彪悍而無顧忌的行事作風，在這件案子中彰顯無遺。

此案牽涉到曾在永、洪、宣、正四朝擔任大學士、贈官太師的楊榮的家族。

楊榮去世後，得到世襲指揮同知的恩蔭，他的孫子楊泰、曾孫楊曄，都官任福建建寧衛指揮同知。要說地方衛所的指揮，官品也不低，但在當時重文輕武的社會氛圍下，武人是沒什麼社會地位的，要刀弄槍也沒有舞文弄墨吃香。但楊家到底是太師閣老的底子，家富多金，族裡做官的人也多。比如楊泰的弟弟楊仕偉，時任兵部主事[14]，堂弟楊仕儆任中書舍人，女婿董序（《明史》作董璵）任禮部主事，都是京官；楊泰還有一個堂侄，名叫楊旦，是弘治進士，嘉靖初年仕至吏部尚書。

可見楊氏在建安是大族，可惜楊泰父子，不顧他祖上名相的聲譽，仗著家裡有錢，衙門裡有人，「暴橫鄉里，戕害人命」，正是多行不義之人。

「多行不義」後面還有仨字：「必自斃」！楊泰、楊曄父子正應了這句古話。楊氏在地方勢大，他的仇家見地上鬥不過他，就想天上總有說理的地方吧，乾脆跑步進京，一個京狀告上了天。

由於事涉人命，被告的又是著名的楊閣老的家族，朝廷很重視，馬上派刑部主事王應奎、錦衣衛百戶高崇，前往福建調查。

楊曄已先一步得到消息。楊家不是錢多人脈廣嗎？他才不老實待在家裡等欽差來勘問呢，二話不說，帶了銀子，直接上京疏通關係，希望「營解」此事。

到京後，他就住在妹夫董序家裡，提出找幾個得力的人，把這件麻煩官司了結了。董序道：「這不現成有一位嗎？找他，準沒錯！」就給內兄介紹了錦衣衛百戶韋瑛，告訴他，韋瑛在內府認識不少宦官，而且他本人正隨西廠太監汪直辦事，此人說話，絕對有分量！

董序哪裡知道，他這一薦，等於將老婆娘家人推進了虎口。

那韋瑛本是市井無賴，因為投一韋姓太監為家人，又隨韋太監出征西北的延綏，冒功升百戶之職。

14 主事，相當於今天中央部委的處長。還有郎中、員外郎，相當於今天的司長和副司長。

光看這履歷，便知韋瑛非良善之輩。可他如今是紅人哪！找人辦事，不就求能把事辦成嗎？求人辦事與交友不同，還是奸人更「靠譜」一些！

楊曄便置了一份厚禮，去拜訪韋百戶。

韋瑛對他十分客氣，對他所托之事非常關心，反覆詢問，詳盡瞭解他家告訐之事的來龍去脈；還問他來京後找了哪些人，這些人怎麼答覆他的？然後拍胸脯保證，楊大哥只管放心，此事須包在兄弟身上！他甚至讓楊曄搬到他家去住，說這樣辦事方便些，省得來回跑耽誤事兒。

楊曄也不是好人，他與韋瑛臭味相投，談話間十分相得，又見韋瑛很願意幫忙，滿心歡喜，以為自己交好運了，不僅把爛賬了了，還能結交一位豪俠仗義、又有勢力的好朋友。他哪曉得，俗話說「惡人自有惡鬼磨」，那韋瑛便是來磨他的惡鬼！

再說韋瑛，他把楊家的案子摸了個底兒掉，心中有了賬，便將楊曄穩在家裡，自己趕去西廠，他要將楊曄作為一份「犧牲」奉獻於汪公公。

他對汪直講了三點：

第一，西廠偵辦南京守備太監覃力朋案，已令皇上對西廠和公公刮目相看，託付愈重，但尚不足以震懾百官群僚。

第二，如今文重武輕，滿朝握權者皆是文官，必借一案，收拾一批秀才，百官方能知我畏我。楊曄此賊來投，便是天賜予公公的，天予不取，反受其咎。

汪直不解，楊某只是一遠方衛所軍官，辦了他，豈能令百官知我畏我？

韋瑛詭黠地笑道：那便是小的要講的第三條。公公不知，那姓楊的非尋常軍官，他乃名臣之後，如今親舊遍布於朝。他這回被人告，輦銀上京，四處求告，正是一個官官相護的典型。咱們做事還簡單，只消抓住他，把這根繩子一收，就能拉一網魚上來。

汪直是聰明人，不消多說，一點就通，他笑著連拍幾個巴掌，就把此案交給韋瑛去辦。

昔日笑臉相迎的「東道主」立馬翻臉，他將家中的客人執送西廠考訊，要他交代行賄買囑之事。韋瑛也不客氣，一進來，就給他用上名為「琶」的重刑——「琶者，錦衣酷刑也，（用刑之下）骨節皆寸解，絕而復甦」。楊曄受刑不過，嗷嗷亂叫，就妄稱將賄金都寄存在他叔父兵部主事楊仕偉家。

廠衛逼供，只要口詞，而且有詞便信。韋瑛立刻布置人手，乘夜將楊主事家圍起來，一聲呼哨，火把四舉，翻牆而入。

明朝制度，凡職官犯罪，被廠衛緝訪出來，是不允許擅自捕拿的，必須「請旨拿送」，皇帝同意了，傳旨了，才能拿人。待「問招」明白，確實有罪，奏請發落；無罪枉屈的，則再次請旨後，仍回原單位供職。可西廠行事，全不把朝廷定制放在眼裡，好比朝廷派往廣西勘事的郎中武清、來京聽選的地方大員劉福，一個回京才走到通州，一個住在旅社裡，都被西廠拿了，送到獄裡，關了好幾天，又將其釋放。武清是五品京官，劉福是三品方面，西廠都敢擅拿擅放。西廠行事潑辣，還不止此，西廠官校經常隨意查封官員之家。對此朝廷也有定規，官員必須是犯了大逆不道的罪，請旨後方可封門。可西廠不管那些，官員有贓罪嫌疑，還未問招，先將其門戶封閉，或夤夜越牆而入，肆意搜檢財物，甚至將命婦剝去衣服，用刑辱打，這對被害官員來說，無異於抄札（籍沒、抄家）。更有甚者，西廠竟敢擅自封禁兵部武選司的大門！

楊仕偉一家正睡得迷迷瞪瞪，驟見火光衝天，一群兇殘的漢子破門而入，恍惚之間，還以為家裡進了強賊，嚇得魂飛魄散。

西廠校尉在楊家扒門倒戶，驚擾得四鄰八舍雞犬不寧，眾鄰皆知好歹，西廠拿人，誰敢過問？全都吹燈滅火，佯裝不覺。只有楊主事隔壁的一位，還在讀書，忽聽楊家動靜甚大，披衣出來，扶梯上牆，覷著近視眼，往楊家院中張望。見楊家雞飛狗跳，男女家眷都觳觫地跪在地上，校尉們像虎狼一樣橫行。他心中一憤，出語喝道：「爾等擅辱朝臣，不畏國法耶？」韋瑛聽了，厲聲呵問：「爾何人，不畏西廠！」此公把眼一瞪，大聲報名：「我乃翰林陳音也！」

這位陳翰林，《明史》有傳，他是詞臣出身，本人並無事功，但只此一喝，便青史留名了！

重刑是冤獄最可靠的保證。楊曄在獄中，哪抵得住錦衣衛慘刑，沒幾天就死在西廠。但老楊家倚勢橫暴、殺傷人命、行賄朝官的案子還是坐實了。西廠把獄詞奏上去，朝廷立刻傳旨，命太監錢喜及百戶韋瑛前往福建籍沒楊家，並械系楊曄之父楊泰及同居男女百餘人上京——楊家這回被一鍋端，宛如犯了謀逆大罪。

巧的是，韋瑛奉旨去查抄楊家，走到半路，遇到原差勘問官王應奎和高崇。韋瑛馬上對二人進行搜查，從他們的行李中搜出不少金銀財貨，這就是捉賊拿贓了，當即將二人執送廠獄。

成化十三年四月，震驚朝野的楊氏大案終於定讞：楊泰依律處斬（未決，後以審錄開恩，宥為民），財產全部沒收入官，只有祠堂與祠田三十頃給還家屬。楊泰弟楊仕偉，降調台州府通判，女婿董序調河間府通判，從弟楊仕儆調惠州衛經歷。原勘官下獄，百戶高崇庾死，主事王應奎發邊衛充軍。

西廠在偵辦楊氏大案的過程中，有許多違法情節，比如未奉旨即擅拿五品職官、擅自抄札官員之家，還未「獄具」，已將犯人刑訊致死（楊曄、高崇）；法司攝於西廠之威，在擬罪時有加重情節，量刑明顯過重，即使楊泰父子的罪行全部屬實，也沒到抄家的地步，更加罪不至死，然而他父子二人，一庾死，一判斬刑。

憲宗全盤接受西廠的調查結果和法司的處理意見，並非為了澄清吏治，不過欲借此案威懾群僚，並樹立西廠的權威。故此，只好對不起楊閣老，拿他家後人的頭，來做獻祭與犧牲了！

不管怎樣，果如韋瑛所預言的，西廠從此威震四方，無人不懼。

第八章 革西廠，司禮監再生變故

西廠設立的本源，在於去年的黑眚與侯得權妖案。在古代，凡利用讖緯、星象、符籙等神祕手段，組織祕密結社，傳播政治預言的，都被稱為妖術、妖人和妖氛。西廠開設後，在下者投上所好，紛紛告訐「妖言」，造成這樣一種現象：「無籍者多為贗書，誘愚民，而後以情告行事者捕之，加以法外之刑，冤死相屬，無敢言者。」這種風氣很快播散到京外，甚至連邊方都不能免。當時分守京北懷來鎮的奉御廖禮，得到部下軍余的妄告，如獲至寶，就在其部內大肆捕拿「妖人」，抓了許多人，有軍人，也有平民。廖禮的上級，巡撫殷謙、參將周賢、巡按何鑑，及鎮守太監弓勝、總兵官劉清等，不敢有違，於是「扶同奏報」。案子送到都察院，方才辨明冤獄。都察院將妄報者問了死罪，並請治廖禮之罪。憲宗也意識到問題的嚴重性，如果不加以制止，「妄告妖言」可能將在更大範圍內蔓延，這才下詔，「命慎妖言之罪」。

其實這類「妖案」，多屬捕風捉影，甚至是誣告陷害，從士族之家到普通平民，受害者非常多。西廠在這樣的背景下遽然而興，為所欲為，無所顧忌，造成極大的震恐，人心洶洶不安。為此內閣緊急進諫，請停廢西廠。

成化十三年五月初十日，內閣大學士商輅與學士萬安、劉珝、劉吉聯名上疏，指出「近日伺察太繁，法令太急，刑網太密，官校拘執職官，事皆出於風聞，暮夜搜撿家財，不見有無駕帖[15]，人心洶洶，各懷疑畏」，造成內外文武重臣不安於位，百司庶府之官不安於職，商賈不安於市，行旅不安於途，士卒不安於伍，庶民不安於業的狀況。

這哪裡還像承平之世！

西廠對祖制及成規的破壞，內閣一共列出十條，如：

「舊設行事人員，專一緝訪謀反、妖言、強盜、人命及盜倉庫錢糧等大事」，今西廠卻搜尋細故，就連街市鬥毆、爭雞縱犬這些小事，也煩瀆聖聽，置於重法，以致京城軍民驚惶不安。

又如：

京營管軍頭目，各處鎮守、總兵等官，都是朝廷托以重寄之人，西廠一概令人跟緝鈐制，或採聽事情，以致官員們危疑不安，畏縮自保，誰敢任事？

西廠還派校尉分投去各布政司（省）行事，不但官司驚疑，各王府亦自危，恐生不測。

運河系南北兩京錢糧貨物的必經之路，要在通行無滯，可西廠官校分布沿河一帶，遇有船到，即加盤問，間有公差官員被其搜撿，以致往來客商軍民人等聞風驚疑等等。

可見西廠差人「採聽事情」的對象及範圍非常廣泛，汪直正是倚仗著驟然爆發的權勢，成了京城的「小皇帝」。

年輕的汪直，的確很有些「小皇帝」的派頭。如閣臣說：「自立西廠之後，汪直每日出外，隨從

15 駕帖，是廠衛執行公務的檔，就像員警的執法證、逮捕證等。

之人數多，但遇官員人等，無不喝令下馬，雖大臣亦謹迴避。」兵部尚書項忠一次路遇汪直，沒有主動讓路給他，被汪直懷恨在心，第二天早朝鼓響，當百官在午門外排列時，汪直讓校尉在左掖門下大聲呼叫項忠的名字，朝罷還命眾校尉將其擁逼而去，「其欺凌大臣如此」！

閣臣將去年發生的「黑眚」事件與西廠播虐聯繫在一起，說「去歲七月以後，有妖物傷人，當時人言必有應驗。及立西廠，驚動人心，一如妖物傷人之時」。說黑眚之應，就是西廠。

閣臣指出，這都是因為「陛下委聽斷於汪直一人，而汪直者轉寄耳目於群小」，「群小」乃自言承密旨，得專刑殺，擅作威福，傷害善良，虧損國體。那些「拿人放人、擅封門戶、搜撿家財、淩辱婦女、驚動人心、紊亂朝政」的事，儘是韋瑛等人所為。而汪直年幼，未諳世事，止憑韋瑛等主使呈報，中間雖有一兩件事看似禁革奸弊，奈何非祖宗舊制，所革未多，而其失人心則已甚矣。

閣臣建議宸衷速斷，革去西廠，將汪直罷黜閒住，以全其身；將韋瑛等拿送法司，治以重罪，如此則人心可安，天意可回。

內閣所言，條條在理，而且在進諫時注意了策略，將西廠之弊全歸諸韋瑛等「群小」，稱汪直「年幼，未諳世事」，他是被人矇蔽，過失「未為甚」。這是給憲宗留面子，也為了減少革罷西廠的阻力。其實，不但內閣此疏有斟酌、有講究，此疏的出現，背後也大有文章，是內廷大太監內爭的結果。對此前人均未留意，本書首發其緒，且看——

據《明憲宗實錄》記載，閣疏遞進去後，「上震怒」，立命司禮監太監懷恩、覃昌、黃高三人赴內閣，厲色傳旨：「朝廷用汪直緝訪奸弊，有何壞事？爾等遽如此說，是誰先主意？」

這是要究問主使之人。

商輅道：「汪直違祖宗法，壞朝廷事，失天下人心，輅等同心一意，為朝廷除害，無有先後。」

懷恩道：「不然，聖意疑此奏未必四人同，就是下筆，也有先後！」

萬安道：「汪直挾勢害人，人人要說，但不敢耳。我等同受朝廷厚恩，同一主意，誰獨為先？」

劉珝奮然泣道：「我等奉侍皇上於青宮（東宮的別稱），迨今幾二十年，幸而朝廷清明，四方無事。今忽汪直為害，使遠近不安，何忍坐視？我等誓不與彼共戴天。」

劉吉道：「汪直之罪，縱使我等不言，不日必有言之者。今既奏入，貶謫黜罰，亦惟命耳，所不避也。」

在閣臣慷慨表態後，懷恩的臉色與詞氣都緩和了許多，徐言道：「皇上命我等問具奏之由，先生們既執論如此，我當具實回話。倘若皇上親自召問，先生們可別變了口！」

商輅等道：「那是自然！」

待太監走後，商輅舉手加額，感嘆道：「眾先生肯為朝廷任事如此，輅復何憂！」

他手心捏著一把汗，還擔心同僚不能與他同心呢！

原來，內閣四臣中，萬安與二劉都曾隨侍東宮，是憲宗的「青宮舊臣」，唯獨作為首輔的他與憲宗沒有這層私人關係。商輅是第二次入閣，他本是景泰的閣臣，英宗復辟後罷職為民，成化三年以原官復入內閣，至今整整十年。雖然侍憲宗已久，仍覺自己是「先朝舊臣」，論關係還是不如東宮出身的萬安三人與皇帝親，因而他在諫西廠這件事上承擔的風險更大。

不久，懷恩等太監去而復來。閣臣們心裡都有些緊張，聽懷恩宣旨道：「卿等所言良是，汪直壞事，朕實不知。今便革去西廠，散遣官校，卿等各安心辦事。」這才安心，頓首謝恩。

懷恩傳完旨，與閣臣閒敘，忽然話鋒一轉，道：「先生們不知，吾輩數人者已箝其二。」

他所說的「吾輩」，是司禮監眾太監。

閣臣對內廷發生的事，並不知情，今見懷恩主動提起來，忙問「為誰」。

懷恩道：「黃賜、陳祖生也，如今皆攔在東華門外，不容進見矣。」

懷恩就講了這麼多，沒有透露更多的內情，而內廷之事，商輅等也不便多加打聽。次日，兵部尚書項忠約同各部院大臣，一齊上疏，請革西廠。由於此事早已定下來，大臣的劾疏遂留中不發，憲宗命懷恩面責汪直之罪，令其回御馬監供職，隨傳旨，調韋瑛於邊衛差操，西廠諸旗校皆還錦衣衛。西廠就這樣革了。

西廠之革，大快人心，但憲宗「意猶未釋然也」。皇帝的態度很快從一系列政治異動中顯露出來。五月十二日，也就是廢西廠的第二天，內廷傳旨，謫司禮監太監黃賜、陳祖生於南京。

前文提到，為了培養文書官，在文華殿東廡開設小學堂，由內閣學士親自教讀經書。景泰年間在文華殿東廡學習的，有黃賜、覃昌等七人。現在黃賜和覃昌都出來了，覃昌隨懷恩至內閣傳旨，而黃賜則被攔於東華門外，不容進見，隨遭貶謫。

作為文華殿東廡學堂的同學，黃賜與覃昌都已升做司禮監太監，黃賜的地位還要高一點，任司禮監掌印太監。黃賜被逐後，懷恩接掌司禮監，覃昌遂居懷恩之次，並在懷恩被貶後繼掌司禮監。他們都是司禮監的大太監，但相互之間的親密程度或派系有所區別，懷、覃走得更近些，而黃賜則與另一位司禮太監陳祖生關係親密。

黃賜從小讀書，亦為飽學之士，而且頗有才幹。明末焦竑所編《國朝獻徵錄》有黃賜傳，說是傳記，其實就記了黃賜一件事：

說的是，朝廷凡命三法司審錄（即對京獄罪囚進行覆核），必命司禮太監一人主之，自正統以來已為慣例。成化中，黃賜以司禮首璫榮膺此命。當時的刑部尚書是陸瑜，都御史是王概，這兩位都是名臣，在審錄時，遇到疑難，皆持論侃侃，並不因黃太監在旁而有所低昂。黃賜居中而坐，亦不多言。這時，陸尚書與王都憲為一個案子發生爭持。案情是，有兄與人爭鬥，其弟幫忙，將人毆打致死。法司要殺弟抵命。黃賜欲從末減（從輕），陸、王持不可。黃賜大言道：「同室之人有斗者，尚披髮纓冠而往救之，況其兄乎？正在矜疑之列！」二位大臣無以為對，最後弟得免死戍邊。傳記就此論道：「乃知宦官攬權，必其才術有足動人者，非特左右承順而已。」——此言有理，一個宦官能做到司禮太監的高位，就不是平常人，必然有其特殊的才能。

作為司禮監首璫（掌印太監），黃賜何以忽然失寵，並遭貶逐呢？這裡面有著複雜的人事關系，由於事涉宮闈，記載很少，已經很難詳悉。只知道此事與汪直有關。據實錄記載，汪直不甘心被廢，向憲宗誹謗說，黃賜是福建人，與楊曄通，內閣之奏，就是出自黃賜的指使，而且內閣也受賄了。所以憲宗派懷恩等去內閣，直接就質問主使者為誰。

汪直一告即準，除了他深得憲宗信任，還可能因為憲宗對黃賜等人早有猜疑。憲宗放著現成的東廠、錦衣衛不用，卻要另起爐灶，新設一個西廠，這本身就表明他對司禮監及廠衛的不信任態度。而西廠甫開，即輿論嘩然，閣部大臣強烈反對，他必然懷疑是黃賜等人在背後搗鬼，其目的就是繼續「矇蔽聖聰」。

憲宗有了這樣一個心理，西廠便是革而不革。

五月十五日，掌太醫院事左通政方賢謫戍遼東。方賢是西廠參問之人。之前，汪直從方家搜出大量的片腦、沉香等名貴藥材，認為這是他盜取的官庫之物，而且他家裡還私藏御墨及龍鳳瓷器等違製器物，俱屬違法，方賢以此獲刑入獄。西廠革罷後，方賢上疏奏辯，說是因為百戶韋瑛曾向他索藥不成，以此加害他，是公報私仇。方賢以為西廠革了，韋瑛也降調了，我總該平反了吧。誰知他的奏辯引起憲宗的厭惡，不僅不平反，還加重懲罰，竟將他流放遼東。

同一天，又謫尚寶司卿朱奎為四川保寧府同知。看官可還記得此人？憲宗之初，在東宮太監王綸和侍講錢溥之間穿針引線的，就是這位。他本是常年在宮廷行走之人，父子皆屬佞幸之流，此時正在文華門書辦，與黃賜關係很好，結果黃賜謫南京，連帶著他也降謫了。

領銜上疏請革西廠的兵部尚書項忠，也被革職為民。

革廠疏是項忠擬的稿，然後命本部郎中姚璧拿了，到各衙門聯署。所以革廠之議，首發於內閣，然後由受過汪直侮辱的項忠約集部院大臣，聯名上疏，形成強大的輿論壓力，迫使憲宗屈服。因此，項忠是汪直最恨之人。

西廠雖然革了，但種種跡象表明，汪直只是暫時退避，西廠有隨時再起之勢。為此項忠內心很不安，決定離開是非之地，於是請假回家養病。

但汪直豈容其輕離？他促使東廠官校揭發江西都指揮使劉江與指揮黃賓「奸私」事，此案一興，項忠就走不了了。

指揮黃賓，是太監黃賜的弟弟。據東廠查明，劉江原在京衛帶俸，是個閒官，他透過黃賓夤緣其兄黃賜，囑託兵部尚書項忠並武選司郎中姚璧（武選司負責武官的選用），得以選任江西都司，得到了相當於江西省軍區司令這樣的實職。

東廠訐奏後，事下都察院。都察院還沒回奏，給事中郭鏜和監察御史馮貫先跳出來，交論項忠違法事，牽連到項忠之子錦衣衛千戶項綬及興寧伯李震等十餘人。明眼人都看得出來，這些人都是「與忠平日交通」者——看來朝廷又要興黨案了！

憲宗即命三法司（刑部、都察院、大理寺）與錦衣衛會問於廷。項忠在廷問時，抗辯不服。法官們心裡跟明鏡似的，此案背後的主使，不是別人，正是太監汪直，誰敢抗違汪公公之意？項忠自辯時，任他雄論滔滔，也是白搭。人家就是拿這案子治他呢！

此案涉及到兵部尚書與司禮首璫兩位巨頭，都是汪直的仇人，明擺著是要一網收了。

果不其然，大獄一煉便成，項忠竟因此被黜為民，姚璧調外任，黃賓為民，劉江發邊衛充軍，太監黃賜降長隨，興寧伯李震降左都督，其他人均降任有差。

像這樣在選官時「買囑」（用今天的話說，就是打招呼、遞條子）的案子，實在太多了，往往因為證據不好掌握，多不了了之，久之還成了官場習氣。劉江通過囑託得官，固然是兵部的失職，但如此嚴厲的處分，其用意顯然在打擊異己，而非維持法紀。

黃賜成為牛玉之後第二個垮台的司禮監掌印太監。

黃太監離開中樞，從此不見於國史。直到成化二十一年，《明憲宗實錄》載，本年十月，升南京錦衣衛指揮僉事黃琳為指揮同知，與世襲；另有百戶黃灝等八人各升一級，俱在衛管事；又有黃玉等六人充御馬監勇士——這是「以故太監黃賜家屬乞恩」的緣故。說明黃賜卒於成化二十一年，八年來，他雖然沒能回歸京城，但與牛玉一樣，沒多久就官復原職，在南京司禮監做太監，並兼任南京守備。死後照樣享受福利，竟蔭其子弟、家人十五人陞官！

與黃賜同時貶到南京的陳祖生，也以南京司禮監太監兼南京守備，一直任至弘治初年。

從牛玉、黃賜、陳祖生的例子來看，北京官場失意的宦官，多將南京作為暫憩避禍之地。這些司禮大佬在內廷根基深厚，雖然失敗了，總能找到辦法，營求復職。只是京城勢熱之地，一旦離開，很少能再次北返，只能在南都安享尊富了。

第九章 西廠回歸

總而言之，西廠設立後，由於汪直年輕急躁，行事操切無忌，引起輿論的強烈反彈，在閣部大臣的抗議下，憲宗被迫屈服，將西廠裁革。但此舉並非憲宗聽納忠言，在意識到自己的錯誤後勇於糾錯，他是被迫的！就像當年的選妃，他是完全被動地接受一個皇后，那不是他愛的，是內臣挾著私心，勾結外臣作弊，強加給他的！

革西廠，讓憲宗憋了一肚皮的氣。

太監黃賜與兵部尚書項忠作弊選官案的暴露，讓他篤信，內外臣僚奸弊多端，不可不嚴察，西廠不可不復。所以，明地裡西廠是革了，但汪直並未真地「退處本監」賦閒，而是繼續承受密令，默察外間動靜。

汪直就像一隻貓，悄然蹲著角落陰影裡，隨時準備躍出。

但憲宗也有他的擔心，汪直雖然機靈能幹，畢竟年少，沒讀過什麼書，一旦再次賦權給他，難免受小人矇蔽擺布，如果沒有一個老成之人在他幕中幫忙，怕又要激出什麼事端來。為此，憲宗讓汪直尋訪一位「能文」的人，替他幫辦廠務。

汪直哪認得什麼「能文者」呀！只好托朋友介紹朋友。有一老軍向他推薦了一個人，說錦衣衛副千戶吳綬，能寫本章，精通行移格式，是個人才。汪直將此人找他，像考秀才一樣，拿出一份本章，令他代擬三道批答（考察他對公文的熟悉程度及文案功夫），然後拿給皇上看。憲宗見此人文采可取，頗有見識，就同意了，讓他去錦衣衛鎮撫司問刑[16]，實際上是為復西廠預先儲備了一個人才。

吳綬知道出頭之日到了，為表感謝，特地打了一隻銀壺送給薦他的老軍。

話說這位吳副千戶是貴州總兵官吳經的弟弟，他是世家出身，所以雖為武職，卻「頗通文移，善詞翰」。實錄說他「貌陋而心險」。長得磕不磕磣，今已無法考證，但從吳綬入西廠之後的施為來看，「心險」二字的惡評，稍微有些過。

總之，種種跡象表明，復西廠，是只爭早晚的事了。

一些人還在傻不愣登地嗅氣味，察風向，早有一聰明之士挺身而出，發了一通大議論，他的中心思想就是為西廠鳴不平。

此人姓戴名縉，是一名御史。之前革西廠時，大臣們都拿災異說事，這位戴御史做文章，也不例外，他也拿「近年以來，災變薦臻」開題，但文義卻全然不同。

他是這麼說的：近年來，災變接連不斷，皇上多次諭令群臣反思己過，可就是沒啥實效，我從未聽說哪位大臣進用賢才、退斥不肖，也未聽說群臣革何弊，進何猷，整個就是不作為！汪太監就不一樣了，他緝捕奸惡贓貪，禁革宿弊，允合公論，足以服人而警眾。奈何他部下官校韋瑛等不體聖心，張狂行事。大臣奏請，西廠即革，皇上此心即古帝王從諫如流之盛心也。這是文章的帽兒，然後正文講了四件事，都與西廠無關。

無良文人用心之機巧，盡在此奏！

16 錦衣衛鎮撫司專掌問刑，是錦衣衛最為重要的機構之一。

西廠革罷未久，戴縉尚不敢公然倡議恢復，故此奏為嘗試之文。

戴縉在進奏前，已將奏稿拿給吳綬看過。經吳綬指授機宜，潤色修改後，再由吳綬拿給汪直看。汪直馬上把奏稿進呈皇帝：萬歲爺瞧瞧，到底還是有好人說了句公道話！

也就是說，在戴縉正式繕寫本章奏進之前，內廷早知有此一本，並且就等著它呢。

此疏一上，明眼人馬上看出來，此本的要害在「頌（汪）直功德」。果不其然，此本大得聖心，其結果就是復開西廠。

戴縉在這本「條陳時政疏」裡，有「乞令兩京大臣自陳，斷自聖衷，可否惟命」的內容。明白人也看得出來，他「奏內自陳一事，尤迎合（汪）直意」。

朝廷在因災修省期間，令官員「自陳」，相當於寫檢查，就工作中的過失提出自我批評，能不能過關，由皇帝說了算（「斷自聖衷」）。

戴縉提議，讓南北兩京的大臣寫檢查。「大臣」，相當於今天說的高級領導幹部。什麼人才算得上「高幹」？據說今天地級市的一把手（廳局級）就可以算高幹。現在的市長，相當於古代的知府，明清知府四品，因為「重內輕外」，地方上的知府還算不上大臣，但四品以上京官，差不多就算大臣了。這樣算起來，兩京大臣總有好幾百人，涉及到眾多的部門，皇帝豈能皆識？其檢討書是否貨真價實，「聖衷」豈能辨別？說是「斷自聖衷」，到底還是斷自左右。

戴縉此議還有更深的目的，因為汪直在做楊曄案時，曾經妄訐大學士商輅、都御史李賓、尚書董方等人受賄，為楊曄緩罪，但沒有證據，戴縉之言剛好切中機會，商輅等人在自陳時必須就此做出澄清，能不能過關，就要看聖衷的了！聖衷聽誰的？還不是聽汪直的。此舉實為授汪直以報復之具，所以汪直格外高興。

戴縉此疏，既開西廠復立之門，也為隨後的政治風波打開了窗戶。

那麼戴縉為何敢冒天下之大不韙？

原來戴御史最近仕途不順，九年考滿，沒有得到升用，他認為自己仕進淹蹇，皆因朝中無人，沒有後台老闆。不是說「機會是自己創造的」麼？他也是認準了，西廠雖革，但汪直寵幸不衰，西廠遲早要復，只欠一陣東風，他便嘴巴一張，從他那張臭嘴裡吹出一口「東風」。戴縉的肺腑，旁人是看得清清白白的，故此說他是「借災異建言，為汪直頌德，希冀幸進」。

自古小人奔競，無所不用其極，皆為此態！

本來首輔商輅就因為被汪直無端告訐，說他受了楊曄的賄，替他開脫，內心不安，戴縉這一本得到優詔嘉獎，便知西廠必復，若不早去，遲早會被汪直報復，所以立即上疏求去。商輅反對西廠，已經失去憲宗信任，裡面正等著他的辭休疏呢。接到商閣老的辭職報告，大筆一揮：允準！商輅畢竟是兩朝閣臣，去的倉促，禮貌上還是要周到，所以給他加了少保銜，並特准他「馳傳歸」（即免費使用官辦驛站的車馬和接待）。

商輅一去，「士大夫益俯首事（汪）直，無敢與抗者矣」。

西廠復開之後，「詗察益苛，人不堪命，至有破家毀族者，勢焰熏灼，天下聞而畏之」。西廠播虐的細節，人講得太多，我就不隨俗再講了，本書只講圍繞西廠廢立及汪直的榮衰所發生的種種人事糾葛。

想當初項忠具奏請革西廠時，派本部武選司郎中姚璧拿著奏稿，去找各部院堂上官簽名聯署。六部以吏部為首，明代廢宰相，吏部尚書便是「百官之首」（閣臣雖尊，只算是皇帝的機要祕書，但成化以後，內閣首輔多兼吏部尚書）。姚璧首先來到吏部，客客氣氣地請尚書尹旻簽名，並且說要以尹尚書領銜。

尹旻看過奏稿，傲慢地道：「此疏為兵部所撰，當以兵部為首。」

姚璧道：「先生是六卿之長，以先後之次，當以吏部為首。」[17]

尹旻不聽則已，一聽此言，將疏稿一拍，怒道：「今日才認得六卿之長！」

言下之意是，你們平日不把我當六卿之長，尊我奉我，今天碰到這樣的事，卻來拿我受罪。尹旻並非為此事發於兵部，不發於己，而有怨懟之氣，他只是借題發揮，那得罪人的事，他才不做呢！

姚璧只得婉言相勸：「正因吏部為六卿之長，所以才請老先生領個銜呀，這正是尊吏部的意思。」

尹旻發了通脾氣，最後還是提筆在疏稿上寫了名字。

因為革西廠是大眾輿論，他不好違逆，所以才抑著火簽了名，嘴裡還說一些「大局」的大話。但這並非他的本心，他更不願意因此得罪汪直，簽名後，就派人去找韋瑛，透露此事，並且說：「此疏為兵部所寫，本人列名居首，不過是徇六部之次罷了。」

這人，也挺噁心的。

過了幾天，復西廠風聲愈急，風向也愈來愈轉向西廠方向。

這日早朝，都御史王越在朝會上遇見大學士劉珝與劉吉，當著眾人的面，王越公然為汪直打抱不平。他道：「汪直行事盡公道，如黃賜專權納賂，如果不是汪直，試問誰能去之？」此言實有指責內閣之意。他又道：「要說商、萬兩位先生，他們在任久，是非多故，有所忌憚。你兩位入閣才幾天？

17　六卿即六問尚書。六部和六卿的次序是吏、戶、禮、兵、刑、工。

何況汪太監對二位又多扶持，你們為何也要參論他？」王越辭氣慷慨，完全是一副汪公公代言人的口吻。

王越兜頭一瓢冷水，劉珝默然無語。劉吉道：「不對。我等言事，為朝廷，非為身謀也。設使汪直行事皆公道，朝廷置公卿大夫欲何為？朝廷信用宦官，而不信群臣百官，天下後世謂此為何等時邪？」劉吉雖然沒有反駁他關於汪直「行事盡公道」的話，但指出用宦官非美事，實際上對復西廠持反對態度。

二人意見不合，從此就疏遠了。

王越後來以軍功加封威寧伯，是明朝少數幾位晉封伯爵的文臣之一。但王越的名聲也有汙點，其中最大一塊汙斑，便是他與汪直的親密關係。王越本以左都御史與都御史李賓同掌都察院，兼督十二團營。項忠罷官後，他想坐這個位置，可朝命給了陝西巡撫餘子俊，為此他大為不平，悻悻然之意與戴縉類似。他透過韋瑛結識了汪直，也是看準了西廠必復，故不恤人言，公然為汪直背書。

這一次早朝對話，含著清晨裂裳的激越氣味，但「原汁原味」的對話可能不是這樣的，或許裡面兌了不少的白開水。好比劉珝為人粗疏敢言，本就是個「大砲」，如何聽王越一言，就默然垂下了他的炮筒子了呢？

讀者從王越與內閣二劉的對話，看到了王越的投機心理，看到了曾經激烈反對西廠的劉珝的無能與內愧，也看到了劉吉始終如一的反西廠態度。但別忘了，王越後來被汪直連累貶為民，劉珝也遭貶謫，唯獨外號「劉棉花」的劉吉（棉花謂其耐彈，科道怎麼罵都不怕），在弘治初年仍任閣臣，並且擔任《明憲宗實錄》的總裁。這段對話，或許真有，但裡面肯定兌了水，是兌水豬肉。商輅之後的內閣，可謂無人，他們對於時局的應對，可用「團團轉」三個字來形容。

第十章　內閣「團團轉」

商輅去位後，萬安升任首輔。王越說萬安在閣久，二劉學士為新進，這是事實。萬安是成化五年，以禮部侍郎兼翰林學士入閣直機務的。二劉則晚了六年，他們是成化十一年同時受命，以本官兼翰林學士入閣的。依資格，二劉不及萬安遠甚，但他們三人同為正統十三年進士，是同年關係，而且入仕之後皆居翰林，都任過東宮講官，他們的履歷十分近似。這也顯示了，成化以來入閣者，多徇資歷（進士、翰林、東宮），而很少以其才幹而選拔閣臣的。

萬安入閣早，有其特定的機緣，他學術不行，但攀天梯、鑽牆打洞的本事，實在是高明無雙。

他初入仕時，在眾多同年好友中，與詹事李泰最熟。這位李泰來頭不小，他是司禮監太監李永昌的養子。李永昌在前文介紹過，是正統、景泰年間的大太監，在內廷勢力深厚，人脈廣泛。萬安處處討好李泰，李泰年紀小，他卻以兄事之，令這位「小哥哥」大為開心。他們同一科中舉，又為同官，都在翰林院任職。他們資格相近，每次遇到陞遷的機會，李泰講義氣，總是推讓給萬安。大概他的想法是，萬弟弟比我小，卻令我居長，那麼我只好請他先行，讓他官做得大一點，才好報答他。成化五年，大學士彭時去世，閣臣出缺，要從詹翰裡推舉一位閣臣。李泰照樣把機會讓給萬安，大度地說：「萬先生先請，我不怕不入閣。」作為太監之子，他很有點政治上的自信。這樣，萬安在他那一科同年裡，第一個入閣，可李泰還沒等到第二次機會，忽然得暴病死了——好似他的人生就是為萬安做陞遷之梯，亦是可憐。

《明史》說，萬安「既柄用，惟日事請託，結諸閹為內援」。內援，包括兩路人馬，一是內廷妃嬪，一是宦官。萬安真是個福人，一般人也就夠巴結宦官，他竟好運，通過宦官還和「寵冠後宮」的萬貴妃攀上了親。先前他以萬姓自稱萬貴妃的「子侄行」，親是個虛的，後來竟坐實了，發現他的小妾居然是貴妃弟媳的親妹子。真乃奇事！此事可見《大明後宮有戰事》，此從略。

自萬安與萬貴妃攀上親，他的官位等於上了獨家保險，在成化朝始終安然無憂。

《明史》對萬安形象的刻畫非常生動，說他「長身魁顏，眉目如刻畫，外寬而深中」。他的容貌頗似鍾馗，人卻不是打鬼英雄，而且他本身就是一隻鬼，與人交往，看起來寬和有容，實際上卻是一個忌刻之人，很像唐相李林甫，口腹蜜劍，嘴上說著好話，被他算計了、賣了，還替他數錢。好比侍郎刑讓與國子監祭酒陳鑑，與萬安皆為同年而不相能，都被這位好同年搆陷入獄，最終除名為民。

像萬安這樣軟骨嗜利之人，也沒啥真本事，更不會在政事上做出成績來。

自成化初年以來，一個不好的現象日趨明顯：憲宗除了上朝片刻，越來越不喜歡出來見大臣。廷臣動不動以「君臣否隔」為言，就是大學士彭時、商輅，也要隔三差五地力請，動員憲宗出來，召見一下大臣，議幾句政事（稱「召對」）。可憲宗就愛窩在後宮，輕易不肯出來。

成化七年冬天，忽有彗星現於天田，長尾直掃太微垣。

彗星本是正常的天文現象，可在民間被視作不祥之兆，有「掃把星」之稱——人若被當作不祥之人，也被稱為掃把星。從國家的層面來理解，天現彗星屬於災異，而且是比較嚴重的災異。

彭時、商輅藉著天變，趁機力促皇帝出來，這回來頭可大了，他們是挾著一把大掃帚來的，憲宗不敢輕拒，便派司禮太監出來與閣臣商量，約好某日召對。定好了日子，太監特地交待：「初次見聖，君臣之情未甚熟洽，切勿多言。有什麼話，待他日情熟時再講。」——想想，皇上跟閣臣都不「熟洽」，還能跟誰熟洽呢？

到了約定的日子，閣臣們穿戴整齊，準備見駕了。可笑，閣臣是皇帝的機要祕書和輔導重臣，卻好幾年沒和皇帝單獨談過話，請了好幾年，終於恩准了，還覺得有幾分緊張。

司禮太監一邊安慰閣老別緊張，一邊再次拿前言告誡，提醒閣老見聖後一定要少說話。彭時、商輅、萬安等人忐忑忑忑地應了。

等到進殿見過駕，首輔彭時便說起最近的災異，稱「天變可畏」。憲宗答道：「已知，卿等宜盡心。」便無話了。

彭時怕冷場，忙扯過一事來說：「昨御史有疏，請減京官俸薪，然而武臣不免觖望，乞如舊便。」這是一件很具體的公事，憲宗想，那也不定非要面談啊，當下表示同意。

又沒話了。

彭時等人不是訥言之人，第一次召對，氣氛尷尬，談話大有荒腔走板之感。這是多種原因決定的，主要還是君威凜凜，君臣之間又不熟悉，憲宗言語又短，雙方簡直無法交流。過去的君臣，如仁宗與大臣，歡洽如家人，這是基於他們君臣之間長期的友好關係。這在成化朝簡直行不通。

還有一個原因，也很重要：司禮太監們在旁邊立著呢！

太監們一再叮囑，讓閣老們少說話，召對時他們又挺立一旁，彷彿監軍似的，閣臣就是想多說一些，也頗為忌諱，害怕得罪太監們。

太監當然是樂於君臣隔絕的。皇帝不見大臣，耳目不廣，對政事無反覆的辯難與討論，他們的話才有分量；君臣不見面，就要靠他們做中介，「中介勿擾」是不行的，他們兩頭傳話，而這兩頭又見不著面，他們舞弊弄權的空間就大。這是他們告誡閣老少言的根本原因。

明朝的中樞體制，說起來是「監——閣」共同輔政，但司禮監不願內閣與他居於平齊對等的地位，更願意內閣扮演他們的配合者、伴舞的作用。如果皇帝時常見閣臣，閣的地位就要上升，他們的目的就達不到。

眼見閣老語塞舌拙，猾計得售，太監們忍不住掩口嗤笑。這時，萬安忽頓首疾呼道：「萬歲、萬萬歲！」這是要辭出的信號。彭、商二老本就有些心慌，忽聽萬安這一嗓子，就身不由己了，只好隨著叩頭，然後退出。

好幾年就見了這麼一面，卻是如此狼狽滑稽，彭時、商輅都羞於向人提及。司禮太監們卻得意，四處向人說，閣老們常抱怨萬歲爺不召見，咱還以為他們有何治國安邦的妙策呢，原來見了面，就知道喊萬歲。太監的嘲諷也真刻毒，這話傳出來，彭時內閣被人笑稱為「萬歲閣老」——自此之後，憲宗不見大臣就更坦然了。

這事說起來，都怪萬安胡喊的那一嗓子，他也很為此事懊惱，後來尹直入閣，重提召對這件事，說不行啊，皇上還是得經常出來見見咱們呀。萬安連忙制止，說：「記得以前彭先生請求皇上召對，一語不合，就只顧叩頭呼萬歲，被人恥笑至今。如今也好，我們有事盡言，太監們擇而上聞，皇上無不允准，這不比當面奏對好得多嗎？」

自己褲襠上的屎，硬說是別人拉的，萬安為人之「善歸過於人」，和他的「容悅不識大體」，於此畢見。內閣與皇帝之間，凡事憑太監中介，內閣還能有何作為？

然而，成化十八年，朝廷發生了一件大事，這一次萬安的表現，很有點出人意料。什麼事呢？

復開了五、六年的西廠，再次被革。

成化十八年初，輿情大反轉，六科十三道交章奏劾西廠苛察紛擾，大傷國體，請仍罷西廠。而內廷的反應十分含糊，只是說：「朝廷自有處置。」

「朝廷自有處置」六個字，就是不予採納的婉轉之詞。那不行啊！這麼大的事兒，朝廷必須給個明確的態度，不能說「我知道了，等我考慮一下」就完事了。

這回還得內閣打先鋒，發揮先鋒帶頭作用。官居太子太保的首輔萬安，對次輔、太子少保劉珝說：「西廠為害久矣，今科道欲革之，朝廷不從，吾輩豈可坐視！我們當勸說皇上，聽從眾人之言。」

不料劉珝反問道：「西廠行事，有何不公道？」

萬安也不勉強他，道：「先生不願意，那我自為之。」

於是在三月初三日，萬安以自己的名義上疏，請革西廠。

他是這麼說的：太宗皇帝（朱棣）防微杜漸，無所不用其極，初令錦衣衛官校暗行緝訪謀逆妖言、大奸大惡等事，猶恐外官徇情，隨設東廠，令內臣提督控制之。廠衛並行，內外相制，行之五六十年，事有定規，人易遵守。往年因京城妖狐夜出，人心驚惶，乃添設西廠官校，特命太監汪直提督緝訪，用戒不虞，此為一時權宜之計。但自此之後，事情紛擾，臣不必贅言。自汪直出京鎮守大同以來，京城大小官員以及軍民人等眾口一詞，都說以革去西廠為便。伏望皇上洞察事機，俯順下情，將西廠革罷，官校悉回本衛，庶舊制以復，人心以安。西廠存革關係人心治體關係最大，臣不敢緘默。

萬安這一疏實在了不得，憲宗一聽，馬上詔革西廠——「於是中外欣然，劉珝面有慚色」。實錄就是這麼寫的。

此疏從效果來看，可稱有明一代的著名奏議，可是為何不大為人推崇呢？也沒有收入明末時編的

《明經世文編》（明朝的著名經世奏議多收入此書）。難道是疏以人廢？因為討厭萬安，就連帶他的奏疏也一併嫌棄了？

事實是，此疏背後還有文章。好比，當時內閣三人，萬安要聯名，幹嘛不找劉吉？在這麼重大的事件裡，劉閣老哪去呢？他可是《明憲宗實錄》的總裁官，不會連自己都忘了吧！

實錄的疑竇，最早為史學大家王世貞所注意，他在《弇山堂別集》卷二五《史乘考誤六》中指出：「中外欣然，（劉）珝有慚色。劉文和（即劉珝，文和是其謚）之識何前後自相矛盾如此？」

是啊，看官可還記得商輅請革西廠時，劉珝表態之堅決吧？他當時還哭了呢（「奮然泣」）！與王越對話時，他沉默不語，已不如昔，沒想到這回又退步了，竟然說西廠行事沒有不公道，簡直比「汪直之黨」王越還王越。

沒有道理呀？一個人的見解變化如此之快！

實錄的這段記載，正顯示了實錄不實的一些缺點。

前面我說了，黨爭激烈，是成化三宗弊之一。對此《明史．萬安傳》有非常精闢的總結，它說：「（萬）安為首輔，與南人相黨附；（劉）珝與尚書尹旻、王越又以北人為黨，互相傾軋。然珝疏淺而安深鷙，故珝卒不能勝安。」指出了成化中後期外廷黨爭的大勢。

萬安是四川眉山人，巴蜀地區在傳統上一般被歸入南方，而其同僚劉珝是山東壽光人，他與吏部尚書尹旻、兵部尚書王越等以北人結黨，與萬安、彭華、尹直等為代表的南人（他們與佞幸李孜省結成同盟）互相傾軋，形成兩大派系。在鬥爭中，北派明顯落於下風，王越、劉珝、尹旻先後被逐。有意思的是，北派都與太監汪直關係較好。

在專制時代，君主最忌臣下結黨，朱元璋一生殺伐，就是為了破臣子結黨之膽。在成化之前，還沒有明顯的朋黨。但成化一朝，黨爭、政潮，一浪接一浪，內外官員相互傾軋，毫無顧忌。激烈的黨爭中，黨同伐異，是非不明。從本質上來，這是君權衰落的表現。

在閣臣中，萬安與劉珝尤不相能。劉珝瞧不起軟骨頭的萬安，多次公開指責萬安「負國無恥」。萬安大恨，遂「日夜思中珝」。

劉珝素有敢言之名，他在擔任經筵、日講的講官時，每次進講，都詞氣侃侃，反覆開導，「聞者為悚」，人稱「講官第一」，給憲宗留下良好的印象。憲宗對他比較尊重，每次都喊他「東劉先生」，從來不叫他的名字，並且賜給印章一方，印文是「嘉猷贊翊」，特准他進密疏，這是只有親近之臣才能享有的權利。劉珝得了這些恩寵，更以東宮舊臣自詡，「遇事無所回護」，比如員外郎林俊因參劾佞幸梁芳、繼曉下獄，李孜省等左道亂政，乃欲動搖東宮（事詳太監懷恩事蹟）等，他都用密疏加以勸諫。可見「紙糊三閣老」中，至少劉珝還不全是紙糊的，但他放大砲的作風，被人視作「狂躁」，也得罪了不少人，都在等機會把他搞下去。

成化十八年萬安上疏，請革西廠，約劉珝一起進疏，劉珝一反常態，不願署名，萬安也不多勸，就獨自上奏了。閣本進去，憲宗看了，還奇怪怎麼沒有「劉大砲」的名字？萬安當面不言，背後指使人攻訐劉珝與汪直同黨。劉珝性格粗疏，萬安等人不斷在背後下簽子，他竟毫無察覺。

巧的是，劉珝的公子劉鎡喜歡邀妓狎飲，在酒間作樂時，一個叫趙賓的客人戲作了一首《劉公子曲》。本是遊戲之作，萬安卻教人加進許多汙言穢語，然後混雜在進呈的教坊司院本中，朦朧奏入。憲宗皇帝日日在後宮淫戲，卻不會引劉公子為同好，他突然讀到這首為劉公子做的淫詞，勃然大怒。想劉鎡過去多麼可愛啊，在他八歲時，就聽說這孩子聰敏知禮，還親自接見過他，當面就封他做了中書舍人。那時他還小，連殿門檻都邁不過去，常要同僚楊一清幫忙提一把。中書舍人每天要進宮，需要掛牙牌，憲宗擔心牙牌易損，特地給他制了一塊銀製牙牌。想不到沒幾年，劉鎡已變成淫邪之徒！由此可見劉氏家風之不正。家尚不能齊，又何以治國？過去是因其父而愛其子，現在是因其子而恨其父，憲宗遂決定攆走劉珝。

成化二十一年九月，一天下午三點多鐘（申刻），司禮太監覃昌傳旨，召閣臣見於西角門。劉珝聽說召見閣臣，也要換衣服一同去，被來傳話的文書官攔住，說只請了萬安、劉吉兩位學士。劉珝大吃一驚，但也不敢申辯。

萬安與劉吉來到西角門，覃昌早已候著，他拿出一封書函遞給閣老。萬安見信皮上用紅筆寫了一個「封」字，認得是御筆，忙恭謹開視。函內並無手詔，只是一張紙，無題頭，無結語，寫的都是劉珝的「陰事」，原來是一封告訐的匿名書。

萬安細看，見書中說了劉珝四件事，包括：

一、嗜酒，貪財好色

二、與某太監認親

三、縱子奸宿樂婦

四、納王越之銀，為其謀復爵

書末說：「朝廷若不去劉珝，必壞大事！」

萬安明知其故，卻裝作毫無所知的樣子，露出訝異的表情，對覃昌道：「匿名文書告言人罪，大明律有明禁，朝廷何不速將此信焚之，還召我等來看什麼？」

寫匿名信是常見的攻擊政敵的行為，對此律有禁條。以匿名文書告訐人過，本身就是違法的，怎麼能夠聽從呢？

萬安又道：「且劉珝在內閣，與我等同出入，此曖昧之事，何由而明？其子之過，他做父親的或許有所不知，還望老太監扶持為幸！」

覃昌道：「咱家扶持久矣。」他向閣老透露了一個重要消息，說科道官參劾汪直本進呈時，皇上已訝異無劉珝之名，如今聖意已堅不可回。

他指著萬安手中的書子暗示道：

「二位先生若不作計處，明早行事本一旦發出，就來不及啦！」

萬安這才知道，他手裡拿的匿名書原來就是東廠密奏（「行事本」）。他作為閣臣，是沒有機會看到的，不由得多看了幾眼，然後遞給劉吉。

覃昌之意，是叫萬、劉兩位閣老想辦法，在東廠行事本發出前，令劉珝自退，好給閣臣留些體面。

萬安想了想，道：「若必不得已，劉珝雙親已老，俟其親終守制而回，如何？」

這是曲解之言，說劉珝的父母年紀都很大了，過幾年去世，劉珝自當解職回鄉守制，那時他不去了嗎？

萬安當然不希望如此，他說得這般沒譜（誰知道劉家老人啥時候去世？），知道皇上準不會答應。他故意裝出維護劉珝的樣子，是為了顯示他的同僚之義，他也知道，劉珝侍憲宗久，君臣之間還是有感情的，憲宗的本意應該對劉珝有所優容——這就是他揣摩上意的看家本領。

果然，覃昌當即否定了他的「提議」，道：「太久，等不得！」

萬安便道：「如果不行的話，那麼——」他已胸有成竹，「可令劉珝自陳乞休，請皇上厚加恩典，以為儒臣遭際之榮，以全君臣始終之義。」「萬歲爺正是此意。」不出所料，覃昌點了頭，「先生們可轉致劉先生，以親老為辭，速進本章來。」這是要讓劉珝以養親為由，自動請辭，大家互相留面子。

說罷，各自退去。

萬安、劉吉跟劉珝合不來，回去之後，見劉珝還在焦急等待，他們卻故意把話說一半留一半，但皇上令他自個辭職的意思還是講清楚了。

劉珝還不明其故呢！他懷著一股怨憤之氣，雖然立即遵旨擬稿請辭，卻故意不寫欽定的辭職理由。他在鬧情緒！

第二天辭疏呈進，憲宗打開一看，見東劉先生居然沒按他的吩咐來寫，火氣也來了，馬上教覃昌去問。劉珝已經不在閣值班了，萬安偷著樂，代他婉解道：「四月間，劉先生聽說有人奏其過失於上，乃預先撰就此本，昨日因倉促不暇改寫，遂只填寫了日月奏進。」

覃昌據此回奏，憲宗的火才消了些，遂按照事先約定的劇本，特允劉珝辭休，且加恩從厚，照例准他馳驛去，並賜給月米、歲隸及金銀等。

劉珝黯然歸去，卻不知是被二位同僚排擠的。內閣三人中，萬安貪狡，劉吉陰刻，唯劉珝稍優，他倉促引退後，朝中格局大變，北人黨全軍潰敗，南人黨大勝，萬安又極力引進私人，如彭華（前首輔彭時之族弟）、尹直入閣，他們都是江西人，通過攀緣同鄉佞幸李孜省固位，皆非正人君子，與其不合者，多遭驅逐，一時著名大臣如王恕、馬文升、秦紘、耿裕等相繼被逐——「朝臣無敢與（萬）安牴牾者」。

第十一章　再革西廠，汪直也被人暗算了

上一章，我概述了成化中期以來的政局及主要人事變動，已知成化十三年正月立西廠，五月革，六月復。至十八年三月，西廠再次被革。

自西廠復開，汪直聲威大震，寵靈赫奕；時諺云，見到汪公公，「都憲叩頭如搗蒜，侍郎扯腿似燒蔥」。汪直甚至成為人們心目中的「小皇帝」。怎麼才短短五年時間，他就失寵了呢？

這是因為，汪直犯了一個極大的錯誤：他離開了北京和宮廷，離開了賦予他能量的源泉，自然他的「光芒」將逐漸消退，最後為政敵所間，一敗塗地。

汪直「年少喜兵」，很喜歡做大將軍的感覺——這一點與後來的武宗正德皇帝很相似。西廠復開後沒多久，他就把注意力轉到邊關軍務上去了。

成化十五年秋，汪直奉詔巡邊，來到京師東北的遼東。

年輕的汪太監首次來到邊地，秋高氣爽馬蹄急，飛騎日馳數百里，所到之處，官員皆迎拜於馬前，有的為了獻慇勤，甚至迎出二三百里之外。遼東巡撫陳鉞，竟身著戎裝，匍匐於道旁，接待規格更是超高，上馬有金，下馬有銀，左右下人都有好處！陳鉞靠這一手巴結上汪直，不幾年便升做兵部尚書。

當時遼東官員不合，特別是撫諭遼東的兵部侍郎馬文升，與陳鉞關係很僵。馬文升這人比較正直，汪太監來了，他沒有特別的加禮，就被汪直的白眼給盯上了，再加上陳鉞趁機傾陷，最後竟落到謫戍的地步。陳鉞還和巡按遼東御史強珍不合，強珍向朝廷揭發陳鉞的「奸狀」，但陳鉞得到汪直的袒護，安然無恙，反而是告人者遭到謫戍的下場。陳鉞自投靠汪太監，便無往而不利了。

這是汪直第一次巡視邊關，他從此便迷戀上了金戈鐵馬的生活。

當時「北虜」伏當加屢次寇邊，為邊患甚厲。陳鉞給汪直出主意，勸他請旨征虜，說有軍功傍身，上寵就更鞏固了。汪直聽信了他的話，回來跟憲宗一說，馬上起大兵，以撫寧侯朱永總兵，汪直監軍，出遼東關外征伏當加。這一仗打得不錯——關鍵是汪公公領著兵打的，待班師回朝，朝廷大優賞格，進朱永為保國公，陳鉞右都御史，汪直是太監，得到「加歲米」的獎賞（宦官加祿米，以十二石為一級）。

說實話，汪直最後倒霉，就是被陳鉞這個壞主意給害的。

陳鉞向汪直提這樣的建議，一是投汪直所好，而更主要的，是為自己陞官進爵。汪直是太監，年紀輕輕就「威勢傾天下」，靠的正是皇帝的寵信和他掌握的緝事大權，他要固寵，應不離皇帝左右才是，如果跟皇帝疏遠了，再大的軍功也只頂個屁——汪直打的那些仗，在朝臣們看來，就是玩「真人CS」，是「開邊啟釁」，可沒人說他保家衛國。

陳鉞這個建議，算是害慘了汪直，他從此流連邊地而忘返，先有陳鉞幫忙，後來又與一個挺能打仗的王越搭班子，可勁地在邊疆「驅除韃虜」。他功勞大，不斷加祿米，一直加到四百八十石，創下明代宦官加祿米的第二紀錄（最高紀錄是嘉靖中司禮太監黃錦的五百餘石）。王越更了不得，

【宦官小知識】

王世貞《弇山堂別集．中貴歲米》載：「中貴人雖尊重用事，而太監品不過正四，計日止廩米升半及衣帽靴料而已。……其後有以軍功加者，如吉祥、劉永誠之類，蓋以十二石為一級也，然多不過三十六石而止。惟成化中御馬監太監汪直初以緝事功加歲米二十四石，以建州功加三十六石，以威寧海功加四十八石，以黑石崖功加三百石，後累至四百八十石」。以上亦可見汪直所立功次。

還封了威寧伯。可又怎麼樣呢？他倆最後連北京都回不去了。這是後話。

成化十六年後，汪直長期在外地，西廠事務由針工局副使宗秀代理，西廠的影響力大為衰落，這就給了它競爭對手——東廠以機會，暗伏了西廠再次被革的種子。

此時的東廠太監，叫尚銘。

尚銘不曉得是什麼來路，只知道他掌理東廠，出自汪直的推薦。西廠太監薦東廠太監，足以說明西廠之勢，遠在東廠之上。

尚銘雖是汪直所薦，但在兩廠並立的條件下，兩廠不和爭功，是必然之勢。尚銘與汪直的關係很不好處。有一次，有盜賊乘夜越入皇城偷竊衣服糧食。這還了得，小偷竟然偷到皇帝家裡去了！憲宗大怒，嚴令東、西二廠追查。這是皇帝親自督辦的案件，兩廠就此展開偵查比賽，結果東廠領先一步，率先緝獲盜賊，尚銘忙不迭地去向皇帝報喜領功。憲宗見東廠辦事得力，很是開心，當即厚厚賞了尚銘。平常汪直都不在北京，可巧的是，他剛剛打完威寧海子之役，班師回朝。不想這個案子由他親自坐鎮，居然比輸了，這不是被東廠打臉了麼？汪直惱羞成怒，咒罵道：「姓尚的還是我引用的人，竟敢背著我獨擅其功！」可能還說了一些威脅的話。尚銘就怕了，他表面上去叩頭認錯，心裡卻在尋思計策，欲「傾」汪直。

東廠要害人，太簡單了，但這回要害的是汪直，就不能像對付一般官民那樣妄告。尚銘能想出什麼妙計呢？其實一點都不稀奇。看官試想，自古害人者，有沒有開拓創新思維的？還不就是那麼幾條害人之計，用了一遍又一遍，而回回都管用！

看官還記得太監曹吉祥是怎樣謀害閣臣徐有貞的吧？尚銘抄的還是那一計。

話說汪直與王越關係親密，二人經常一起出去打仗，「相處久，交最密」，汪直常因一時忘情，將禁中的祕密說給王越聽。王越是個有心人，他把汪直洩露的這些祕語記在心裡，偶然也會對身邊親近人講，大家都沒太在意。

現在尚銘要害汪直，就派人四處尋訪汪直的小辮子，恰好有一人過去與王越交好，現在和王越反目了，就偷偷將從王越那裡聽來的一些話，學給尚銘聽。尚銘如獲至寶，馬上又學給憲宗聽，同時又藉著這些事，揭發汪直與王越的「交構」之狀。

做皇帝的，最忌禁中之事為人所知，沒想到汪直竟然透露給外人。憲宗聽了，又羞又憤，對汪直便很不滿。

當時還有許多人對汪直不滿，時時想辦法傾陷他。

有一個著名的例子，說一次宮內舉行戲劇表演，一個叫阿醜的宦官，善詼諧，每於上前打院本。他見汪直專恣，勢傾中外，思有以折之。一日在憲宗前做醉人罵酒狀，一人道：「某官來。」罵如故。又道：「駕來。」仍罵如故。又道：「汪太監來矣。」醉罵者立馬驚怖帖帖。旁邊有人問：「天子駕至不懼，而懼汪太監，何耶？」他道：「今但知有汪太監，不知有天子也。」

「今只知有誰，而不知天子為誰」，這是告人「專擅」的標準格式。這位阿醜也不是鬧著玩兒的！

當時嫉汪直者，都說汪直有「二鉞」，二鉞就是兩把斧頭。一次阿醜又在御前表演，他裝作是汪直的樣子，手提兩把斧子，跌跌撞撞在台急行。一人問他提斧子幹什麼？「汪直」大言道：「我將兵惟仗此兩鉞耳。」問鉞何名？汪直道：「王越、陳鉞也。」憲宗聽了，頷首而笑，而阿醜之意已入其心了。

這些對汪直不滿，挖苦揶揄帶諷刺的輿論，漸漸讓憲宗心動，對汪直的眷寵，漸不如前。史書一針見血指出：「（汪）直既久鎮不得還，寵日衰。」汪直失寵的根本，就是他總不在皇帝身邊。

成化十七年秋，汪直偕王越前往宣府禦敵，敵兵退走後，汪直請求班師，其他隨征將吏都獲准回京了，唯獨不許汪直和王越回來。

汪直手提一把「鉞」，還是教人不放心。大學士萬安深知王越有智計，生怕他給汪直出主意翻盤，於是將王越調到延綏，把二人分開。從此汪直就是空手空拳，而「兩人勢益衰」。

次年二月，又命汪直專鎮大同。他由「總督大同、宣府太監」降為「鎮守大同太監」，失寵的信號太強烈了！

成化十七年下半年，西廠之罷，條件已經形成。明眼人都看在眼裡，所以到成化十八年三月，六科十三道交章論劾汪直，大學士萬安又「奮然」上疏請革西廠，西廠遂一鼓而罷——西廠早已為危牆，科道、內閣的劾疏只是推倒它的最後一把力罷了。

這麼明顯的政治變動軌跡，作為大學士的劉珝居然毫無覺察，「粗疏」二字，他果然當得！

王世貞對劉珝在兩次革西廠時態度的變化，做了精闢的分析，他說：

成化十三年首革西廠，商輅上疏時，汪直方起，孺子暴貴用事，劉珝亦惡之，故其辭特懇切。劉珝的好友王越、尹旻都與汪直交好，汪直之用兵決勝，也使劉珝心服，更何況與汪直交好，還有勢力可倚，所以他的態度就發生了變化，由反對變為支持。

到成化十八年，汪直留鎮大同不得回，復移王越於延綏，汪直之事可知矣。萬安素交結內臣，他對於尚銘之讒間、梁芳輩之忌嫉、懷恩之公惡，皆能做到心中有數。而劉珝是北方人，沒有萬安那樣精微的心思，他還以為汪直沒事呢！所以顢頇地繼續為汪直說話。

王世貞總結說，汪直之兩罷西廠，「商公尚矣（商輅第一功），項公次之，余俱不足道也」。此為的論！

西廠一撤，汪直搗鼓的那些事、追隨他的那些人，也都跟著廢了。比如汪直曾奏取保安等衛達官五百餘員赴京操練，達官過去從沒「輪班京操」之例，此舉雖然頗致嗟怨，但礙著汪太監，誰也不敢非議。可就在革西廠的第二天，兵部上議，就把京操達官全部解散了。這是典型的「人存政舉，人亡政息」。

又過了一天，一個叫馬儀的都督忽然疏劾兵部尚書陳鉞，說陳鉞聯合汪直誣陷御史強珍、侍郎馬文升，致其二人謫戍。武臣敢於參劾兵部尚書，此為非常之事！這件舊案，要擱過去，就是借馬儀十個膽子他也不敢妄議。如今他吃了豹子膽，果於上疏，要翻舊案，明顯是看準了行情，想做第一個參劾汪直的人，以此投機，掇取富貴。這也是許多人「打落水狗」的共同心態。

都察院請派官勘察強、馬之事，內廷傳旨免勘，卻又說陳鉞、馬儀皆難任大臣，勒令陳鉞退休，馬儀發南京閒住——看來馬都督動作急了點，肉沒吃著，先吃了瘧。

汪直、王越還在邊關繼續殺敵立功呢！

成化十八年六月，蒙古鐵騎寇延綏等地，二人調兵分擊之，斬首數百級，這是明代中葉軍事上少有的大勝。依照當時的規定，斬首百級，就是大捷。這一仗還不像某些「捷報」，虛大於實，這一仗確實重創入侵之敵，北虜受此一挫，很久都不敢再次犯邊——「延綏軍民頗得息肩」。為此汪直加歲米二十四石，王越加歲祿五十石。

王越是公認的明代軍事家，看來汪直打仗也非玩樂，他也有較高的軍事才能，只可惜，他是個宦官！

王越與汪直搭班子，合作默契，兩人被拆散後，王越調延綏，與總兵官徐寧互換。可是許寧到大同後，與汪直不合，雙方矛盾很深。大同都御史郭鏜見調解不開，擔心影響邊務，乾脆將此事上報，請朝廷處置。

由於事涉汪直，兵部不知深淺，未敢妄言，只是說：「邊務方殷，必將官協和，乃克有濟。（汪）直、（徐）寧屢被戒諭而執迷尚爾，若不早為處分，恐貽後患。」至於怎麼處理，沒有一個字的建議。而憲宗遂下令將汪直調南京御馬監，並且對宣府、大同兩處的鎮守太監做了調整。

御馬監太監汪直調任南京御馬監，可不能理解為平調，這對汪直來說，就是貶逐。

汪直功勞大，他又是萬貴妃宮裡出來的私人，如今處分他，憲宗畢竟還有些內愧，為人讓汪直心服，他讓司禮太監李榮親自去大同跑一趟，「諭（汪）直而遣之」。

汪直下台，規格還挺高，甚至要麻煩司禮太監親自去做說服安慰工作。時為成化十九年六月，距離西廠第二次革廢已經一年多時間了。汪直早已失去緝事權，只是一名普通的鎮守太監。

官場消息靈通的人都知道，汪直調南京，事沒有完，這只是處理他的前奏。所以不管熟的生的，避之唯恐不及。可偏有一些傻的，反應就是比別人慢半拍。

這個人叫裴泰，時任定州知州。裴泰拍馬有術，過去汪直得勢時，每次出使，都不騎乘健馬，而是駕著一輛騾車，日夜馳逐。地方官府往往迎候不及，遭到捶撻。裴泰心很細，他總是提前準備好飲饌之物，汪直率領僕從來了，不管早晚，總能醉飽。汪直便記住了這個人。

這回汪直南調，往南京去的路上，沿途有司皆聞風畏避，讓汪直喝夠了冷風，吃飽了人情冷暖。這一晚，他來到定州下屬的曲陽縣，一個人寂寥地躺在公館的床上，撫著咕咕亂叫的肚腹，望著熒然的孤燈，傷感不已。忽然望見裴泰走進來，不禁大喜過望，忙向裴知州求食，他還餓著肚皮呢。裴泰跟以前一樣，隨身帶著酒食，馬上呈上，供汪直大啖。汪直寒中得被，遂將裴泰認作知己，便將目下的窘境對裴泰說了，還叮囑道：「我已今非昔比，此番南行，上意不可測。明天你也不要準備太多，只要備下夠我起程的車馬就行了。」他一邊說一邊嘆，就沒發現裴泰臉色都變了。裴泰應了，當夜各自睡下無話。次日天亮，汪直起身再找裴泰，才發現他已經逃走了。

裴知州的舉動雖然有些小人志態，但他逃走還算及時，否則真要被汪直牽連了。

汪直到南京，席不暇暖，處分就到了。

八月，因科道劾奏，降南京御馬監太監汪直為奉御；威寧伯王越除名，安置安陸州；南京工部尚書戴縉（此人奏復西廠時還只是御史，不數年已升作尚書）、錦衣衛帶俸指揮吳綬革職，皆發原籍為民。陳鉞已致仕，不問。韋瑛後以他事坐誅。

汪直是北人黨一線的主心骨，他一敗，王越跟著就垮台了，又踰年劉珝罷，再踰年尹旻罷，北人黨遂潰不成軍，從此為「南人」之天下。

有一件事值得提一提。明代有一部主要記載成化年間朝廷逸聞的著名筆記，名叫《謇齋瑣綴錄》，他的作者是閣臣尹直。尹直在孝宗即位後與萬安一起罷官，居鄉二十餘年，因為他名聲太壞，多次謀起復而不得，他就借寫「小說」抒發積鬱，對政敵進行肆意攻擊。

比如說，太監汪直寵幸，王越為了抱粗腿，每天跑去找汪直聯絡感情。不久王越加太子太保、兵部尚書兼左都御史，增正一品俸，仍掌都察院事，這都是汪直幫他出的力。

尹直說，汪直勢焰逼人，王越每次見他都要下跪。吏部尚書尹旻也想攀附汪直，就托王越代為引見。在見汪直前，尹旻私下問王越：「見到汪太監，跪是不跪？」王越大言道：「安有六卿跪人的道理！」遂一起去見汪直。見面時，王越先進屋，尹旻偷偷在外窺伺，見王越下跪，叩頭而出。等他再進時，就帶頭跪下了，其他人也都跟著下跪，汪直大喜。待尹旻辭出，王越責怪他：「不是說了六卿應自尊，不可下跪嗎？」尹旻呵呵笑道：「我也是見人跪，才學著跪的。」臊得王越耳根子都紅了。

上面這件事出自尹直之筆，不可信，是他隨意掉筆，抹黑政敵。但對王越來說，「結交汪直」的確使他承受了巨大的道德損失，他多次自辯，說「汪直行事之時，我們並不相識。管軍之後，系在同營，如何謂之結交？」又稱「汪直又差人接連訪察臣事，因無違犯，僅得脫免。後管征操，系是奉命同事官員，豈是結交？」王越始終堅決否認與汪直「結交」，說他們只是同事關系。

但此事很難辨白，要之王越急於功名，對於當朝煊赫的大太監，他不能不虛以委蛇，甚至借之為梯，登上仕途的新高峰。然而梯子一撤，亦難免從空中墜落。

第十二章　東廠太監謀入司禮柄政

自從東、西兩廠爭功，尚銘從背後使勁扳倒汪直後，東廠連同「東廠行事太監」尚銘的威風就大起來，尚銘「獨擅權勢」，成為人人畏懼的大太監。

小人得志便猖狂，說的正是尚銘這種人。小人不可用，一旦小人手裡握了權，他便要濫用，先禍害人，把人禍害夠了，再把自己帶進去，一併完蛋。

史云尚銘「甘言悅色以釣取名譽，而內肆陰狡」，他大概就是口蜜腹劍那一類人吧。俗話說，「刀子嘴豆腐心」，反過來看，可能嘴特別甜的人，心腸就特別地狠。尚銘專東廠後，便將這柄「祕密武器」當做自家的掘金機器，開始變現，據說他「聞京師有富室，輒以事羅織，得重賄乃已」——這種事，汪直可沒幹過！

他還「賣官鬻爵，無所不至」。這種事，汪直也沒幹過！

這還不夠，尚銘的野心還大，他的目標是進軍司禮監，把持大權。

此時他正行順風船，一說要「進」，馬上就進，司禮監大佬們對他都頗為畏懼，爭相扶持他，誰也不敢攔他的路，壞他的事。

尚銘進司禮監後，仍兼東廠行事。這是違反常規的。司禮監是「朝廷機密重地」，司禮太監參與機務，相當於「內宰相」，而東廠是緝事機構，東廠太監相當於特務頭子，這兩種職務怎麼能兼領於一人呢？況且東廠設立的根本，就在於「緝訪奸惡」，手握大權的司禮太監本在東廠刺察之列，尚銘將這兩個職務兼起來，他的權力就太大了。

臣下權大，則遭嫉，當尚銘達到他聲勢的頂峰時，也是他全盤崩塌之日。成化二十年正月，春節剛過，尚銘忽然失寵，也被黜往南京。此時距汪直被貶南京，才一年多時間。

此事詳情如何，實錄沒有交待，史書只是在指尚銘羅織索賄、賣官鬻爵後，記道：「帝尋覺之。」至於憲宗是怎樣察覺的，誰揭發的，無一字的交待。

憲宗應該相當憤怒，尚銘前腳剛走，內廷又傳出旨意，命錦衣衛差遣官校，將尚銘追拿回京，說是要「窮治之」。

但二旨甫出，又傳第三旨，道：「尚銘管理東廠不公，欺心罔上，大肆奸貪，贓濫顯著，有壞成法，當置之死刑。」這口風很可怕，似乎尚銘將有來無回。但隨即「話風」一轉，又道：「姑從輕處治，不必來京，仍令押赴南京守備太監，杖之百，充淨軍[18]，孝陵種菜。」

處理個尚銘，真是一波三折。

尚銘最後被打了一百屁股，充軍南京種菜去了——成化初司禮太監牛玉也是發孝陵種菜，只是牛玉不充淨軍。尚銘受到的處罰比汪直要重得多，汪直只是降南京御馬監奉御，到底還是個官兒，尚銘卻是「發配抄家」。

抄家非尋常之舉，被抄之人往往是大奸巨惡。尚家被抄，「得貲數萬」，印證了他的奸惡。尚家這些財產全好使了皇帝，據說「輦送內府者累日不絕」。

18 淨軍是閹人、宦官所充之軍，主要在上林苑海子及南京等地。

蝕了這麼大一份家業，尚銘肯定鬱悶極了，但蝕財保命，也屬幸運。為了他，先後三道旨意，尚銘應該花了不少銀子。

實錄載，尚銘得志後，狂態大露，他過去還裝一裝，「甘言悅色以釣取名譽」，現在就毫不顧惜名譽，大肆奸貪，「又謀入司禮監，與當道者相埒」，故「人知其必敗」。可見尚銘之敗，還是大太監內鬥的結果。

尚銘垮台後，繼之督領東廠的，是太監陳准。

陳准「素善懷恩」，和司禮太監懷恩是好朋友。俗話說近朱者赤近墨者黑，與好公公做朋友的，也不會是壞人。陳准領東廠後，深知東廠作弊的危害，首先告誡眾校尉：「有大逆，告我。非是，若勿預也。」也就是說，東廠只緝訪大逆，一般瑣屑之事或民間爭鬥，都不是東廠該理會的。此令一出，「都人安之」。

尚銘被貶到南京後，吏科都給事中王瑞上疏，稱皇上將尚銘置之於法，人心大悅，但若不去其黨，將來之患未可知也！

他要去追究尚銘之黨。

此疏並不含糊，將「尚銘之黨」指出來：「蓋尚銘舊為太監汪直所引，得入東廠，近為太監李榮、蕭敬所引，得入司禮監。」說尚銘的黨徒，就是司禮監太監李榮和蕭敬。

通過王瑞此疏，我們知道了，尚銘是李、蕭二人援引進司禮監的。

王瑞又揭發：李榮是汪直之黨，他在出使大同時，曾幫助汪直隱蔽邊情，以致胡虜大舉入寇；蕭敬出使湖廣，所過貪殘無厭，貽數千里之患。二人其他隱惡之事還很多，「未易悉數也」。京城的人都說，汪直開西廠之前，有黑眚之異，尚銘入司禮之後，有地震之異，這都是上天的警告。

王瑞此疏的訴求是：「併去（李）榮等，以絕其黨。」

憲宗批覆：「李榮、蕭敬朝廷自有處置。」

「朝廷自有處置」是常見的批文格式，對臣下的要求不給出明確的處理結論，這或許是因為時機還未成熟，或許是被劾者的罪行還未充分暴露，有鼓勵臣下繼續揭發之意。

果然，六科給事中和十三道御史隨後聯合上疏，稱「尚銘既以贓敗，宜追究其通賂之人」。疏文說：「蓋內臣犯法，既不能免，若外臣之趨附者置之不問，則內外之事不均；小臣有過，尚不可容，若大臣之通賂者舍之不究，則輕重之倫全失。」要求對交結內臣的外臣「痛加追究」。

該疏詞氣縱橫，看起來理直氣壯，其實是在耍滑頭，被憲宗一眼識破。因為這份彈疏沒有「指名」，說了那麼多外臣與內臣勾結不好的話，還說要痛加追究，可他們到底說的是誰，卻讓人「傻傻分不清」。憲宗大怒，將疏上署名的官員全部召進宮，欲行廷杖。

這是憲宗盛怒之下做出的決定，司禮太監懷恩並不立即傳旨施行，而是等憲宗的情緒冷靜下來，再從容進言。經懷恩提醒，憲宗也意識到失態了。但科道官們已經召來，誠惶誠恐地跪在宮門外呢，總不能揮揮手，教他們怎麼來怎麼回去吧。於是讓懷恩出去，把科道們好生教訓一番，讓他們以後言事須實，不要敷衍塞責。

科道批評人，卻不點名，或許是為了避禍，或許是為了試探上意。而憲宗指責科道空言，有兩個可能，要麼他需要科道指出一個實名來，他好批本處分；要麼他對科道進言非常反感，故抓住他們的小辮子說事。

我覺得後一種可能更大，因為對李榮和蕭敬的處分決定遲遲未下。

在明代宦官中，李、蕭二人的名氣不算大，但他們是明代中期非常重要的大太監。

他們的政治生命非常長，李榮活到正德七年，蕭敬更是一直活到嘉靖初年，他們對於政治的參與及發揮的作用，下文還將續有介紹，這裡只簡述一下他們的生平。

李榮，字茂春，河南洛陽人。據大學士李東陽撰《大明故司禮監太監李公（榮）墓誌銘》，他生於宣德五年（西元一四三〇年），十餘歲時入內廷，初侍乾清宮。「終天順之世，未顯世也」。成化中，累官至太監。成化十四年，李榮奉命往平涼勘問漢陰王冒報宗籍事，回京後，入司禮監。

作為司禮太監，李榮身上的佞幸氣非常重，成化朝的許多佞幸（如匠役、僧道、方士等），他們傳奉得官，多由李榮傳旨，其中就包括以符籙進用的李孜省和以邪術進用的僧繼曉。想來，李榮與他們是打成一片的。

與李榮相比，太監蕭敬的材料多一些。他是福建南平人，字克恭，別號梅東，生於正統三年（西元一四三八年），卒於嘉靖七年（西元一五二八年），享年九十一歲。

蕭敬二十幾歲就已經做到太監，成化中入司禮監，一生四次任秉筆（司禮太監秉筆者方可參預機務），四次掌監印，任職司禮監垂五十年，而官居太監幾七十載。像蕭敬這樣高壽、久居高位的宦官，可謂福祿雙全。

根據楊一清撰《司禮監太監梅東蕭敬墓表》，蕭敬少年給侍內廷，選入司

【宦官小知識】

王世貞《弇山堂別集》卷四《中官壽考久任》載：「中璫之久貴，無過於蕭敬者，年二十餘，則已侍英宗為太監。成化中入司禮，自是數廢數起，凡四秉筆，四掌印，幾五十年而退休，禮數視大臣。凡為太監近七十年，九十一而後死。」

禮監書館讀書，天順初年授長隨。我檢閱史料，發現蕭敬在天順七年有一條記事，那時他已經是司禮太監。蕭敬在天順初年還只是長隨，五、六年間已任太監，這樣的遷升速度，就是坐直升機。

蕭敬應為英宗親近內臣，所以在英宗去世後，改為神宮監太監，到裕陵（英宗陵寢）司香，做了幾年冷板凳。直到成化三年才改內官監，回內府供事。不久復入司禮監僉書。

王世貞說他「數廢數起」，英宗去世時是一次，成化末年又為一次。

成化二十年，尚銘敗後，李榮、蕭敬被參劾「黨」尚銘，憲宗說要自己處置。但直到次年閏四月，才將李榮改官內官監太監，派往山東鎮守，原鎮守太監韋煥還京。以司禮監太監改官出鎮地方，不是內官遷轉的常例，以司禮監之清貴，出鎮地方，也非常少見。這是李榮所受的較大挫折。可能是他在內廷使力了，沒過多久，復改南京司禮監太監，任南京守備。

蕭敬則沒有受到處分。

成化二十三年，憲宗去世後，蕭敬發遣裕陵司香。三年後，以司禮監缺員，眾人都稱蕭敬老成練事，沒有比得上他，遂「復起視事」。

第十三章　群奸之中擔道義

成化年間的政治形勢，是內外「群小恣肆」，在朝野擁有巨大影響力的，都是佞幸，司禮監權威大挫。吏科都給事中王瑞說司禮監大佬李榮、蕭敬等「既黨汪直，壞事於前，又黨尚銘，壞事於後」，正好說明司禮監在佞幸橫行時，與內閣一樣失職，他們甚至需要依附於佞幸。

在這樣艱險的環境中，卻有一位太監在勉力維持，為保持朝廷的穩定做出極大貢獻，他不僅在內外官員中擁有較大的威望，就是連憲宗皇帝都要讓他三分。

他就是司禮監太監懷恩。

依著懷恩的事蹟，或其生前身後的聲名，絕對可稱明朝太監第一人（如果不算下西洋的鄭和的話），但明朝最著名的太監都是壞人，這位好公公反而不大為人熟悉。

這大概就是子貢說的「君子惡居下流」吧，做了太監，就像一具浮屍，自動漂到河的下游——「天下之惡皆歸焉」。只是懷恩聲譽太好了，好事者欲為其開脫，首先就從他的出身想辦法，將他受閹入宮說成一件很悲慘的事。

《明史．懷恩傳》載：「懷恩，高密人，兵部侍郎戴綸族弟也。宣宗殺綸，並籍恩父太僕卿希文家。恩方幼，被宮為小黃門，賜名懷恩。」說懷恩是宣德朝兵部侍郎戴綸的族弟，戴綸為宣宗所殺，懷恩之父太僕寺卿戴希文也受到牽連，家被抄沒，那時懷恩還在幼年，被閹為宦官，入宮後得到懷恩的賜名。

這個記載無疑很有利於懷恩的形象建設。該故事的隱祕動機是：像懷恩這樣的好太監，肯定不會是自宮之人，好人也不會主動去做宦官，懷恩出身士族，他是一個無辜的受害者。這就為懷恩為何成為宦官做出瞭解釋。

然而這段記載有著明顯的瑕疵：戴綸被殺，只是因為他善諫，得罪了宣宗，而不是犯了什麼大逆不道的死罪，怎麼會牽累到戴希文，甚至連希文的幼子都不能倖免呢？

此事不必細駁，因為它是毫無根據的。懷恩的出身，實錄有明確的記載：懷恩，「（南）直隸蘇州府人，本姓馬，宣德間入禁中，賜姓懷」。

懷恩卒於孝宗弘治初年，《明孝宗實錄》裡有懷恩的小傳。有明一代近三百年，太監無數，能在實錄裡存有一篇傳記的，唯懷恩一人。這已經是實錄破例了。因為實錄纂修之例，只有正三品名臣去世，才在其「卒」後為其書寫小傳（稱「卒傳」）。

懷恩為什麼能得到名臣一般的待遇呢？我們來看幾個事例——

大學士商輅去後，萬安升為首輔，他又援引彭華、尹直等人入閣，再加上一個陰刻的劉吉，成化後期的內閣，就是這四個人。憲宗頗多失德，內閣不僅不能有所規諫，相反常常刻意逢迎，最典型的就是，作為「首相」的萬安也進獻房中術。對此懷恩深感無能為力，只能惋嘆：「內閣用此四人，可謂無人矣！」

他力求在力所能及的範圍內，努力盡到輔導之責，為此得罪皇帝亦無所畏懼。前文我講過懷恩堅決抵制改易太子之事，其實他還有多次頂撞皇帝的行為。

成化朝佞幸橫行，真正敢諫的人不多，員外郎林俊就是其中一個。他上疏參劾太監梁芳、奸僧繼曉等人，言詞激烈，「直聲震都下」，且他的疏文中頗多涉及宮闈隱祕之事。憲宗大怒，認為林俊是故意公開羞辱他，將林俊下詔獄，甚至動念要殺他，外臣屢諫皆不聽。懷恩叩首諍諫，說不可殺進諫之人，他道：「不可！自古沒聽說過殺諫官的。我太祖、太宗之時，大開言路，故底盛治。今欲殺諫官，將失百官心，奈何？臣不敢奉詔！」憲宗怒道：「你與林俊合謀誹謗我！不然他怎知宮中之事？」因為懷恩力諫，憲宗甚至懷疑林俊知道宮中祕事，是懷恩洩露的，說到氣頭上，順手抄起御案上一塊硯台，向懷恩砸去。

懷恩見皇帝舉硯砸他，不僅不躲，反而將頭仰起，迎了上去——幸虧沒砸到他的頭！憲宗盛怒之下，當場將御案推翻。懷恩知道這回大大得罪了皇帝，便脫帽解帶，伏在憲宗腳下，號哭不起，道：「奴婢不能復事陛下矣！」憲宗命左右將老懷恩扶出去。

懷恩走到東華門，仍掛念林俊之事，他忽然想起，奸佞可能授意錦衣衛將林俊在獄中打死，便派人去給錦衣衛鎮撫司傳話：「爾等諂媚梁芳，合謀傾陷林俊，林俊若死，爾等不得獨生！」然後才回私第，闔上家門，對外稱中風，不再出來視事。

憲宗也知懷恩是赤膽忠心，他抗旨也不是一回兩回了。前不久憲宗讓章瑾入錦衣衛鎮撫司任職，讓懷恩去傳旨，他居然說：「章瑾以貢寶石而得恩，鎮撫司掌天子之獄，極武臣之美選，奈何以貨得之？」不肯去傳。憲宗道：「你敢違抗我的命令？」懷恩道：「非敢違命，恐違法也。」憲宗沒得法，只好讓覃昌去傳旨。就這樣，懷恩還不罷手，他想，「倘若外廷有諫，吾言尚可行也」，就暗示兵部尚書餘子俊執奏不從，他當從中贊助之。餘子俊卻不敢。懷恩嘆道：「吾固知外廷之無人也！」而外廷若有極言敢諫者，他總是力加扶持，好比都御史王恕經常上疏切直，每次看到王恕的疏文到了，懷恩都會感嘆：「天下忠義，斯人而已！」

這些憲宗都看在眼裡，是又惱火又無奈，懷恩德高望重，他既然推稱有病，明明知道他是賭氣裝病，也只得派御醫到他家，去給他調治。而林俊最終在懷恩及眾大臣的保護下，沒有被處死，只是被降級外調。

當時有星變之災，作為對災異的應對措施，朝廷下旨黜免一部分傳奉官。可旨意剛下，就有御馬監太監張敏跑去找憲宗求情，憲宗答應他，御馬監馬坊的傳奉官可不動。

這位張敏是非常有名的大太監。

張敏對少時的孝宗有保護之功。我在《大明後宮有戰事》中講過，孝宗朱祐樘是憲宗一次小型後宮「獵色」行動的產物，他的母親姓紀，原為宮中女官，偶沾恩澤，懷上龍種，並躲過貴妃耳目，順利誕下一位皇子。但最終還是被萬貴妃知道了。貴妃不能容忍宮中女子懷孕，便派門監張敏去把紀氏子溺死。張敏心想：「上未有子，奈何棄之！」就把孩子藏起來，不令貴妃知道。成化十一年，張敏在給憲宗梳頭時，憲宗忽然感慨「老將至而無子」，張敏感覺時機到了，就把真相說出來。憲宗大喜，即日迎皇子相見，不久立為太子。人家父子團聚，張敏卻因懼怕貴妃報復，吞金而亡。這是《明史·孝穆紀太后傳》的記載。然而據新近發現的《張氏族譜》，張敏並沒有死，他一直活到成化二十一年，並且仕至司禮太監；張敏不僅本人一生榮寵，他兩個弟弟也都是大太監。

也就是說，張敏是太子的大恩人，大家都要給他面子。

可張敏得到憲宗的允准，拿著疏文來找懷恩，懷恩的態度非常冷漠，見張敏

【宦官小知識】

兄弟為宦官，且仕至太監者，《明朝的那些九千歲》第一部講過永樂中劉通、劉順兄弟，這一部前面講過錢聚、錢安兄弟，及覃昌、覃旺兄弟。成化年間，還有著名的錢氏和張氏兄弟，都是兄弟三人為太監。錢氏兄弟，為錢能、錢義、錢福；張氏兄弟為張敏、張慶、張本，皆為權璫。

跪在庭中，徐徐道：「起，起，我病足不能為禮。」問他所為何來？張敏道：「已得旨，馬坊傳奉不必動。」他想皇帝那裡都打招呼了，你懷太監能怎地？不料懷恩聞言大怒，斥責他道：「星之示變，專為我輩內臣壞朝廷之法也。外官何能為？今甫欲正法，汝又來壞之。他日天雷將擊汝首矣！」且指其坐道：「吾不能居此，汝來居之。汝兄弟一家遍居權要，又欲居我位乎？」張敏素來驕貴，又是老輩，被懷恩一番怒責，連長氣都不敢出，回到家，遂中氣而死。

張敏不是因懼萬貴妃而自殺，他是被懷太監罵死的！

成化末年，懷恩遭讒譖，被貶到鳳陽守陵。孝宗即位後，又把他請回來，復掌司禮監。弘治初年，言路大開，進言者往往過為激切，經常指責內臣為「刀鋸之餘」。太監覃昌見到這樣的文字，總是生氣，可懷恩卻處之淡然，他道：「彼言是也，吾儕本刑餘之人，又何怒焉？」

懷恩於弘治新政多所裨益，只可惜他在弘治元年閏正月就去世了。明實錄對他的評價是：「其為人公廉直諒，識義理，通典故，在憲宗朝左右承弼，動必以祖宗為準，直言正色，無所避忌，憲宗雅重之。至於謀斷大事，扶植國本，不惑群議，人不敢幹以私。」這對於一名宦官來說，能得到這樣的評語，可謂最高榮譽。

懷恩哀典隆重，朝廷賜祭葬，他的祠堂建成後，賜額曰「顯忠」。內臣建祠賜額，自王振、劉永誠後，懷恩為第三人，此後還有覃吉（事蹟見下卷）、覃昌、韋泰等人，這本來是「朝廷希闊殊特之典」，但弘治以後內臣多得之，「祠額寖廣，祭尤眾，不能悉記矣」。

第三卷

「弘治致治」的光環下

關鍵人物

覃吉、蔣琮、李廣、何鼎、陳寬、戴義

第一章　但天下得賢主足矣

皇太子朱祐樘在憲宗去世的次月（成化二十三年九月）即位，改明年為弘治元年（西元一四八八年），他就是明代中期聲譽最佳的明孝宗，弘治一朝也有弘治「致治」或「中興」的美稱。弘治一朝重祖宗成法，親近信用大臣，無宦官專權亂政，就是所謂的大太監也很少，國家各方面都處於穩定發展的時期。

孝宗之治，是從撥正前朝弊政開始的。孝宗登基的當日，按照慣例，發布大赦天下詔。赦詔的條款非常多，總之是除成化之舊，布弘治之新，但沒有涉及到前朝人物。

然而，這只是暫時的安靜。到孝宗即位的第六天，禮科等科給事中韓重等上疏，對以李孜省為代表的「奸邪小人」進行了嚴厲的參劾。

李孜省以江西布政司一「逋逃贓吏」，經多次傳奉授官，已升任掌通政司事的禮部左侍郎。孝宗以正在「宅憂」為由，對被劾對象均從寬處理，李孜省等發甘州衛充軍，太監梁芳等降官，發南京閒住；梁芳、陳喜等都自覺退還了在畿內的賜地與莊宅。

我在閱讀宦官墓誌時，發現許多經歷過成、弘之際的宦官，其生平有一個共同現象，即在這一階段都有降官記錄，如太監降為監丞等。有的墓誌指出，這是「例降」。所謂例降，就是徇新例降官，不是他們犯了什麼錯，而是因為成化中陞官太濫，現在重新加以甄別，不符合升職條件的，就要降為原官。

新政之初，還對大量冗官進行了清汰。兵部列出的傳升武官，就有七百一十四員，名色分為十四款，分別為皇親、保母（照顧過皇帝的女子）、女戶（前朝殉葬妃嬪家屬）、恩蔭（太監子弟多在這一款內，一共有九十三人）、錄用、通事、勳衛、散騎及匠人、舍人、旗校、勇士、軍民人等，分別給予降調等處分。整體原則是，凡傳升職事，一律革除，只保留其舊職。

英宗以來，增設了大量內外官員。如京、通二倉及淮安、徐州、臨清三處倉場，有監督內官七員，都是天順元年以後增設的。有人建議按照正統舊額清理，續添者一律革除，但阻力較大，最後妥協的結果是，遵照天順年間的職數，這樣京、通等處倉場，就止革去總督太監一員，監督內官皆保留。

這是一個有意思的現象，明代的冗官現象非常突出，呈不斷增長的趨勢，每一朝開始時，都要做一番清理。但清理之後，輒開始新一輪增長。而後世再清理時，標準就不得不放鬆。比如弘治初年已無法恢復正統舊額，而嘉靖初年就只能依照弘治舊額了。

在弘治新政中，內閣首輔萬安成為第一個被驅逐的大臣。

萬安預知輿論將對其不利，他在擬寫登極詔書時，特地塞進一條：禁止言官假風聞挾私論政。這是要箝制朝官說話啊！引起「中外大嘩」。御史湯鼐跑到內閣去問，是怎麼回事？萬安竟從容答道：「這是裡面的意思。」湯鼐自是不信，他回去就寫參疏，將萬安的原話都寫進去，批評萬安抑塞言路，歸過於君，無人臣禮。

萬安的內閣生涯是被孝宗親自終結的。

原來孝宗在清理憲宗遺物時，發現一只小盒子，裡面全都是房中術祕籍，每一本都抄寫整齊，末尾署名：「臣（萬）安進」。孝宗非常生氣，派懷恩拿著這只盒子去責問萬安：「此大臣所為耶？」萬安愧汗伏地，不能出聲。等到群臣紛紛進章彈射，孝宗又讓懷恩拿著這些本章，當萬安的面讀給他聽。萬安一邊詭辯辯解，一邊哀呼求恕，就是不主動提出辭職。懷恩沒耐心聽他碎嘴了，直接上前將他腰上掛的牙牌（牙牌是進宮的身分證明，無牙牌不可進宮）摘去，道：「萬先生可以出去了！」已經是七十老翁的萬安這才踉蹌出閣，找馬回家，然後上疏乞休。他回鄉一年後就死了。

大太監李榮、蕭敬在尚銘敗後遭到言路的糾劾，李榮改南京，後夤緣回京，復入司禮監，「同典機務」（〈李榮墓誌〉）。孝宗繼位後，李、蕭二人再次成為朝官轟擊的目標，特別是御史湯鼐，連上二疏，對他們進行彈劾。孝宗批覆：「蕭敬已別用，李榮亦調孝陵神宮監去矣。」考蕭敬墓誌，他的「別用」，是發英宗的裕陵司香。李榮則再貶南京，司香於孝陵。

經大力振刷，弘治新政，面貌一新。

弘治一朝的政治面貌，雖然在中年經歷過一段低迷期，但整體上是好的，這與孝宗本人的修養有關。而談到君臨大位者的培養，有一個人不可不提。

此人姓覃名吉，是東宮侍讀太監。

《明史．覃吉傳》說覃吉「不知所由進」，《國朝獻徵錄》所收覃吉小傳也說他「不詳其出」，均不清楚他的仕宦履歷。其實覃吉在《明英宗實錄》裡是有事蹟的。

那是英宗復辟的次月，即天順元年二月，覃吉被執送錦衣衛關了起來。原因是他在景泰年間掌內庫金帛奇貨，景帝曾賜給妃子白銀三萬餘兩、寶石萬餘，英宗復辟後他沒有及時報告，因此得罪新朝。復辟之初，人們為了避禍或求福，紛紛對景帝倒戈一擊，若覃吉也是貪利忘義之徒，他也該大力揭發批判的，可是他沒有，不反噬舊主，光這一點，就知他良心是好的！

憲宗冊立太子後，覃吉受命為東宮典璽局郎。這位職務我多次講到，是一個非常重要的內官崗位，許多大太監，比如王振，都曾做過這個官。典璽局郎是東宮輔導首臣，皇太子即位後，一般都是直接入司禮監參柄大政，而且總能做到司禮掌印，這是最有前途的內官職務。

覃吉入侍東宮時，年紀已老，當時太子才九歲，還未開蒙，由覃吉口授《四書》章句及國朝典章。覃吉「溫雅誠篤，識大體，通書史，講論執方，輔導東宮，動作舉止悉規以正」，儼然一位有德的師傅。

他閒暇時也不閒著，向太子開說諸司要務及民情土俗、農桑軍旅。最了不起的是，他本人是宦官，卻不避嫌、不遮飾、不隱惡，主動給太子講歷史上「宦豎專權蠹政之由」，且「盡悉其態」，把宦官作弊的種種情態講得很清楚，以使將來太子做皇帝後具有辨析奸偽的能力。

他經常說：「我老了，何心富貴，但得天下有賢主足矣！」

覃吉很尊重講官，每次太子出閣聽講，都要派人去迎接老師。課上完了，還要客客氣氣地說：「先生喫茶。」他的副手，東宮典璽局丞張端認為禮貌有點過了。覃吉道：「尊師重傅，本當如此。」

覃吉清楚，他所教的不是一般孩子，而是未來的天子。現在在他心田播撒什麼種子，將來就會開出什麼樣的花。他希望太子明白，什麼是儲君之道，把太子做好了，將來自然能夠成為一位合格的君主。

一次憲宗賜給太子大量莊田。要是一般人，早歡喜地跳起來：白得恁多田地，可以改善東宮收入，還可以增加宮人的福利，多麼好的事！孰不受之？可覃吉卻勸太子不要接受，他道：「天下山河皆主上所有，何必擁有私有莊田？只是勞民傷財，為左右之利而已。」最後太子將所賜莊田全部辭還。

這就是覃吉的隨事開導，他希望透過這一件件具體事務的處理與講解，潛移默化地樹立儲君的天下家國觀念，莫要將來成為逐利的天子。

後來之君，多與民爭利，如武宗開皇店，神宗派礦監稅使騷擾天下，都是反面典型，人的好利貪棼之心就像野草，必須趁其年少澈底拔除，一旦滋蔓，則不可制！

我由此想到另一位東宮典璽局郎，就是萬曆朝在東宮主事的太監王安（他為魏忠賢所害）。當時神宗很不喜歡太子朱常洛（未來的光宗），對東宮非常苛刻，使得東宮的財政狀況一直不好。王安頗善經營，做了許多買賣，從各方面增加東宮的收入，維持了太子起碼的體面。對這事怎麼看？我想，無論是為父的神宗，還是為師的王安，都應認真反思，他們是否為太子創造了一個合適的環境？神宗從不給太子賜錢賜物，自然王安也不可能像覃吉一樣勸太子拒利，相反還可能經常給太子講一些生意經，二人還常在一起對賬，為東宮的開支發愁。朱常洛為儲君二十餘年，飽受憋屈，常為囊中羞澀苦惱，困窘支絀，聞利則喜，他繼位後將是一個什麼樣的皇帝，是不言而喻的。

不以天下為心，則必失天下，人們都說明亡亡於神宗，其有以也。

接著說覃吉。俗話說嚴師出高徒，覃吉雖然是臣，同時也是師傅，他對太子的要求很嚴，鼓勵他多讀聖賢之書，少讀邪淫溺志的雜書，包括釋、道等經書。可太子就愛讀這些書，一次他偷偷地隨內侍讀佛經，覃吉忽然來了，太子驚呼一聲：「老伴來了！」忙抄起一本《孝經》，假裝誦讀起來。覃吉看在眼裡，並不點破他，跪問：「小爺是在誦佛書嗎？」太子聲辯：「沒有，我讀《孝經》呢！」覃吉頓首讚道：「那很好。佛書虛誕，不可信也。」由此事可見，孝宗做太子時，對覃吉這位師傅是很敬畏的。

覃吉在弘治朝無事蹟，可能他早在太子登基前就去世了。然而以「正學輔東宮」的覃吉，與懷恩、覃昌、韋泰等，都被視作成化朝乃至有明一代的名宦。《明史》說，弘治之世，政治醇美，君德清明，其「端本正始」之功，覃吉可當之。

第二章 宦官隊裡出了個「海瑞」

太監蔣琮，跟弘治時代的眾多太監一樣，沒什麼知名度。但蔣琮在弘治初年以好言樂訟著名，捲起了好幾場輿論風暴，是一名極富爭議性的大太監。

蔣琮個性張揚，他最大的特點是喜諫、善訐，很像內廷的海瑞，這使他在宦官隊裡顯得有些另類。他個性與身分的矛盾，決定了他的命運：他首見於史籍，就是官司纏身，他的政治生命最終也在一場席捲眾多官員的訟爭中落幕。

成化十五年，蔣琮第一次出現在實錄中，他的麻煩來了——他被東廠告了！為了一件看起來不大的事情。

那時蔣琮任上林苑海子提督，按照當時的規定，內官是不許隨便回家的，應該住在內府衙署或值房裡。可蔣琮經常違反禁令，偷偷溜回私宅小住，連個招呼都不打。

這次他又回去了，「潛留私宅」兩日。東廠發現「上林苑領導無緣無故兩天沒去單位上班」，就向朝廷舉報。凡事一過東廠，就不是小事。蔣琮被拿送錦衣衛鎮撫司獄（即詔獄）鞫訊——說起來，那時的官員，時不時「進去」一趟，留下一兩筆不良記錄，也是常事。負責審問的錦衣衛指揮僉事趙璟不太作真，隨便問了兩句，就扯過張紙，寫了報告。蔣琮也沒太在意，以為不打緊，在獄中關兩天就出去了。誰知他們都想錯了。

因為東廠太監尚銘不這麼想！

當時東廠正和西廠較著勁，急於立功，抓了一個不守制度的太監，正可以證明東廠行事無私。錦衣衛卻不當回事，輕輕鬆鬆把人放了，豈不顯得東廠盡撿芝麻？尚銘就對趙璟和鎮撫李璉提出糾劾，說他二人徇私。朝廷就讓趙璟、李璉從實回奏。

趙璟無奈，只好再查，這次他調查細緻了一些，專門調取了皇城東安門的「門籍」，發現蔣琮出入的記錄還有很多，他們原來的工作確實粗疏了，只好認罪。朝廷以其「伏罪」，也不再追究。

此事的意義在於：凡東廠偵緝、送問的案子，法司很難根據其「情罪」做實事求是的問理，錦衣衛和三法司必須考慮到東廠的態度。東廠辦的案子不可能錯，法司懼其權勢，很難駁問，只好從犯人那裡找罪，小罪要按照東廠的心意給他做大，無罪也要想方設法給他坐實。蔣琮的事本來都算不得案子，因為是東廠緝辦的，法司就得看東廠的臉子，把它做成一件要緊的案子。

明朝祖制規定，宦官不能在外私置家產田宅。祖制如此，可皇帝已經自破其禁，從永樂時起，就賜予寵愛或立功宦官大量的田地房舍，甚至是人口。正統以來，宦官也有錢了，自己買地建房子，或捐資建廟蓋墳，已不鮮見。有些宦官貪圖逸樂，或別的緣故，不愛待在內府值房裡，而願意多走幾步，回自家安樂窩躺著。大概蔣琮就屬於後面這種情況。他是順天府大興縣人，當時北京城分為兩個京縣，左大興，右宛平，蔣琮就是土生土長的北京人，親屬都在京裡，回家住多方便呀。這在當時是普遍現象，大家都睜一眼閉一眼，只怪蔣琮運氣不好，被緝事校尉盯上，還被尚銘特別關照一把，只好自認倒霉了。

總之這不是什麼大事，雖然被東廠拿來做了一篇文章，終無大礙，蔣琮在錦衣衛大獄裡蹲了些日子，仍回上林苑海子復職。

蔣琮犯在東廠手裡，不知是因為與尚銘有過節，還是別的什麼緣故（東廠緝事，常常是定向執法，成為公器私用的典型）。蔣琮性格剴切，直腸子，好議論，這在官場被認為是「喜事」、「不安靜」，很容易得罪人。蔣琮「好言事」的特點，在憲宗去世後彰顯無遺。

成化朝的佞幸，隨著憲宗去世，大樹既倒，他們也只好作猢猻散了。

孝宗即位不久，即從公議，將亂政的太監梁芳、韋興、陳喜及妖人李孜省、鄧常恩、趙玉芝等，或閒住，或謫戍，京城晦氛，一掃而淨。然而僅僅過了兩個月，成化二十三年十一月，孝宗忽然改變主意，再次下旨，將這些人全部逮捕，下法司問罪。

本來李孜省等人遣戍陝西邊衛，走了沒多遠，好事追蹤而至，朝廷大赦來了！他們的罪都在赦前，這下好了，可以不用去邊衛受苦了（大赦一般規定，除了謀反等大罪，其餘罪狀凡發生在赦詔頒布之日前的，均予寬恕）。李孜省他們高興死了，可朝臣不幹啊！這些傢伙禍亂朝綱，誣害善良這些年，難道就讓他們這樣輕易逃脫懲罰嗎？

朝臣還沒來得及進言，先有一個太監說話了。他道，梁芳、李孜省等以邪術害正，又藉口修造寺觀廟塔，浪費庫藏銀錢，不可勝紀，罪大罰輕，不當從赦！他的建議得到孝宗採納，才派錦衣衛分頭四出，將這些人械繫上京，從嚴追究。最令人痛恨的李孜省下獄沒幾天，就因「不勝楚掠」，死在獄中，人心大快。

這位進言者，不是別人，正是已任印綬監太監的蔣琮。

以太監之言而逮問前朝內官與佞幸，這在明朝是十分罕見的，蔣琮一時名聲大噪。

梁芳、李孜省等昔日權貴，如今垮台，沒勢力了，但他們在內廷盤踞甚久，關係網複雜，關係人眾多，蔣琮正色進言，除惡必盡，雖令舉朝振奮，但也大大得罪了同儕，許多內官討厭他，視之為另類和異己。

蔣琮要是文臣，以其一劾而殲佞臣，僅此一件，就足以記入史冊，名垂千古了（《明史》裡有不少人，事蹟就是進諫，而且只一件）。可惜他是宦官，並未因此得到好的聲譽。《明史．宦官傳》裡雖然有蔣琮的傳記，卻全然未提此事，他傳記的記事，是從他移鎮南京開始的，並且多為惡評。

蔣琮在弘治元年出任南京守備司禮監太監。

明朝遷都後，內外官員到南京任職，即使升秩，也不會引以為美事。蔣琮出任南京守備，有遭到排擠之嫌，可能內廷大佬不願這樣一位「大砲」和「名人」架在皇城裡，乾脆把他調到南京，說是留都重地，需有才者鎮守，實際上是攆他走，眼不見為淨。

蔣琮坐著船，沿運河南下。這大概是他第一次到南方，沿途見聞頗多，甚感新鮮，加之他現在有「內府名臣」的聲譽，志氣繚繞，見到時弊，常覺不滿，不滿則欲鳴之。

比如他說，自京東張家灣到揚州儀真壩，歷年增設巡河等官數多，應予裁撤，所遺事務由所在地方帶管。吏部不同意，說各官因事增設，似難裁革。奉旨查永樂以來各官名數，隨命革去沽頭閘主事並南直隸巡河郎中，他們原來管的事，委兩淮巡鹽御史兼管，余官如舊。

蔣琮又說，戶部每年三月選差屬官一員，從通州往下巡視，直抵儀真，催督漕舟，但不奉敕書，責任太輕，官員做事也易玩忽，請再差官時請敕。朝廷也答應了。

蔣琮還對地方吏治提出意見。當時山東、直隸一帶有盜賊出沒，想來承平之時，即或有盜，也不會是什麼汪洋巨盜，可都御史張鼎大張其事，創製所謂御盜「新法」，在真定、河間之間的道路兩側築牆，牆外再挖溝，綿延十餘里，說這樣就可以防盜了。蔣琮一路走一路採擇輿情，他在經過山東德州時聽到這件事，大感驚奇，又聽百姓抱怨，說新法根本不起作用，兩道牆夾著大路，中間狹隘，如果真遇到強賊，受害的是行路之人，彷彿甕中捉鱉，逃也沒處逃，而且當地都是曠野，地形沙窪，高低不一，刮幾場風，下幾場雨，牆馬上坍塌，純粹是勞民傷財，況且現在還是農忙時節，興此不急之務，嚴重妨農。蔣琮把這個情況向朝廷反映了，孝宗馬上諭兵部責令張鼎停工。

沿途所見這些弊政，蔣琮一一記下，到南京後，連發四疏，向朝廷提意見。

這些意見涉及到諸多部門，如設官太多，關係到吏部，差官巡河，關係到戶部，還有工部、漕司，以及地方大吏等。

蔣琮一路走來，沒有寬裕的時間做調研，普詢輿情，而其所議太急太驟，這顯示了他為人有較為浮躁的一面。過去從來沒有出差內官向朝廷如此進言的，就是外臣，若非言路，也很少「越位」言事，將不是自己職權範圍內的事情輕易上奏，見諸公牘。蔣琮這麼做，實為駭人之舉，被認為是越權、多事，是好攬權的表現。如果說他前數月糾劾梁芳、李孜省，雖不滿於內臣，尚在外廷收穫讚譽，那他現在連疏奏事，則在廷臣中引起反感。

言事必然觸及別人或別部門的利益，是不討好的，自古言事之難，便是如此。

蔣琮帶著這股捨我其誰的勁頭來到南京。南京是他的地頭，守備太監職責重大，蔣琮既是南都領導班子的重要成員，也是南京內府的一把手，他那多事的心不變，立刻在南京引發一場大風波。

事件之起因，也由一件弊政。

南京沿長江有大片的蘆場，過去屬內府三廠。成化初年，江浦縣田地多為水侵，沉入江中，但沿江又多出六塊較大的沙洲，屬無主地。附近百姓請求耕種，以補沉江田額。沙洲與蘆場接近，還有附近的瓦屑壩廢地和石城門外湖地，原不屬三廠，但在太監黃賜做守備時，受奸民投獻，妄指為蘆場，一起收為公家地。百姓的田地為官所奪，已經失業，但還要承擔原來的歲額租課，百姓便聯合起來，多次向朝廷上訪，孝宗即位後，讓南京御史姜綰調查此事。

姜綰等便劾蔣琮濫收洲田，與民爭利，且用揭帖抗違詔旨。

蔣琮力辯，一條條反駁。駁就駁，就事論事就好，他卻把御史劉愷、方岳及南京諸司違法事都牽進來說。南京諸司之間矛盾重重，借江洲田地事爆發了。

戰事還在擴大，另一位守備太監陳祖生（原任司禮太監，成化十三年革西廠後，與黃賜同貶南京，後任守備）又奏劾戶部主事盧錦、給事中方向私種南京後湖田地。

後湖建立於洪武年間，是朝廷藏天下田土黃冊（黃冊是全國土地的圖籍證書）的地方，由戶部主事及給事中各一員共同管理，其他官員不許擅至，如果有事要查理，必須移文內府「請鑰」，方許過湖。近些年來，因為在湖邊灘岸開墾種田，致使湖面淤塞，人可以隨意往來。盧錦和方向一同管庫，他們也在庫旁洲地墾田，種植蔬菜瓜果，又在湖灘放牧牲畜，伐葦易銀，以補公費。反正事閒，種點菜，自種自收，還助公用，也是將後湖當桃花源的意思，不料遭到太監陳祖生的彈劾。

刑部尚書何喬新認為，南京守備官與御史更相訐奏，其中必有欺弊，請行南京三法司逮盧錦等人鞫問；御史所奏守備事，令南京戶部勘問。

前面御史剛剛參劾蔣琮與民爭利，馬上陳祖生又參劾主事、給事中私種湖田，讓人覺得南京內外官員都在借題發揮，使性鬥氣。而朝廷將兩個不同的官司混在一起問，也說明朝廷認識到這兩件事密切相關，背後都是南京守備與諸司的矛盾在作怪。

文官正和宦官爭閒氣呢，又有一個不長眼的太監郭鏞，不合時宜地來湊熱鬧，挨了一悶棍。

郭鏞本是到廣西辦理公事，路經南京。南京好玩的去處甚多，他別處不去，卻偏偏找了條船，私自去後湖參觀。這太監來得正好，立刻被御史揪住尾巴，狠參他「擅游禁地」。給事中韓重甚至借星變為言，請斥退蔣琮、郭鏞，以弭天怒——他是按內官分類，打包參劾。

郭鏞莫名其妙被牽扯到這個官司裡。他是孝宗駕前紅人，這次去兩廣幫孝宗辦私事的，[19]這個虧他不肯吃。回京就對孝宗說，應天府尹楊守隨勘問盧錦、方向私種湖田事，故意放水，御史不劾奏，獨繩內臣——拿我一個不相干的來參！

這雪球越滾越大，而且越來越向內外官員矛盾的方向發展，朝廷必須主持公道，給個說法。孝宗便派太監何穆、大理寺少卿楊謐組成「中央調查組」，再去勘後湖田土，並審查姜綰、蔣琮互相訐奏之事。

第二年，調查組復奏後湖田土事，盧錦遂被褫職，楊守隨、方向等貶官；至於姜、蔣互訐事，則稱蔣琮不當受奸民私獻土地，私囑勘問官員，但他所訐南京諸司違法事皆誣；姜綰等劾奏蔣琮，也多有不實之處，並宜逮治。於是姜綰被捕下獄。可是問題來了，既然調查組認為雙方都有錯，怎麼只處理文官，放過內官？科道不滿，聯名上疏，說不宜以一內臣而置御史十人於獄。但姜綰還是被降級外調，蔣琮仍寬宥不問。

為何朝廷處置偏心？有人懷疑，是大學士劉吉因為南京御史曾經彈劾過自己，懷恨在心，因借此案興獄報復。尚書王恕、李敏及科道接續上言，都說蔣琮、姜綰同罪而異罰，有失公平。但朝廷不聽，維持原判，此事也就這麼過去了。

19 郭鏞受孝宗委派，去廣西尋訪母妃紀氏家族，事詳見《大明後宮有戰事》。

蔣琮在南京幹了六年，他善訐的性格一點都沒變。弘治七年初，他又上告南京兵部郎中婁性不法諸事，說他逞威擅權，欺凌軍職，侵克在官皂隸銀兩，私自在宿州大禹廟後創建生祠，為自己塑像等。朝廷派刑科給事中任倫、刑部郎中盛洪、錦衣衛千戶趙良、御史劉瑋前來勘問。事情還在調查，蔣琮又急不可耐地奏發婁性偷換案卷、調查組成員阿附掩飾，他還加告了一個人、一件事，說南京兵部員外郎袁爀侵欺馬快船價，此事於婁性也有干係！

蔣琮的攻擊性真的很強大。可就在他攻擊別人時，他自己也被人告了。

南京廣洋衛指揮石文通忽然奏發蔣琮開掘聚寶山，有傷皇陵王氣，以及毆死商人、占役軍匠、侵奪官地、私造馬船諸罪。石文通是宦官家奴出身，「海」裡有人，他肯出頭來告蔣琮，事情肯定不簡單。不知道蔣琮有沒有意識到這點，反正他的性格是好強不服輸，與人打口水戰，愈戰愈勇，被人告了，他復告人，把相干、不相干的人都扯進來，屢奏不已，株連蔓引，幾數百人。

為著南京的官司，朝廷先後派了好幾撥調查組下來，官司卻越大越熱鬧。看來，南京只要蔣琮還在，就別想安靜！

這回刑部又奏差司禮太監趙忠，同大理寺少卿馬中錫、錦衣衛都指揮僉事楊榮前來會勘。勘問的結果，婁性坐贓，革職為民，余皆坐罪有差。

蔣琮這回沒能平安無事，他開掘聚寶山、傷皇陵王氣之事經查屬實，為此下南京都察院獄，所掘聚寶山口令南京守備等官填補。朝廷處斷結果很快出來了：「蔣琮掘斷聚寶山脈，打死人命，違法多端，本當處死，姑宥之，發孝陵充淨軍種菜。」蔣琮充了淨軍，從此消失於國史中。他年紀不小了，大概受過這次挫折，不久就死在南京了吧。

蔣琮之敗，自然不是因為開掘聚寶山，「傷王氣」只是一個藉口。《明孝宗實錄》評論說：

（蔣）琮稍通書史，好延接人士，自以為人莫己若，南京科道等官忤之者多得罪，眾忿疾之而莫能去也。

說蔣琮讀書有才，喜歡與士人交往，而且很自負，認為別人都不如自己，他在南京做守備太監，誰要忤逆其意，都會遭到他的打擊，官員們都很厭惡他，卻拿他沒辦法。

但蔣琮最後失敗，不是因為南京官員對他不滿，而是他得罪了北京的大佬。

據實錄透露，蔣琮在告訐婁性時，懷疑婁性有「二當道者」庇護，便揚言要連這兩家一起參，這兩家害怕，就私下指使石文通奏劾蔣琮，奏稿是經過他們商議的，原先並沒有開掘聚寶山的事，他們考慮一般的違法之事很難扳倒蔣琮，只有拿破壞皇家風水這樣的重罪來劾他，才有機會黜免他。這件事是後來加進去的。果然，蔣琮因此事「始得正其罪」。

這「二當道者」為誰，就不可考知了。可以確定是，他們一定是兩位大太監，蔣琮之口太厲害了，他們必須拿掉他。

第三章 忠、奸兩相宜

孝宗弘治年間的著名太監不多，李廣算是其中較知名的一個。

為弄清此人的來歷，我查點實錄，在天順四年找到這樣的記載：本年，為江西寧藩弋陽王淫亂事，特遣右副使李廣、駙馬都尉薛桓及錦衣衛指揮逯杲前往審勘。弋陽王一案是天順年間由錦衣衛督辦的大案，李廣作為內官前往勘問，說明他在此時已是個角色（儘管官位不高，還只是個副使）。天順中，李廣多次奉旨提拿宗室之王（據實錄記載，至少有三次），還曾奉命前往陝西河州會三司官查盤易馬，本來兵部請差戶部官一員，最後派的是中官李廣。

這是李廣在天順年間行事的記錄，但在整個成化年間，都沒有李廣的事蹟，不知天順李廣是否就是弘治中聲名大著的李廣？話說西漢時就有一位李廣，大概明代不會差不多同時出現兩位李廣吧！

以此言之，在英宗復辟的八年間，李廣已是一位重要內官。只是在隨後的成化朝，他彷彿一顆流星，在天空倏忽一亮，就沒了蹤影。

李廣再次出現，已是弘治四年（西元一四九一年），時任內官監太監。他此時很混得開，是在御前說話一口吐沫一顆釘的人物。

看官還記得威寧伯王越吧？王越戰功卓著，汪直敗後，作為汪直之黨受到牽連，王越父子都被黜免為民。您說他能服嗎？這些年他不斷上疏稱冤。到了弘治七年，大概是走了李廣的門子，他的上訪之路忽然出現轉機：

這年二月，孝宗命廷臣會議王越訴冤事。

這是朝廷第一次重新審查王越的案子。當年處分王越，的確過重了，但因為王越為人太高調，大家都不怎麼喜歡他，所以沒人替他鳴不平。這次重新討論，朝臣的態度仍是不冷不熱，議的結果是，既不反對，也不讚同，只是將他的功、過一併寫下來，奏呈聖裁。

聖裁的結果，就是給王越恢復了左都御史的原官，並以此官致仕。王越為了十餘年的民，年已七十，才爭取到二品退休官員的待遇。可惜他半生時光和一身才華都浪費了，王越不甘心哪！為了補回失去的韶華，即使再次蒙上阿附宦官的惡名也不顧，他請李廣幫忙，積極營求中旨，試圖回京重掌都察院。但遭到科道的強烈反對，此事也就無疾而終了。

王越的平反和待遇問題，十幾年都得不到解決，一求到李太監，分分鐘搞定，足見其能量了。

李廣是個「熱心人」，經常幫人代辦陞官事宜，這對他來說，也就是御前遞句話的事，經他乞升、傳升的官員不少，他開了這個頭，前朝「傳奉」的風氣又有死灰復燃之勢。

就連朝廷選婚這樣的大事，他也要插一腳。

當時有位公主到了婚齡，該選駙馬了，孝宗派太監蕭敬、楊穆、韋記等人為公主選婚。選來選去，最後是一個叫袁相的京城「富家子」入選。老袁家與皇室結了親，歡歡喜喜籌備婚禮，就等著「尚主」了。可忽然之間，滿城物議沸騰，大家都在傳，說袁相之所以被選中，完全是向李廣行賄的結果。這一說「至徹宮禁」，很快在宮裡傳開了，娘娘、公主都氣得不行。

朝臣對李廣賣官鬻爵早就不滿，沒想到他連公主都敢賣，正是「得罪宮闈」，於是趁機交劾其罪，老賬新賬一起算，對他進行群毆。

孝宗只好將袁相黜回，同時詰責蕭敬等「受命選婚，乃以不謹，致有人言」，命重選駙馬。但對科道所言李廣招權納賂等事，因「無指陳實跡，已之」——說沒有證據，不予追究。孝宗竟是如此袒護李廣，連句責備的話都沒有。

那麼李廣是憑什麼如此得帝之心呢？

其實，李廣的本事，和前朝佞幸李孜省差不多，都是丹術符水那些玩意兒。在這方面，孝宗頗有家學，憲宗喜歡這些，他也喜歡，君臣同好，友誼的小船啟航了……，在李廣的幫助下，在位已有幾年，對政事已經有些厭倦的孝宗，開始積極「修煉」起來。他們的道場就在紫禁城中軸線最北端的欽安殿，經常一連數日，沒日沒夜，在此開壇做法，設醮煉丹，煙囪整天冒煙，怪味很重，二人樂此不彼。

李廣以此「見寵任，權傾中外」——這就是給皇帝做玩伴的好處。因此李廣本質上是一名佞幸。

孝宗沉溺於燒煉修醮，日夜操勞這一攤子，朝政就顧不上，遠不及初即位時勤政了。尤其是弘治九、十年以後，「視朝漸遲」，「或日高數丈」，才出來上朝。召對大臣的次數也大大減少，「內殿奏事，舊制每日二次，若有緊急事情不時聞奏，今止一次，遂以為常」。公事奏進去，批答也不及時了，「批答之出，動經累日，各衙門題奏本或稽留數月，或竟不發出，事多壅滯，不得即行」。皇帝的學習課程，如經筵、日講，也多停廢，如弘治九年春夏日講，只講過三次，秋冬經筵只舉行過一次。

這些，內閣大學士徐溥看在眼裡，急在心裡，他上疏說：「人君之心必有所繫，不繫於此，必繫於彼，正士既疏，則邪說得以乘間而入。」他說的很好，人的用心，必須維繫在某樣東西上，繫於正則正，繫於邪則邪，他指「修煉服食」就是邪說。

「齋醮之事乃異端惑世求利之術」，徐溥堅決反對皇帝做這些事，前車之鑑太多了，如宋徽宗崇信道流，科儀符籙，一時最盛，金兵圍城，還不知反省，方士郭京誑稱作法，請天兵禦敵，結局如何呢？社稷失守，徽、欽父子乘輿播遷，這正是求福未得，反以召禍。

徐溥說，內庭禁地修食燒煉，賞賚無算，虛耗太大，小人乘時而進；且金石之藥，性多酷烈，一入腸腑，為禍百端，當年唐憲宗不是吃藥給毒死的嗎？雖然事後杖殺了奸人柳泌，又於事何補呢？[20]徐溥替主上憂急，生怕言有未盡，故從漢武帝、唐憲宗、宋徽宗，一直講到前不久張天師駐錫地龍虎山失火，那一把火把「聖地」上清宮、神樂觀、祖師殿焚燬無遺，他說，假如神真有靈，怎麼連自家都保不住呢？

對這些進言，孝宗態度挺好，總是「嘉納之」，但習氣已成，很難改正。幾年後，果以三十六歲的盛年，遽然崩逝，令人惋嘆。

人的興趣愛好是怎麼來的，真是一件很難說清的事。好比熹宗為何痴迷木匠活？沒法解釋呀，他老朱家祖上可沒出過魯班！孝宗的愛好是醫藥，他召集了許多名醫，在內府組織內局，經常和他們一起討論百草的藥性與古今金方，並且編纂、整理了《本草》等醫書。而金丹之術正是中國傳統醫藥學的重要內容，孝宗終其一生都對服食燒煉興趣濃厚，他不是一個縱情放蕩之人，但生命之光短暫，主要就是被這個愛好給害的！

就在外臣屢諫不聽，孝宗我行我素之時，內廷又出了一位敢言的「海瑞」，他與海瑞一樣，也是死諫！

---

20 徐溥只拿前代君主舉例，其實明朝皇帝從永樂、仁宗、宣宗三代開始，都有「吸毒」（燒煉服食丹藥）之癖，詳見《大明王朝家裡事兒》的相關章節。

這位宦官叫何鼎，一名文鼎，浙江餘杭人。何鼎好讀書，性簡樸，冬夏兩季也就幾身衣裳；而且性情忠直，有好諫之名——他的這些特質，在內官中都很異類。早在弘治初年，他還是一個小小的長隨，竟然上疏請革傳奉官，此舉既令人驚，又為人忌。

弘治十年三月，因「素著狂直」而具標竿地位的何鼎，忽然下了詔獄；而兩名聲譽很差的太監楊鵬、戴義，卻攜手邁入司禮監。這一進一退兩件事觸發了輿論，言路紛紛上言，一面為何鼎說好話，一面對楊、戴二人的任命表示反對。朝臣並不知道何鼎為何下獄，但他既然是一個狂直喜諫的人，想來定是因言獲罪，對這樣的人，假如其言可採，宜賜褒揚，如其狂妄，也應曲賜優容，「以來忠諫」，怎好加罪於他呢？

孝宗在批覆中，透露了何鼎下獄的原因：「何鼎妄寫無名奏草，輕率具奏，又自薦求用，以是系之。」

然而這樣的解釋並不能令朝臣滿意。

朝廷剛剛因災下詔求言，在這樣一個背景下，就是何鼎上奏輕率，言事無據，也不該降罪；他自薦求用，也只說明他為人迂狂，狂也不是罪呀！

其實外間早傳開了，何鼎根本不是「妄寫無名奏草」，相反他言之有據，只是因為得罪了張皇后，遭到報復。

孝宗之後張氏有兄弟二人，兄名鶴齡，弟名延齡，這倆兄弟仗著外戚的身分，向來行事放恣無忌。孝宗很重家庭情誼，經常召皇后娘家人入宮宴飲。張氏兄弟在宮裡就敢放肆，毫無禮體尊卑。有一次在內廷侍宴時，孝宗出去上廁所，他倆竟把皇帝的帽兒拿起來，扣在一旁小宦官頭上（一說自戴）。如此大不敬的勾當，他們全不當回事，以之為戲樂。喝醉了，還發酒瘋，調戲宮女。

對張氏兄弟的作為，何鼎早看不過眼了，他是守把乾清門的，就抄起一柄鐵瓜，在門上守著，說要瓜打張大和張二。宮人知道何鼎說得出做得到，趕緊通風報信，張氏兄弟就從旁門溜了。何鼎沒打成，忍憤不過，第二天就上本，指斥張氏兄弟「大不敬，無人臣禮」，引祖宗家法極諫，要求嚴懲二人。奴才如此狂妄，不給娘娘面子，張皇后極為惱怒，在孝宗前一哭一鬧，就把何鼎下獄了。

何鼎這人有意思，他下獄後，理刑官照例追問，主使之人為誰？他竟然說，主使有兩位，一位是孔子，一位是孟子！

何鼎下獄沒多久，外廷還在援救他，他卻先死了，據說是被杖死於海子。何鼎可稱宦官中的奇人，他死後，有一位翰林作詩紀念他：

> 外戚擅權天下有，內臣抗疏古今無。
> 道合比干惟異世，心於巷伯卻同符。

此詩將何鼎與古代著名忠臣比干相提並論，真是很高的評價。

何鼎生前，以太監之官掌乾清門（紫禁城後寢三宮的正門），職任不輕。他與太監鮑忠（此人後來仕至司禮太監）關係契厚，每當議起二張無禮、皇親恣橫這些事，都表示要上疏進諫。何鼎深知，私下吐槽是一回事，如果正經上奏，得罪皇后，又是一回事，下場可能會很慘。因此他在決定上疏後，背著鮑忠擬寫奏稿，然後獨自進本，並獨受其禍。他雖然為人有些迂狂，但還是深明事理的忠義之士。

從本質上來說，何鼎與蔣琮是一類人，他們都以內廷之官而積極進言，發表政見，刻意忽略自己「奴官」的身分，強化士大夫的色彩。然而這種努力，注定了他們的悲劇。

弘治一朝，能出兩位宦官異類，已說明那時的政治環境是良好的，「言路大開」，不為虛言。弘治時代雖不完美，也有種種弊端，與每個時代一樣，總是正邪並進、忠奸相濟，但這個時代，正氣占據著主流。

史云：弘治時，「中官多守法，奉詔出鎮者，福建鄧原、浙江麥秀、河南藍忠、宣府劉清，皆謙潔愛民」，宦官中亦多出忠烈。朝廷也注重對正氣的弘揚，當兵部將各地宦官的事蹟上奏後，朝廷均賜敕加以旌勵。就是何鼎，雖然死得冤，不久後也獲得平反，並得到「勒石以祭」的哀榮。

所謂「弘治致治」，是一個澎湃著正能量的時代，與之後的正德朝形成鮮明的對比。

第四章　今日李廣，明日李廣！

何鼎入獄後，朝臣紛紛上疏論救，可孝宗認為「內外事體俱有舊規」，外臣不應干預內事，將廷臣上言視為「奏擾」，令他們自陳。言官寫出檢討後，全部遭到罰俸的處罰。

但孝宗的態度並沒能阻止朝臣上疏，包括戶部尚書周經在內的大小官員，一面繼續對何鼎展開救援，一面要求孝宗虛心聽納諫言，不可加罪言者，不管他是內臣還是言官。

孝宗皆以「妄言引救，甚昧大體」為由，加以拒絕。

何鼎死後，朝臣憤怒地調轉矛頭，對準了李廣。

禮科左給事中葉紳陳「修省」八事，稱「太監李廣熒惑聖心，召集道流，以致黃白修煉之術、丹藥符籙之伎雜進並興，傷風壞教」，直指李廣為「異端」和「大奸」。葉紳還列出李廣八大罪：

一、誑陛下以燒煉之名而進不經之藥——不經之藥，即指燥熱有毒的丹藥。

二、為皇太子立「寄壇」之名而有暖疏之說——這是說李廣利用邪術為太子朱厚照（未來的武宗）祈福。用今天的話來講，就是對儲君大搞封建迷信活動。

三、撥置皇親，希要恩寵——此節不詳，據郎瑛《七修類稿》卷一四《國事類．本朝內官忠能》記載，何鼎見皇后兄弟宮中出入不敬，遂手持一瓜，伏於宮門外，欲擊之，「賴太監李廣傳露得脫」。《明史．宦官傳》又說何鼎下獄後，張皇后使太監李廣杖殺之。李廣便是張家打手，「撥置皇親」一說，所指定非張皇后外家。當時皇親有幾家，關係多不睦，尤以周太后（孝宗祖母）、張皇后兩家相爭最烈，雙方還在京城發生大規模械鬥。想來李廣介於周、張二氏之間，跟腳一定是有定向的，他因為偏袒張氏，才被人扣上一頂「撥置」的帽子。

四、盜引玉泉，經繞私第——這可不是指責李廣「盜竊國家資源」，而是異常嚴厲的指控。發源於北京西山的玉泉水，自西北流入京城，穿皇城、宮城而出，遂為玉帶之水。李廣在自家造園林（李宅原址即今北京恭王府，其門前原有李廣橋，今已不存。據孝宗本人說，他曾親自駕臨此宅，說不是什麼「大第」），引玉泉水前後環繞，本是為了美觀，增點靈氣，可天河之水他也敢用，這就是僭越，是大不敬！李府莫非是個小紫禁城？……凡事就怕發揮，再往下說，就是造反了。過去誣人大罪，多順著這樣的邏輯。

五、首辟幸門，大肆奸貪——這是李廣實實在在的大罪。看官想啊，王越不納賄，李廣豈肯施以援手？不為了搬進金山銀山，權貴之門何以大開？做官沒有學雷鋒的。弘治中年，朝臣奔競之風復熾，大小官員跑得最多最勤的，就是太監李廣家。前朝斥退之人，如南京太監梁芳、韋興、陳喜、汪直等，都通過「夤緣」李廣，得以召回。李廣大肆納賄，朝野傳言很多，但苦於沒有證據，相關贓證要等到查抄李家時，才會曝光。

六、太常卿崔志端、真人王應　皆稱李廣為「教主」、「主人」，李廣為其傳陞官職，求賜玉帶——李廣都做「教主」了，不得了！只不過，是個邪教頭子。

七、畿甸百姓疲憊已極，李廣乃假果戶為名，侵奪土地，幾至激變良民——勳戚、宦官在畿輔奪占民田，已習為常態，李廣不過狼群中一隻而已。

八、東南民力困竭，凡有輸納，巧取其利，以致遠方之民傾蕩家產——這是一件公事，說李廣所管內官監在收納各地運來的物料時，百方剋扣勒索，使小民破產。這也是當時內府監局倉庫的大弊，四方物資上送到京，在運入內府時，往往遭到盤剝，朝臣屢言之而難改。

葉紳告訴孝宗，李廣是何等威風：「近而駙馬、貴戚事之如父，外而總兵、鎮守呼之為公」，就連勳戚之家都事之如父，這是何等體統！

朝臣強烈要求將李廣「置之於法」，可孝宗的回答是：「姑置之」——先放著，再說。

然而，就是在這樣的輿論壓力下，李廣的驕恣之態一點都沒有收斂。

這年年底，孝宗出城到南郊祭天。旋駕時，參加祭典的禮部祠祭司郎中王雲鳳騎著馬，隨在鑾輿後回城。緝事校尉就指王玉鳳在大駕之後乘馬，為大不敬。這是很奇怪的指控，而王玉鳳因此下獄。此事是李廣在背後嗾擺，因為王雲鳳曾經疏劾過他，而且用詞激切，請求「斬李廣」以謝天下。李廣恨死他了，時刻想著報復。王雲鳳落獄後，宦官紛紛為李廣之助，在孝宗前進讒，一定要置之重典。多虧大學士徐溥力爭，他說：「余聞天子駕後，從千乘萬騎，未聞罪乘馬者。爾輩欲借此快忿，外廷寧無抗辯者邪？」王雲鳳才從「未減」（從輕），降為河南陝州知州。

李廣將是什麼下場，許多人在冷眼旁觀。

不料，李廣忽然自殺了！

事發太突然，就是內閣也是在司禮監傳旨時才知道的。

弘治十一年十月十三日清晨，太監蕭敬奉上命，在左順門召見閣臣，宣旨說：「昨夜清寧宮失火，朕奉侍聖祖母，徹旦不寐，今尚不敢離左右，欲暫免朝參，可乎？」

首輔劉健因為有事出城，不在閣，來的是次輔李東陽和謝遷，他們已經知道昨天夜裡宮中起火的事了，但還沒來得及具本問安，這時方知起火地點是太皇太后周氏所居清寧宮。

他們道：「宮闈大變，太后聖心震驚，皇上問安視膳，誠孝方切。事在從宜，即宣鴻臚寺免朝一日可也。」

商定後，蕭敬回宮復旨，不久傳旨免朝。

李、謝覺得此事蹊蹺，近年來，皇上時常免朝，很少提前打招呼的，這回倒奇了，竟派司禮首璫出來與輔臣商量，但他們也沒多想。

他們不知道的是，正是昨晚那場大火讓孝宗憬悟，對過去幾年的行為進行了深刻反思，從此改轍易行，重新做回了一個盡職的好皇帝。

此話暫不提，且說免朝後，昨夜內廷失火及太監李廣自殺的消息，瞬時傳遍京城。

原來，李廣早先勸說孝宗在萬歲山（今景山）建了一座毓秀亭，亭子建成沒多久，幼公主就夭折了。這件不幸的事剛剛過去，無緣無故地清寧宮又過一場火。孝宗與祖母的關係非常親，聽說老太后宮中失火，連夜跑去照顧，陪了半夜。

周太后驚惶未定，撫著心口道，宮裡這是怎麼啦？最好找人瞧瞧，看有甚不利的地方，也好早些禳除。孝宗就讓欽天監派人進宮來看。那「日者」來了，端個羅盤，左看右看，最後目光停在建成不久的毓秀亭上，說這間亭子犯了歲忌，宮裡這些事都是它召來的。

周太后聽了，連道「我說就有事吧」！本來她對孝宗過分寵信李廣就有不滿，此時更是發怒道：「今日李廣，明日李廣，果然禍來了吧！」她認定李廣就是禍首。

這話傳開，李廣一怕，居然上吊死了。

說他是寵宦權閹吧，死得也忒窩囊。

其實李廣應知孝宗捨不得他，仍會遮護他，即使太后惱怒，也不至死。何況老太后一怒，也無甚雷霆之威，哪至於怕得「自掛東南枝」？李廣彼此的心態，實難索解。

李廣死了沒幾天，就有司設監太監蔡昭為他請祠額祭葬，孝宗同意了。這不是孝宗愛他寵他之意嗎？假如太后真那麼可畏，蔡昭豈敢輕易為李廣求恤典？

不過，皇帝同意，內閣卻不幹。大學士劉健疏諫說，內臣祠額祭葬，近年來雖或有之，乃朝廷獎善褒功之意，實非常典。今李廣之死，罪惡貫盈，萬口稱快，皆謂其欺罔之情，贓濫之跡，悉已敗露，聖心昭鑑，必正其罪，以為奸邪不臣之戒。如今又賜祭葬，又賜祠額，欺罔贓濫之人與忠謹善良者混而無別，那怎麼行？因此拒絕為李廣撰寫祠額及祭文。孝宗還是讓內閣擬進祭文，只把祠額免了。

李廣死了，沒了這位禱祀的好朋友，孝宗還覺孤單、不習慣呢。他想李廣死了，他的筆記本總還在吧，就派宦官去李家找。宦官帶回來幾本小冊子，上面記著某官送黃米若干石，白米若干石。宦官說，這是李廣的受賄簿子。孝宗不信：「亂說！李家我去過，也不是太寬敞，哪裝得下恁多的米？」左右跟他解釋，說這是隱語，黃米是金，白米是銀，李廣是為遮人耳目才這麼寫的！孝宗恍然大悟，震驚繼之以震怒，這才派人查抄李家。

過去人們總說李廣大肆奸貪，傳言雖盛，就是沒有真憑實據。李廣剛死，朝臣就主張，一定要把這本帳搞清楚，李廣到底貪了多少銀子？有哪些人給他送過錢？如刑科都給事中張朝用、御史丘天祐先後上疏，說李廣招權納賄，其門如市，其人雖死，所餘金帛何啻千萬（此說就是全憑想像了），皆為贓物，是四方嗜進之徒的進獻，請求將李廣生前親信任事之人都拘起來，責令李家交出通賄簿籍，一併交於法司，鞫問明白，從實具奏。

這下好了，李家果然被抄了，據說還搜出了通賄簿籍，朝臣興奮起來。據說簿籍已經被孝宗掌握，但大家都是傳言，誰也沒見過，只好憑著胡亂猜測，對懷疑對象進行攻擊。吏部員外郎張彩上疏說，簿籍應該發出來，讓大家看看，給李廣送禮的都是哪些人？對那些「有所營求、饋遺重多者」，大臣應令其致仕，小臣則通查罷黜（張彩後來為太監劉瑾所欣賞，提攜他做到吏部尚書）。張彩的強硬立場立刻得到許多朝官的附和。過去他們劾小人奔競，孝宗總怪他們不指名，如今好了，不用科道點名，奔競小人的名字全錄在簿籍上，照名處分就好！

可孝宗遲遲不把簿籍發出來。那些給李廣送過禮的，心中忐忑，生怕簿籍曝光，這種心理很好理解，但也有人，沒有送禮，但眾口紛猜，無辜中槍，又覺得很無辜。雖然胸中坦蕩蕩，但被人冤枉，也不好受呀！有人為了自白，也是為了做給旁人看，就主動上疏，聲明我絕對沒給李廣送過禮，不信可查簿籍，如果上面有我，我死而無憾。戶部尚書周經就這麼做了。他老先生也是迂，如此為自己辯白，不顯得此地無銀三百兩？結果惹來許多嗤笑。

在李廣死後的一段時間裡，朝堂擾攘，鬧了好一陣子，但孝宗最後沒有把那幾本賄籍發出來，大概是因為送禮的人太多，賄單曝光，於朝廷面子不好看。這是給士大夫存體面！

經過弘治中期的一系列災異以及李廣敗亡這些事，孝宗開始捫心反省。大致在弘治十一、二年以後，一度消極迷失的孝宗又回復到他初即位時的狀態，他在位的最後六七年，成為一位勤勉政務的好皇帝

孝宗勤政，主要表現在三個方面：

一是勤上朝。

明中期以前的皇帝，上朝都還勤，就是憲宗，雖然不出來見大臣，但每天五更開始的早朝，他還是能按時出來坐班（稱「坐朝」）。孝宗即位之初，上朝也能準時，可到了中年，約在弘治八年以後，「視朝漸晏」，就經常拖後了，還不時免朝。但晚年頓改前非，「無日不視朝」。在皇上的表率作用下，「朝臣無大小，皆樂趨朝，以仰承德意」。大夥議起朝會上的事，誰要是答不上來，就知道此人「懶於朝矣」！據說當時每日早朝鐘鼓鳴響後，「則烏鴉以萬數集龍樓上」。看官不要以為鬧烏鴉不是好事，這種現象在風水堪輿上有個專門詞彙，叫「鴉朝」，被視作「弘治致治」的絕妙佳兆。

二是勤召對。

明代政治最大的問題，不是皇帝不上朝，而是皇帝不見大臣。自英宗以降，召見日稀。皇帝不見大臣，一切依靠「章疏一線」，就給宦官矇蔽弄權造成了空間。孝宗末年召對大臣頗勤，可參見李東陽的《燕對錄》。

當然，孝宗「召對之勤」，只是相對於深居九重、端拱不出的憲宗而言。《燕對錄》所記寥寥數次召見，與太祖、太宗及仁、宣二帝，甚至是（天順時期）的英宗，都是不能比的。大學士劉健曾多次就此進諫，他說，在祖宗朝，凡有咨訪論議，或親賜臨幸，或召見便殿，或奉天門，或左順門，屏開左右，造膝面諭，以為常制。就說宣宗吧，屢次降臨內閣，他坐過的那把椅子，至今還在內閣放著，臣等不敢中坐。英宗復辟後，亦經常召見李賢、陳文、彭時，或差司禮監太監牛玉、懷恩等一二人來閣計議。上有密旨，則用御前之寶封示，下有章疏，則用文淵閣印封進，直至御前開拆。這些，臣等耳聞目見。但因循至今，事體漸異，除了朝參、講讀之外，臣等不得復奉天顏。就是司禮監太監也很少來內閣，朝廷有命令，必傳之司禮太監，太監傳之管文書官，管文書官方傳至臣等。內閣有所陳說，也必告之管文書官，管文書官達之司禮太監，太監乃達至御前。

陸容《菽園雜記》記：天順中，一日太監曹吉祥至左順門（門內不遠處即內閣值房），請李閣老出來說話，為李賢所拒。李賢道：「聖上宣召，則來，太監請，我不來。」李賢之意，宣召閣臣的，只能是聖諭，豈可任太監招之來呼之去？曹吉祥見李賢不來，就派了兩個小宦官，硬把李賢扶來。李賢道：「太監你錯啦，內閣乃天子顧問之地，我等乃謹候顧問之官，太監傳聖上之命，有事來說，我等自合到此，豈可令人來召耶？」曹吉祥賠笑解釋：「不巧我腳病了，所以教人去請，先生恕罪！」當時內閣尚能維持體面如此。但李賢去世後，再有事，司禮監只令散本內官（文書官）來說，太監都不親自來了。成化中，就是閣老請太監議事，太監也不來。內閣體勢之輕，又非以前可比。

看看！內閣大學士是皇帝親近輔導重臣，與皇帝之間已隔了兩層（文書官和司禮太監），君臣互動，必須借助他們的中介，這是成化、弘治以來的常態。

這種狀態不變，則內閣積輕之勢也不會改變。故劉健登首輔後，多次建議，孝宗「若有諮議，仍乞照祖宗故事，或召臣等面諭，或親賜御批數字封下，或遣太監密傳聖意，使臣等有所遵奉，庶情得通達，事無漏洩，實為便益」。得到孝宗採納，所以後期召見閣部大臣的頻率大為提高。

三是勤於批閱本章。

關於這點，我們下章詳述。

第五章 「批紅」是這樣的

孝宗勤政的第三個方面，就是勤於批閱本章（「批本」）。

說起批本，必然想到一個明代的熱詞：批紅；說到批紅，又必然想到所謂「批紅權」和明代宦官專權。

那麼，什麼是批紅？批紅是否構成一種權力？

批紅又稱批答，是將皇帝的旨意用硃筆批於本章之上。

「批」與「答」原本不盡相同，「答」是君主對政事的裁決（答旨），表現為兩種形式：一是廷臣當朝奏事，皇帝玉音親答，該官承旨後，於奏本後自批所奉旨意，出外施行。這是官員自奏自批，在明初朝會制度還未廢弛時，是批答（即批寫答旨）的主要形式。如《明太祖實錄》卷一四九，洪武十五年十月庚子載：

> 命諸司奏事，凡大政事，如選官、發兵、賑濟、賞賜、免糧、宥罪，奏牘明書所得旨意。其餘錢糧刑名諸常行事，所司如律定擬具聞，止書「奏聞訖」，不得輒書「奉旨」；如律所不載，擬有未當，臨時奏請者，則備書所奉旨意。

諸司奏事，區分為「大政事」和「常行事」，有利於提高行政效率。大政事，君主當朝裁決，官員將所奉旨意記錄下來（即批寫）；而常行之事，如律奏聞，止書「奏聞訖」（已奏了）。雖然事體不一，但在奏事官員自批上，是一致的。

萬曆《明會典》卷七六《禮部三十四》載洪武十五年事例，寫得更明白：「凡五府、六部等衙門所奏事件，各官既已親奉旨意，奏本明白批寫，回本衙門自作施行。」諸司奏事後，即將皇帝答旨批寫在奏本上，然後回衙門施行。

對於京外本章，如在外的都司、布政司、按察司等衙門實封軍機、錢糧、刑名等事，並登聞鼓受詞，及各處差官徑奏事件，由通政司奏進，並由通政司官在奉旨後於本上批寫，送六科「抄出（旨意）施行」。

為了保證旨意不被篡改，還建立了防止詐偽的配套體系，這就是六科及紀察司（又稱典禮紀察司，司禮監的前身）宦官「隨朝錄旨」，這兩個機構將當廷所奉旨意記入「欽錄簿」，以便日後稽核查對。

綜合以上材料，可知明初各衙門早朝奏事，於「親奉旨意」後，即在奏牘後批寫所得旨意，或止書「奏聞訖」，然後「回本衙門自作施行」（嘉靖中，尚書霍韜引「太祖定制」，稱各部堂官的分工是：「尚書奏事，侍郎寫旨」）。

宣宗以後，朝會理政功能廢弛，在新的「（內閣）票擬—（御前）批答」制度下，天下本章奏進，由硃筆（不一定是皇帝本人親筆）在本章上做出批示（稱為御批、硃批），然後發出施行（由六科抄寫後發該衙門施行）。批寫就不再由奏事官員了，這是中樞決策機制變化之一端。

本章在左順門由接本官收入，送司禮監文書房，文書房簿記並經皇帝過目後，由散本官送內閣擬票。閣臣研讀本章，用墨筆在特製的小票上擬出處理建議，附於本內，即為票擬。票擬皆用皇帝的語氣，實際上是「代筆」的一種形式。票過本章，由文書官收入後，於御前「謄朱」。這項工作多由司禮太監代勞，他們「遵照內閣票來字樣」，用紅筆楷書在本章上批寫，這就是批紅，即為裁決了。

可見，內閣與司禮監「備員禁近，職掌相關」，圍繞著章疏而對朝政發揮影響，並相互制約。

顧炎武有一句名言：「內閣之擬票，不得不決於內監之批紅，而相權轉歸之寺人。」從內廷公文處理程序上來講，內閣擬票只是提出決策參考，批紅謄真才是最後的裁斷。誠然，太監離皇帝更近，關係更親密，他們處於決策的「高地」和鏈條的終端，對旨意的影響力更大一些。如果皇帝不能有效地保持二者的平衡，確有「相權（閣權）轉歸之寺人（司禮太監）」之弊；事實上，在明朝的大多數時間裡，太監都有力地牽制著閣臣，而閣臣對太監的牽制力則較弱。

司禮監掌理御前文書章奏，是皇帝在內的輔導班子；司禮太監所發揮的作用，一是參謀，一是代筆。

參謀，即司禮太監就近為皇帝提供諮詢——所謂「參機務」，即指此而言。

明朝的司禮太監，尤其是參預機務的「秉筆太監」，不僅要精於文詞筆札，更要熟悉歷朝典章條例，以備皇帝顧問。如孝宗就曾說過，「朕在內勢孤，如（太監）陳寬、李榮，庸劣不足慮，惟蕭敬悉故事，朕所須問，然不假以權」。蕭敬「悉故事」，就是說他熟悉典章。孝宗說「不假以權」，是對太監有防忌之意，若不知防忌，偏聽偏信，就可能像正統王振、正德劉瑾那樣，造成宦官專權。

在處理本章時，皇帝會徵求司禮太監的意見，並授權他們批寫本章。

從明初史實來看，天子大權在「答」（裁決），而不在「批」（奉旨批寫）。司禮監批紅，並非竊主上之權，它不過是將外臣批寫改由內官批寫；而這一轉移，也並非由於天子厭政或宦官攘奪，而是隨著朝會制度的廢弛、中樞決策機制的轉變必然引起的變化。

自「公朝決政」為「票擬批答」所取代，行政方式由完全公開變得較為隱祕，自此大政之決斷，便無能無「威柄下移」之疑。

一個典型的例子是，正統五年，封於廣西的靖江王遣千戶劉順齎奏上京，除向朝廷進本外，還攜帶奏稿二紙及銀十四兩、黃金六條，送給大學士楊榮，以「方便其事」（希望楊榮在擬旨時提供幫助）。此事被朝廷知道了，敕責靖江王：「王以為朝廷之事皆出臣下乎？」又道：「朝廷一切賞罰予奪皆朕遵依祖宗成法，親自處決，何嘗出於臣下？」

此敕雖以十四歲的英宗的口吻說話，然頗有自白之意，應出太監王振之手。

史言楊榮正統五年回鄉省墓，太監王振誣以納賄，楊榮聞告急歸，中瘴死於途，應該就是這件事。其實當時楊榮並不在京，納賄之詰似不足懼，可懼者在「臣下專權」之責。敕書說：「王今所為如此，意必有在，須從實奏來，不可隱匿。」要靖江王自陳，為什麼送金條給楊榮？是不是你以為，朝廷之事皇帝自己做不了主，全受制於臣下？

事實是，自英宗沖年即位，朝講及早朝奏事俱廢，間一出朝，「（王振）獨立在旁，於是群臣不得召對，或有召對亦不敢詳盡」。堂陛萬里，上下不交，「凡有章奏，悉出內批」，也不知是英宗親批，抑或奸臣擅權——所以當英宗親征時，朝臣都認為它是被王振挾制的。

王振雖急於自白，但朝政決策不公開，這是事實，不管他如何自辯，都不可能釋天下之疑。有明一代，無論是監還是閣，均承受著「專權」、「竊政」的輿論壓力。

英宗復辟後，已入中年，在親嘗世道艱難和人情冷暖後，頗勤政事。他的生活非常規律：每天五鼓二點起床，齋潔具服拜天后，就是「省奏章」。剖決訖，換衣服拜謁奉先殿。禮畢即出視朝——在上朝前他已做了許多事。

退朝後，至文華殿，召見大臣，商榷諮議政事（天順時，英宗接見大臣還是較為頻密的）。召對罷，復省奏章，然後回宮進膳。這時可以休息一會，到午時初刻（十一點多鐘），復省奏章。處理完政事，如果還有暇，就聽聽內政，把後宮的事處理一下。

英宗每天都循此定規與定時，從不敢有誤，每天都要忙到晚上就寢。

天順二年（西元一四五八年），英宗對閣臣李賢說：「朕每得奏章，無不親閱，易決者即斷，有難決者付卿等計議，期必當而後出。」他說每一本奏章，都要親自批處，事理簡明的，即予裁斷，如遇疑難，必付內閣商議，務求妥當，不致有失。

李賢道：「臣等所見未必皆當，更望陛下留心審處，務求至當，然後施行，則政無不善者矣。」

英宗道：「然。」

他又說一件事：「左右或以為萬機至繁，一一親覽奏章，未免勞神，恐非養生之道。」左右內臣之言，也許真是為英宗好，朝政實在太多了，如果每件事都要親自處斷，的確是很勞心勞形的，時間久了，身體也受不了。

英宗是怎麼回答的呢？他對左右說：「我以一身繫天下安危，豈可自求安逸享樂？如果能以我一人之勞，換得億兆之民的安逸，我也願意！」左右就再不敢說那些話了。

據說英宗精明異常，「每覽封疏，或有一二字可疑，輒取本映日視之，曰：『是磨改者！』指示左右，莫不驚服。」他不單批處本章勤，誰想在本章裡搗鬼，根本騙不了他，就是磨洗塗改一兩個字，他也能察覺。可見英宗對左右近臣是懷有猜疑之心的。我想，假如王振復生於天順朝，他也不可能再像正統年間那樣擅權用事了——因為主上已多疑！

據以上材料審之，天順中英宗頗專斷，故此閣權不振，司禮監亦難有所假借。

英宗是經過人生磨難的人，對治理格外用心，但後來之君，生長深宮，安享太平，宮車漸宴，不親大臣，太監專攬批本，遂為成、弘以後的痼疾。而最大的問題，就是皇帝不見大臣，不與大臣商榷政事。如皇帝頻繁召見大臣，則太監無法作弊，對閣權也是一種支持。

弘治十年（西元一四九七年）三月，經筵罷，忽傳宣閣臣，召對於文華殿，史云：「自（孝宗）即位以來宣召顧問，實自此始。」真是很難想像，皇帝即位十一年了，這才忽然想到要召見輔政大臣！

當時的閣臣，是大學士徐溥、劉健、李東陽、謝遷。

四人進至文華殿御榻前，已見司禮監諸太監環跪於御案兩側。孝宗拿出各衙門題奏本章，說道：「看文書，我與先生們商量。」於是太監取過本章，交與徐溥與劉健，又分置朱硯硃筆，將幾方不大的紙遞給李東陽和謝遷，請他們就在御前擬寫硃批。

徐溥等看過本章，相互議定批辭，然後寫於紙上，逐本進呈。

孝宗看過，即親筆批於本章的封面，或更定幾個字，或刪去一兩句話，皆應手疾書，略無疑滯，顯然對皇帝的日常業務是很熟練的。

其中有一本是山西巡撫奏請提問一副總兵，孝宗問：「這一本，當如何處？」徐溥道：「此事不大，副總兵恐不必提，止提都指揮以下三人可也。」但孝宗自有主見，他道：「然邊情事重，小官亦不可不提耳。」

又見閣臣於禮部本上擬一「是」字，孝宗道：「天下事亦大，還看本內事情。」就取過來看，道：「是只須一『是』字足矣。」

又一本，劉健奏：「此本內事多，容臣等下去細看擬奏。」孝宗道：「文書尚多，都要一看，下去也是閒，就此商量豈不好？」又指其餘本章道：「這些都是常行事，不過批作『該衙門知道』就行了。」

待本章處理完，太監賜茶，閣臣退出。

以上是明代史料中非常少見的，君臣在內廷一起批處文書的記載。

雖然閣臣在御前只是試批數本，且「時出急召」，連賜茶都是倉促備辦。我揣孝宗的用意，可能是因為外廷「凡百章奏皆付內監條旨批答」的譏議太盛，他想讓閣臣看看，他是明習政事的，且政出親裁。所以一召之後，無以繼之，下一次召對，已是弘治十三年四月間的事了。

明孝宗擁有「弘治致治」的美譽，中年以後尤勤政，據《玉堂叢語》記載：弘治七年以後，孝宗上完早朝即幸文華殿，司禮監奏進天下本章，御覽一過，大事親批，庶事發內閣調帖，然後送司禮監批行。

從這個記載來看，弘治中批紅與天順中又不同，天子只批「大事」（包括升除、災異、征伐、緊急錢糧、緊關工程、囚犯等），內閣調帖、司禮監批行的，皆為「庶事」。皇帝親批與太監代批的格式不同：聖批在本面正中，調帖批在旁，外廷一目瞭然。這或許算作君臣的一種分工吧，清清楚楚，可供稽核查對。

弘治十年召見閣臣，令徐溥、劉健等於御前用硃筆調帖，孝宗有所去取而批之，如果換一個角度看，平常諸司禮環侍左右，應該也是這樣行代批之事的。

皇帝日理萬機，政務繁重，不可能本本都親批，故須令太監代筆。其實，不單皇帝硃批需要太監代筆，就是內閣票擬，也要請人幫忙，幾個人是根本忙不過來的。

弘治十二年，孝宗出於「慎重機務」和「防閒漏洩」的考慮，讓太監陳寬去內閣傳旨，要求「今後凡有擬票文書，卿等自行書封密進，不許令人代寫」。大學士劉健就說：「臣等不習楷書，字畫鈍拙，恐不能一一自寫。除事理重大者自行書寫封進，以聽聖裁，其餘仍乞容令中書代寫，臣等亦當申嚴戒飭，勿致漏洩」。表示根本沒法不請人代寫。

實際上，是否代批與代寫並不重要，關鍵是天子對本章必須過目，不可完全託付於人。由於孝宗對臣下專權有所注意，故弘治朝無權閹，他又能親近儒臣，故亦無佞幸之禍。這是弘治一朝朝政較為清明的主要原因。

第六章　監閣共受顧命

孝宗晚年，頗有志於興利除弊。他特別信任兵部尚書劉大夏，經常召見，「（大夏）造膝奏對，所謀雖輔臣不與聞」。

說到劉大夏，他有一件舊事值得一提。

那要從明初的「下西洋」說起。大明王朝自宣德五年（西元一四三〇年）最後一次遣太監下西洋後，已有近三十年沒有往海外派遣使者了（唯陸路相連的朝鮮是例外，琉球也偶一行之）。近代以來，出於面向海洋世界的需要，人們對「鄭和下西洋」的意義拔得很高，給它添附了許多浮譽之詞。其實永、宣中遣使下洋，不過為了宣威海外，快慰帝王君臨天下的傲嬌之心（打的口號是「懷柔遠人，萬國來賓」）；另外也為了搜求海外奇珍異寶，滿足宮廷不斷擴大的消費需求。與什麼海洋精神、藍色文化、地理大發現、殖民擴張、控制海上航線及資源等完全是風馬牛不相及。說白了，就是勞民傷財的一件事，宣德以後就不幹了，一是幹不得，二是幹不起——太費錢！

後來的皇帝不是沒再動過這樣的念頭，比如英宗復辟僅數月，就派都指揮馬雲等出使西洋，廷臣無人敢諫，倒是一個叫張昭的忠義前衛小吏上疏反對，英宗才緊急叫停。「不知何許人」的張昭，就此一件事，《明史》裡就給他留了一席位置。

成化中，對金珠寶貨的需求呈膨脹性增長，國內卻不產這些東西，只能向海外購求。於是有太監向憲宗提議，老祖宗時，曾遣使下西洋諸番搜求異寶，咱也可以幹呀！憲宗說好哇，馬上差宦官到兵部去查檔。

下西洋在那個時代可不是一次說走就走的旅行。「海外」有些什麼國家，海路如何，風訊如何，兩眼一抹黑，連船都不曉得往哪個方向開，需要借鑑鄭和的經驗。

這些檔案都藏在兵部車駕司。當時車駕司郎中（相當於司長），就是劉大夏。

兵部尚書項忠見是宮中來使，不敢怠慢，就派一個都吏到庫裡去查。這些檔案封存了幾十年，沒人動過，積了厚厚一層灰。可那都吏找了半天，蒙了一頭灰，赭著臉出來，卻說沒找著。項忠大怒，檔案都編有字號，就在庫裡，它又沒長腿，自己不會跑，怎麼會找不到？分明是不上心！就將都吏打了一頓，責令他再去找。如是三次，始終沒有找到那批舊檔。項忠也莫名其妙，只好照直復奏。剛好科道聽到朝廷又要折騰下西遊，連章極諫，這事也就不了了之了。

事後項忠覺得奇怪，這麼多檔案不可能找不到呀，其中必有緣故，又把都吏找來問：「庫中案卷，怎麼能丟失？」這時，車駕司郎中劉大夏在一旁微笑道：「三寶太監下西洋，所費錢糧數十萬，軍民死者亦以萬計，縱得珍寶，於國家何益？此一時敝政，大臣所當切諫者，舊案雖在，亦應毀之，以拔其根，哪裡還值得追究其有無？」

劉大夏這一番正言，臊得項忠滿面赤紅，不好再問。劉大夏之笑是有原因的，原來，當宦官來索下西洋水程時，都吏還未入庫，作為本司郎中的他已先行一步，到庫中將檔案藏起來了——這還哪裡去找！

劉大夏是天順八年進士，中舉後改庶吉士，散館[21]後，他放棄有著大好前程的翰林官，自請「試吏」，願意到六部做一些具體工作，被任命為兵部職方司主事。這在當時是很不為人理解的一件事。以後除了在外任督撫，他大部分時間都在兵部工作，一直做到兵部尚書。

上面講他藏匿下西洋舊檔的事，見嘉靖十五年《灼艾余集》，也是傳聞最多的一種（也有說是「取而焚之」）。而《明史．劉大夏傳》所記是另一個版本，稱「汪直好邊功，以安南黎灝敗於老撾，欲乘間取之，言於帝，索永樂間討安南故牘。大夏匿弗予，密告尚書餘子俊，曰兵釁一開，西南立糜爛矣。子俊悟，事得寢」。

明代筆記說的是劉大夏阻止下西洋，《明史》說的是阻止征安南，事不同，唯「故牘」相同。劉大夏藏匿或焚燬的到底是什麼檔案，已經搞不清楚了。這件事在過去廣受讚譽，被記入多種筆記，甚至收入正史本傳，認為劉大夏行事有魄力，阻止了一項惡政的復活。現代學者則認為劉大夏此舉因噎廢食，反映了「封建士大夫的僵化保守」。

這些檔案如果保持下來，一定極有價值，如萬曆中《客座贅語》一書的作者顧起元所說：「意（這些檔案）所載必多恢詭譎怪，遼絕耳目之表者」，可補《星槎勝覽》等書「紀纂寂寥，莫可考驗」之缺。歷史學家向達先生也說：「歷史上像劉大夏這類焚琴煮鶴的道學先生真是不少，實在令我們考史的惋惜不已！」然而他們都是從存史的角度來討論，如果從具體的環境來考察，則將這批檔案焚棄，確是

21 明代科舉考試結束後，從成績優秀者中挑選一部分人為庶起士，集中在翰林院學習，學習期滿，再分配工作，稱為「散館」。庶起士一般都有較好的分配，以入翰林者為最優。

阻止朝廷不當作為的簡潔方式。

透過上面這件事，可略知劉大夏的為人。他是一個有見識、敢於擔當的人，故此深得孝宗倚信，有些事只同他商量，連內閣都不能與聞。

君臣對話，凡有所問，劉大夏皆對答如流，有一回「語及左右」，劉大夏有所忌諱，稍稍囁嚅。孝宗笑道：「卿亦畏之乎？朕未嘗比暱宦官也。」遂屏退左右，進行了深入的交流。

孝宗問：「朕守祖訓，不敢逾分漁民，但為什麼各省歲奏，還是說民窮而亡呢？」劉大夏曾任兩廣總督，他叩頭道：「臣在廣東久，就拿廣東事來說吧。好比市舶司一個太監，他一年所斂，就抵得上闔省的官俸，這些都剝削自小民。」劉大夏因孝宗之問，痛陳冗官之弊，其弊之大者，尤在於宦官。

孝宗聽了，嘆道：「此弊久為國家之病。」就說了一番心裡話，他道：「朕在內勢孤，如太監陳寬、李榮，庸劣不足慮。惟蕭敬悉故事，朕所須問，然不假以權。」顯然，孝宗是不願意人們認為他寄信宦官的，但對劉大夏所說革除冗官這件事，他感到「卒難大更」，還是以緩圖為佳，「但老者死，或以罪罷，不令嗣代可也」，即等那些添設的宦官，老的老，罷的罷，不再派人代任，就慢慢革除了。

據說，他們君臣在密談時，有一小閹伏於簾後竊聽，大夏之言遂流播於內。劉大夏為此深深得罪了宦官，正德初年竟遣戍甘州，禍根即在於此。

弘治十八年五月初六日，孝宗大漸。

《明史．孝宗本紀》記：「五月庚寅，大漸，召大學士劉健、李東陽、謝遷受顧命。」本紀的記載很簡單，也很不全面，因為同時「受顧命」的，還有司禮監諸太監。

「顧命」一詞，來自《周書》。書曰，周成王將崩，命召公、畢公率諸侯相康王，因作《顧命》。

孔穎達疏：「顧是將去之意，此言臨終之命曰顧命，言臨將死去，回顧而為語也。」一般來說，天子去世時，嗣君還小，天子遺言託付，令大臣好生輔導，受命者（如召公、畢公），便是「受顧命」。

那麼，太監可受顧命嗎？

許多人認為不可以——太監為閹奴，豈可受顧命？萬曆初年，太監馮保以「顧命大臣」自居，神宗大婚時，朝廷賜給他的敕書也承認他承受顧命，然而馮保一倒台，「妄托顧命」立即成為他的一條重罪。

明代人修史，覺得在「先帝臨終託付」這幅圖畫中出現太監，畫風太刺眼，都會刻意將其抹去，或迴避實質性問題：太監在那兒，到底是侍奉，還是作為「內廷大臣」，同受顧命？

事實是，明朝每一位皇帝在駕崩前，都有太監環侍榻前，與輔政大臣共受臨終遺言。像永樂皇帝在北征軍中去世，由於事發突然，身邊僅太監數人，他噤氣前說了什麼，只有太監知道，然後由太監轉告輔臣。再者，從體制上來講，明代是「監——閣」內外夾輔、共理機務，皇帝在生前倚靠這一對左右手治理天下，他臨終時將天下託付於這兩隻手，亦是理所當然之事。

因此我認為，明代太監是承受顧命的。

明代一共有十三部實錄，對皇帝去世都寫得非常簡略，從「大漸」到「崩」，就是不多的幾個字。但《明孝宗實錄》是個特例，它對孝宗去世前一天召見內外輔臣的情形記載頗詳。我們來看看那天到底是怎樣的情景——

五月初六日天剛亮，司禮監太監戴義忽然來到內閣，急召劉健、李東陽、謝遷三位閣臣入見。首輔劉健見戴義神情緊張，似乎還有點手足無措，忙問何事？戴義悶聲道：「萬歲爺……不行啦！」三位閣老大吃一驚，自月初以來，皇上就沒有視朝，端午節那天，例常的節宴也免了，大臣具本問安，只說在調理，已漸痊可，所有公文照常批發，未見異常，怎麼一下就不行了呢！

閣臣不及細問，略整了下衣冠，緊跟著戴義，急趨入內見駕。

在乾清宮東暖閣，孝宗穿著日常的便服，坐在龍床御榻上，看起來並沒有病危人常有的昏迷之態。閣臣稍微鬆了口氣，忙近榻前，叩頭問安。

孝宗點了下頭，口裡說「熱甚！不可耐」，命左右取水來，拿一塊軟布打濕了，在舌頭上擦拭。然後對閣臣道：「朕嗣祖宗大統一十八年，今年三十六歲，乃得此疾，殆不能起。」劉健等見皇上出語不吉，寬慰道：「皇上御體偶爾違和，何以遽言及此？臣等仰觀聖體神氣充溢，是萬壽無疆之相，請皇上寬心調理無憂。」

閣臣的慰言並沒能令孝宗振作，熟讀醫書的他太瞭解自己的病情了！接下來，他開始自述即位始末，娓娓道來，說得很詳細，似在回憶自己的生平。

他忽然停住，指示司禮太監記錄。扶安和李璋忙捧來紙、硯，戴義執硃筆，跪於榻前，準備記錄，陳寬、蕭敬、李榮俱跪於床下。

孝宗口授遺囑道：「朕昔侍太皇太后（周太后）宮闈，及長，蒙先皇厚恩，選配昌國公張巒女為後，於弘治四年九月二十四日誕生皇子厚照，冊立為皇太子，正位東宮，年已長成，主器、婚配不可久虛，禮宜擇配，可於今年舉行。」交待完皇子即位、大婚，又說了幾件事，然後從戴義手裡接過筆錄，對遺囑內容隨手改易，再將定稿交給太監。

他拉住劉健的手，深情地道：「先生們輔導辛苦，朕備知之。」又道：「東宮聰明，但年尚幼，先生們可常常請他出來讀書，輔導他做個好人。」語言親切，宛如對家人父子，劉健等聽了，忍不住抽泣出聲，對道：「東宮天性睿智，今年盡勤學，望皇上寬心少慮，以膺萬福。」

孝宗還和閣老們說了許多話，「語久，玉音漸清」，神思不亂，據閣臣回憶，孝宗「反覆告諭，若不忍釋。前後數百言，不能悉記，謹識其大者如此」。

第二天上午，孝宗又召見太子朱厚照，當面叮囑：「朕不豫，皇帝與東宮做，禮儀悉依先帝遺典，祭用素羞，東宮務遵守祖宗成法，孝奉兩宮，進學修德，用賢使能，毋怠毋荒，永保貞吉。」這一段文字就沒有上節那樣生動了，顯系太監筆錄，是勸勉太子之意。

當天午刻時分，忽有旋風大起，塵埃四塞，三殿為雲氣籠蓋，遠遠望去，雲端似有人騎龍上升，京城裡有許多人看見了，正在驚異，宮裡就傳出孝宗「升遐」的消息。

在孝宗口授遺囑的現場，司禮監全班太監都在，旁聽或筆錄遺言，看官覺得司禮太監們算不算承受顧命？我的理解，在如此重要的場合，聆聽天子交待遺言，就算是受顧命。再說，等皇太子即位後，還不得司禮監與內閣一起輔導他麼？

當時在場太監，陳寬、蕭敬、李榮、戴義、扶安、李璋，一共六人。何喬遠《閩書》卷一三九《宦寺志．蕭敬傳》云：「孝宗大漸，（敬）與閣臣劉健等同承顧命。」又蕭敬墓表為大學士楊一清所作，關於此節，亦記：「（弘治十八年）乙丑，承顧命，（孝宗）以東宮為托。公泣對曰：『臣敢不極力！』」這些記載都說蕭敬是受顧命的。

弘治時代的餘波——

孝宗在明代諸帝中聲譽甚好，有「中興」之稱，他在位十八年，獲得「弘治致治」的美譽。

然而孝宗之死，太過急驟，從實錄的記載來看，他在去世的當天和前一天，分別召見了皇太子、閣臣和太監，交待後事，看起來神氣清朗，說了許多話，沒想到忽然就走了。

他在託付皇嗣時的一個動作，令人懷疑。五月分雖然天氣已熱，但在宮殿裡坐著，也不至於喊「熱甚，不可耐」，要不停地拿濕毛巾擦舌頭——這是內火燥熱的症狀。

宮中還有傳言，說孝宗是被庸醫用錯藥害死的。

在孝宗去世八天後，司設監太監張瑜、掌太醫院事右通政施欽、院判劉文泰、御醫高廷和等，即孝宗醫療班子的全體負責人，全部「有罪下獄」。

據說，孝宗在禱雨齋戒時受了風寒，命張瑜會同太醫院議方藥。張瑜以太監的身分領御藥局，相當於內廷醫護小組組長。張瑜和劉文泰、高廷和等人議了一下，就把藥開出來，送給孝宗吃。後來又與施欽、太醫院判方叔和、醫士徐昊進了幾次藥，都不對症，孝宗的病勢就加重了，最終不治身亡。

這個消息一傳開，給大喪期間的朝廷造成一種強烈的衝擊，輿論大嘩，「中外痛恨」，包括英國公張懋在內的大臣以及科道官員紛紛「交劾其惡」，要求對「兇手」加以重懲。

他們認為，大明律中的「庸醫殺人」律，是為普通人設的，而此事關系到「人主」，「失宗廟生靈之望，是為天下大害，罪在不赦」，故應依照「合和御藥誤不依本方」律，作為十惡不赦的大不敬之罪，加以「顯戮」，以洩神人之怒。

嗣君朱厚照傳令旨，將張瑜等人逮送都察院，會三法司鞫問。

這個案子有意思了，在審理過程中，張瑜等極力狡辯，大理寺卿楊守隨提出要用刑，卻遭到與審同列的反對，只是由於楊守隨堅持己意，才用了杖刑——犯人都打不得，令人猜想。

幾天後，都察院左都御史戴珊會同英國公張懋、吏部尚書馬文升等將審理結果奏報，稱張瑜曾奉命修理藥料，與劉文泰等假借買藥，侵盜官錢；及纂修《本草》，又推薦好友劉文泰及高廷和等同事，並緣為奸。先帝不豫，張瑜欲援引劉文泰等，希圖僥倖，輒用其藥。施欽及院判方叔和、醫士徐昊等相繼診視，俱藥不對證。

張瑜等人的罪狀明明白白的，不含糊！都察院認為，張瑜、劉文泰、高廷和應比照「諸司官與內官交結作弊而扶同奏啟者」律，各處斬。得旨，遂將張、劉、高三人依律論死。

看官看，這案子斷得如何？

不知內情的人一瞅，會覺得挺公道，人不都判了死刑嗎？罪有應得！

而事實是，這判決裡是有玄機的。

張瑜等人的罪狀就擺在那裡，是死是活，就看靠哪條律文。目前出現三種選擇：庸醫殺人律、合和御藥誤不依本方律、諸司官與內官交結作弊而扶同奏啟者律。英國公張懋原先強烈建議靠第二條，但會問之後，擬的卻是第三條。這兩條，哪個處罰更重一些呢？是第二條「合和御藥誤不依本方律」，如認定張瑜等用錯了藥、害死了皇帝（「用藥非宜，致誤先帝」），正如張懋所言，罪在不赦，必須從嚴立即處死，犯人是無法逃罪的。而「諸司官與內官交結作弊而扶同奏啟者律」，雖然也適用死刑，但不必立即執行。同樣是死刑，只要不立即執行，留待秋後，就有轉圜的機會。兩者的差別就在這裡。

當時就有明眼人指出，這是有大臣「陰厚」高文泰，故意不用「合和御藥大不敬」正條，而比依「交結內官」一律，故意替罪人脫罪——「其後（張）瑜等遂以為解脫之地」。

這位「大臣」不知為何人？總歸地位不低，否則幾天前還那麼憤慨的張懋，怎麼才轉眼態度就變軟了呢？

我認為，有如此能量的，絕對不會是「大臣」，而應該是某位內廷大佬。楊守隨就是沒有像張懋那樣睜一隻眼閉一隻眼，忤了這位貴人之意，不久後被迫致仕。

果然，當年秋決時，張瑜等人沒有被處決。

第二年九月，又是一年秋決時，這幾位用藥害死了先帝的大罪之人，依然好好地活在大牢，雖不甚快活，好死不如賴活好嘛！雖「識者恨之」，也是無可奈何。

一件疑似用藥害死了皇帝的案子，要擱在別的朝代，譬如大清，那「犯罪嫌疑人」會是啥下場？能容他偷生？能容內廷大佬替他轉圜？朝綱哪裡去了？任著臣下弄權，「專制君主」的雷霆威嚴哪裡去了？

這件本該是大案卻沒什麼社會反響的案件，可以說是已經開始的武宗時代的第一宗案，結果竟如此了局。那未來的正德王朝會是啥風貌，恐怕不難預言了吧！

第四卷

一瑾死，百瑾生

關鍵人物

劉瑾、高鳳、黃偉、張永、谷大用、馬永成、魏彬、丘聚、張忠、張銳、畢真

第一章　名起「八虎」

王世貞《正德宮詞》有這樣一首詩：

綈案東頭有皀囊，不知疇日進封章。
付教河下金璫手，莫遣君王甲夜忙。

說的是明武宗正德皇帝朱厚照，只顧著沒日沒夜嬉戲，將朝政盡付金璫（璫本為漢代宦官帽子上的裝飾，亦借指宦官）之手，一十六年間，造成一個上荒下亂之局。

正德年間「宦官亂政」，可分為兩個時期：前期為初年司禮太監劉瑾「擅權」，天下莫不畏懼；劉瑾死後，彷彿打死齊天大聖，落了一地猴毛，化作無數猴兒（群閹），是「一瑾死，百瑾生」的格局，眾多宦官爭寵恣亂，大壞朝綱。

這一卷，我們就從大太監劉瑾說起——

明朝最著名的大太監有三位：前期是王振，晚期是魏忠賢，夾在中間的，是劉瑾。這三位中，王振早在宣德年間就已經做到司禮太監，正統十餘年，他利用英宗年少和對他的絕對信任，形成「專權」的地位，為時最久；魏忠賢本為一鄙夫，至熹宗即位，方才恣睢，前後鬧騰，不過七年；而劉瑾「用事」，是在正德元年（西元一五〇六年）十月入司禮監後，至五年（西元一五一〇年）八月事敗被殺，專擅之日最短，也就四年時間。

劉瑾之為人所知，首見於「八虎」（或稱「八黨」）之名。成書於嘉靖年間的高岱《鴻猷錄》卷一二《劉瑾之變》載：「正德初，（劉）瑾與馬永成、谷大用、張永、魏彬、羅祥、丘聚、張興等俱以青宮舊閹用事，與上同臥起，中外目為『八黨』。」《明史．宦官傳一》則記：「武宗即位，（劉瑾）掌鐘鼓司，與馬永成、高鳳、羅祥、魏彬、丘聚、谷大用、張永並以舊恩得幸，人號『八虎』，而瑾尤狡狠。」《鴻猷錄》與《明史》都是重要史料，其所記「八虎」或「八黨」之名略有參差，前者有張興，後者有高鳳，余皆同。

「八虎」之名，見於《明武宗實錄》，但沒有具體指名。武宗之初，其東宮舊閹「導帝犬馬鷹兔、舞唱角觝之好，宴遊無度」，朝臣多有點名，如大學士劉健、謝遷、李東陽「以內侍劉瑾、馬永成、高鳳、羅祥、魏彬、丘聚、谷大用、張永等蠱惑上心，連章請誅之，皆留中不出」。剛好是八個人，且排序與《明史》一致，故《明史．宦官傳一》所記「八虎」應據此而來——只是實錄並沒有說，這八個人就是「八虎」。

據我查考，當時確有「八虎」一說，如李夢陽《空同集》卷三九《秘錄》說：「初，今上（武宗）即位，青宮舊閹等日導上犬馬鷹犬，舞唱角觝，漸棄萬幾罔親，時號八虎。」李夢陽時任職戶部，參與了朝臣對武宗寵閹的驅逐鬥爭，他是當時人兼當事人，所記應真，但他對「八虎」為誰，沒有指名，只說是「青宮（即東宮）舊閹」。

「八虎」之外，還有「七黨」一說。

《繼世紀聞》的作者陳洪謨也是當時之人，他記道：「逆臣太監劉瑾，並馬永成、谷大用、魏彬、丘聚、羅祥、張興七人，皆東宮舊侍御，時稱為『七黨』。」他的名單中，少了高鳳、張永，而有張興。

正德初，遭到朝臣激烈批判的那些宦官，都有一個共同特點，即出身東宮，都是「青宮舊閹」。但高鳳名列其中，卻讓人感覺有些突兀。

高鳳生於正統四年，景泰七年受學內書館，天順二年「領司禮書札」，是司禮監老人。弘治五年，任東宮典璽局丞，侍武宗講讀；十一年進司禮監太監，仍兼典璽局事——他是武宗在東宮時的主要管事內臣，確為「青宮舊閹」。但高鳳在弘治十六年「以疾告」，病休在家，直到武宗登極，才重回司禮監視事。高鳳是司禮監前輩，正德元年已經六十八歲了，資歷遠在劉瑾、張永等後進之上。

有意思的是，高鳳被有些人視作奸邪，多次將他與司禮太監李榮放一塊，指責他們「納賄招權，顛倒國是」；但有時他又與形象較好的黃偉（也是東宮太監，武宗即位後任司禮太監）一起，被人數落，說他們作為青宮舊臣，「坐視顛危」，無所論救，頗有期許之意。《明武宗實錄》記閣臣指責劉瑾、高鳳等人「蠱惑上心」，連章請誅之，可高鳳的墓誌（《大明故司禮監太監高公墓誌銘》）正出自大學士李東陽之手，卻對他頗多稱許，說「一時新政，裨益居多」。這都是矛盾的。

高鳳地位很高，他被論劾，性質與劉瑾、馬永成等人完全不同。他的主要問題是「恃寵弄權」。

正德元年，高鳳推辭本人應得升賞，請朝廷將恩典移贈給他侄子高得林，通過傳旨，而不是兵部推舉的正常途徑，讓高得林在錦衣衛管事。科道對此表示強烈反對，認為高得林以司禮太監之侄管錦衣衛事，是高鳳「在內為心膂」，得林「在外為牙爪」，叔侄倆一個在內掌機務，一個在外控制緝事大權，如此「內外偏重」，非朝廷之體，也非高氏之福（這是以危言動之）；言路還指出，如果宦官弟侄爭相傚尤，凡違規之事皆「旨從中下」，那朝廷「選法」（選官之法）還不敗壞得一塌塗地？為此請求將高鳳叔侄一併罷免，「以懲壟斷」。高鳳遂稱病乞休，主動辭去司禮監的工作，使高得林的任命得以保留。此事在正德元年十月，也就是朝臣聯合司禮監，嚴劾「八虎」，雙方即將展開對決的前夕。

可見，如果以劉瑾、馬永成、谷大用等為代表的東宮嬖倖合稱「八虎」，高鳳雖亦為「虎」，卻似不應在「八虎」之列。

關於「八虎」的記載不一，原因很複雜。

首先，武宗少年即位，因為貪溺遊戲，群閹趁機奮起，但其中哪些特別縱恣，哪些稍微安靜，多為傳言，而傳言不一，朝臣在彈擊時，對象也就不能完全一致。

其次，各人的觀察角度和評判標準不一樣。好比著名「八虎」的張永，其政治生命貫穿整個正德朝，為明王朝立下了很大的功績，可稱一代名宦。有些作史者便不大願意將他計入「八虎」，或設法為其開脫——畢竟「八虎」只是一時口號，而評價一個人，則應考察其一生的事功。好比明末太監劉若愚在《酌中志．自序》中說：「劉瑾八黨，六賊附焉，吁嗟乎張永！吁嗟乎蕭敬！亦曾不幸墮落其間。」指「八黨」中有「六賊」，還有兩位「不幸墮落」者，張永、蕭敬屬於不幸濕身者，應與劉瑾等大奸區別對待。[22]

不管怎樣，武宗初年的這七或八隻「大老虎」，都具有「東宮舊豎」的身分，他們隨著武宗登基，「並以舊恩得幸」，遂乃呼嘯一個時代。

以上這些名字中，張興、羅祥不知為何許人（他們在國史中沒有記載），高鳳廢退較早（正德元

22 劉若愚將蕭敬當作「八虎」之一，應為誤記。據蕭敬墓誌，他在正德初「告歸私第」，直到正德七年才復出。

年退休，七年卒），而其他六人：劉瑾、張永、魏彬、谷大用、馬永成、丘聚，都是正德年間風生水起的大太監。

綜合考察正德一朝「宦官史」的大勢，在正德五年前，大太監之間鬥爭異常激烈，尤其是劉瑾與張永不合，最後以張永的勝利結束了明代歷史上第二次「宦官專權」；在接下來的十年，是群閹亂政的局面，但沒有任何一名太監能達到劉瑾那樣操縱朝政的程度。王世貞用「一（劉）瑾死，百（劉）瑾生」來概括，是非常形象而精當的，因借用為本卷之名。

劉瑾在正德元年前不見於國史，綜合各家載記，他在正德以前的經歷大致如下：

景泰年間入宮，成化中領教坊司見幸。弘治初，擯茂陵（憲宗陵）司香。後以李廣之薦，入侍武宗於東宮。李廣死後，坐奸黨充南京淨軍。夤緣起用後，復因乾清宮災發配。又召回內府監局僉書。太子即位，掌鐘鼓司——劉瑾過去的經歷，亦可謂一波三折！

明宮的鐘鼓司，與外廷教坊司職責相關，差似「內廷歌舞團」。在成化年間曾以「領教坊司見幸」的劉瑾掌了鐘鼓司，可說做回了老本行。

看官不要以為劉瑾做了「歌舞團團長」，就是內廷文化名人了。鐘鼓司是內府「二十四衙門」中的「四司」之一，在內廷屬於冷局和下下衙門，在此衙門任職者，為人所輕視，時人說：「內職惟鐘鼓司最賤，至不齒於內廷，呼曰『東衙門』。聞入此司者例不得他遷，如外藩王官。」這話十分有理。您看哪，劉瑾早在成化年間就領教坊司，到了武宗初年，還是掌鐘鼓司，二十多年始終就沒出這個圈子，這就是「入此司者例不得他遷」。

但我們反過來想，任職鐘鼓司可能恰恰構成劉瑾得寵的資本，因為劉瑾管的這攤子事，正對武宗胃口，武宗喜歡玩，劉瑾就變著法陪他玩兒，兩人的關係不越玩越親近了麼？皇帝一高興，什麼官都可以拿來賞的。不得志的劉瑾很快就撈到一件好差。

正德元年正月，太監陳寬傳旨，命神機營中軍二司內官監太監劉瑾管五千營。這說明劉瑾管鐘鼓司的時間不長，即調京營把兵，先在神機營中軍二司坐營，很快又升任五千營提督。在京師三大營管軍，是肥缺，但還不是特別有勢力的崗位。劉瑾在這個位置上沒待多久，當年六月就改任神機營中軍二司提督，並坐練武營（團營下十營之一）。正德初年，原東宮舊閹頻繁調動，被稱為「八虎」的劉瑾、張永、馬永成、谷大用等人不斷進入人們的視野。

武宗繼位一年多來，種種亂象使朝臣中的不滿情緒加速積累，朝堂就像一個超大號的氮氣球，內部壓力不斷增大。尤其是武宗怠政的苗頭，令朝臣深感憂慮。真是知子莫如父，大學士劉健不禁想起，孝宗臨終前諄諄叮囑，要閣臣多請太子出來讀書，輔導他做個好人，實非虛發。武宗果然是這樣一個人，聰明歸聰明，就是心太野，好玩兒，不愛讀書！還整日被一群佞臣包圍著，「日導上遊戲」，由是新政全都廢格不行，令天下人失望！

朝廷現在的日子很不好過，國庫空虛，入不敷出，財政狀況已遭到不忍言的地步。偌大的朝廷，一年的收入，包括夏稅秋糧、馬草鹽課折銀及雲南閘辦銀、各鈔關船料銀兩，說起來寒磣：通計不過一百五十餘萬兩。而每歲額定正項開支，如宣（府）、大（同）等六鎮年例銀三十四萬兩、軍官俸糧三十三萬餘兩、官軍折俸銀五十餘萬兩，光這些加起來已有一百多萬。而實際狀況比賬本上的數字更糟，因為「入每虧於原額，而出乃過於常數」，該收的收不齊，而支用的每每溢出定額，已經是常態。內閣算了一筆賬，自弘治十八年五月登基以來，一年的時間，朝廷實用銀已達六百二十五萬餘兩，缺口非常巨大。

朝廷早已是「負翁」，許多開支款項籌措無門，只得拖欠，如官軍折俸銀，每季度支銀十萬兩，妥妥的，可正德元年春天的還欠著，眼見夏秋兩季又到，銀子從哪兒出，全沒著落！

與之相應的，卻是內府開支浩大。一年來，大喪、即位、大婚，又是聖誕（皇帝生日）、千秋（后妃皇子生日）和諸王冊封，朝廷典禮不斷，金銀用如泥沙。光大婚一項，六禮、鋪宮、賞賜及內官監造妝奩、御用監造寶冊、銀作局造儀仗，就用金八千五百二十兩，銀五十三萬三千八百四十兩。

沒錢不行啊！大臣向武宗訴苦，武宗讓大臣想辦法。大臣們集議，也是開源無策，只是見得內廷開支大，「遊戲燕樂鷹犬玩好無益之費及無名之賞」太多，好歹請皇帝委屈一下，儘量省著點花吧！可武宗根本聽不進去，對大臣的各種建議與建言，他態度挺好，每次都答以「溫詔」，但只要涉及冗官與冗費，就沒有結果。

在先帝遺詔和武宗登基赦詔中，查奏裁革冗官是重要內容。朝臣們說，這是先帝欲行而未行之事，應當借新政帶來的新風，對內外冗員及濫增之官大加裁革。然而一年多來，宦官盤踞已成窟穴，該裁的沒裁，內臣數量反而出現新的增長：「內臣遷改、增添，紛然雜出」。

朝臣舉了幾個很典型的例子，如東宮舊臣溫祥、范亨、徐智、王岳四人「驟進司禮」，這麼多人一齊入司禮監，過去是不多見的；南京守備太監一般只用兩人，現在還沒職位開缺，卻一下子增派四人過去；其他倉場、馬房、軍營，更是職數太濫、更調頻繁。而且用人的天平明顯失衡：太監鄧原在福建素有「安靜」之名，在弘治朝曾經得過獎敕，而太監陳逵在山西貪酷成性，經常被掛上彈章，結果安靜者取回，貪酷者留用。

對於新政的種種亂象，承受顧命、負輔導之責的大學士劉健尤為憤怒，他見武宗要麼見不著面，要麼出來時，「帶刀被甲擁駕後」，隨帶內官內使太多，連站的地方都沒有。而且屢諫不聽，他在上疏時，語氣就不再和緩，直指武宗不勤政不講學，親小人遠君子，甚至說，武宗每日只是「恣意於馳射釣獵之樂」，傾耳於太監丘聚、魏彬、馬永成之流，卻怕和正人君子見面！官員們憤怒極了，對司禮監的無所作為也加以指責，說太監陳寬等受先帝重託，高鳳、黃偉尤為青宮舊臣，卻坐視顛危，通宜罷斥——鉗束內官，正是司禮監的職責。

正德元年的夏天，抗議的聲浪漸漸彙集，並藉著頻繁出現的災異，聲勢越來越大。朝臣攻擊的火力開始集中在東宮出來的幾個嬖臣身上，大家都認為，皇帝就是被這幾個奸佞給帶壞了，一起給他們加了個標籤：「八虎」！

九月，欽天監五官監候楊源的上書將輿論推向高潮，楊源以星變為辭，危言力諫。「帝意頗動」——武宗畏於天變，朝臣千言萬語，他終於有心動的意思了。

朝臣要求嚴懲「八虎」。

戶部尚書韓文是「打虎派」的領袖人物（內閣作為輔政大臣，不便直接參與廷臣的抗爭，只能在內接應），他常感於新政糜爛，在衙門長吁短嘆，甚至神傷落淚。戶部郎中李夢陽對他說，哭有什麼用，不如約集群臣，上疏嚴劾，皇上不答應，咱們死活不罷兵，不信八虎不除。韓文遂奮然草疏，疏稿由李夢陽潤色修改。李夢陽是正德年間的大才子，在詩文界領導復古之風，有「前七子」之稱。他說，奏疏是寫給皇帝看的，如果太深奧了，難以理解，反而難以發揮作用。經他改過的疏稿，文氣雄而詞意淺，韓文很滿意，立即上奏，又約了一些大臣，闖到宮門，要求見駕陳情。

武宗沒出來，派司禮太監李榮到左順門對大家說：「先生們愛君憂國，說的都對。只是皇上的意思，這些人侍上久了，不忍即置之於法。先生們稍寬，皇上自會處置他們。」

又問韓文：「此疏出先生之手，先生怎麼說？」

韓文激昂道：「今海內民窮盜起，水旱頻仍，天變日增。皇上始踐阼，游宴無度，狎暱群小，文等備員卿位，何忍無言！」

李榮道：「皇上不是不曉得，只是希望稍寬之。」

眾大臣見武宗既已明確態度，要處置八虎，只得暫退，等待結果。這時，吏部侍郎王鏊突前一步，問李榮：「如果皇上不處，怎麼辦？」

李榮被王鏊一激，慨然道：「我脖子裡裹著鐵嗎？敢壞國事！」

在科道、大臣的連番組合拳打擊下，不僅「八虎」慌，武宗也坐不住了，多次派司禮太監陳寬、李榮、王岳到內閣，與閣老們商議處置劉瑾等人的辦法，一日之內就往返了三次。

陳寬向閣臣委婉透露了皇帝的想法，就是將劉瑾等人發南京新房閒住。

但內閣「持議不肯下」。

持議不下的原因，許多史籍都說，是閣臣要求處死「八虎」。

我覺得可能性不大。「八虎」之罪，沒有確指，若說他們誘惑皇帝遊戲，這樣的罪狀只可用來抨擊，卻無法作為定讞的依據。內閣力持劾疏，可能是要求比「閒住」更嚴一些的處罰，比如貶為淨軍之類。

若是這樣，實在不必要。在這種事上，意氣相爭並不明智。將劉瑾等人發南京閒住，「小人」驅離勢要之地，皇帝身邊的環境乾淨了，就達到目的了，何必一定要硬違武宗本意，將與他「哥兒倆好」的幾個親信處死呢？尚書許進就曾提醒過劉健，「過激將有變」。但劉健不以為然。

我分析，有兩種可能：一是劉健以為在群臣合力之下，傾「八虎」如反掌，他還欲借此事做個樣板，對其他奸邪發揮震懾作用，不然「八虎」一驅逐了，說不定過幾天又會出來九虎、十虎。武宗在位期間，始終為佞幸所惑，如果他開頭走好了，後來或不至如此。

還有一種可能，那就是文臣之意，不過貶謫「八虎」，而內臣中有人欲挾外廷輿論達到剷除八虎的目的，故必欲置劉瑾等人於死地。也就是說，真正「持議不肯下」的不是內閣，而是內中宦官大佬。

此人是誰呢？就是新任司禮監太監王岳。

史載：「太監王岳者，亦與（馬）永成等共事，素剛厲，頗惡其黨。」

王岳也是東宮出身，所以與「八虎」共過事，但王太監性格剛厲，對昔日同儕的作為深惡痛絕。武宗派他和陳寬、李榮去和閣臣們議，一日三至，陳寬、李榮都只緩言相勸，不敢表露自己的態度（從李榮脖頸裹鐵說來看，他對八虎也是反感的），唯獨王岳公然站在外廷一邊。他是代表武宗來做說客的，卻不替皇上和「八虎」說話，回宮後更持閣議給武宗施加壓力，說「閣臣議是」。

武宗即位後，司禮監除了陳寬、李榮是先朝舊人，高鳳以東宮舊臣復入，其他太監黃偉、段聰、溫祥、王岳、范亨、徐智都是後進的新人（後面四位同入司禮，還遭到科道的非議）。王岳先任東廠太監，權勢本不低，他進司禮監應不為異，不知為何仍被稱作「驟進」？所謂「驟進」，應是不滿他的人放出的口風。當時內臣之間的鬥爭非常激烈，只是掩蓋在朝臣對「八虎」的抨擊之下。

王岳掌東廠，用法嚴厲。正德元年五月，錦衣衛鎮撫司管事指揮王銳、象房管事指揮張銘，「以病嗽注門籍，不赴朝參」，他倆托稱咳嗽得厲害，請假不去上朝，卻出城遊玩，張銘還跑到了一百里外的涿州。此事被東廠偵查到，將二人下刑部獄。這兩位都是有後台的，張銘是英國公張懋的兒子，王銳是某內官大佬的家人，平日恃勢縱橫，不想這回運氣不好，被王岳給辦了。有東廠太監親自盯著，他們還沒法彌縫，最後都被革了任。

為了「八虎」的事，君臣展開博弈，十月十二日這一天，司禮太監們來回地跑，三次往返，都因為閣臣態度堅決，太監王岳力挺閣議，談判陷入僵局。

內外大臣的持續壓力，讓武宗有些頂不住了，意志即將崩潰。王岳與司禮太監范亨、徐智等密議，「將請於上，有所處」，同時聯絡廷臣，讓他們再加一把火，於是由戶部尚書韓文牽頭，倡率九卿大臣，決定於次日早朝，忽然發難，「伏闕固諍」，王岳等「從中應之」。那時一定要武宗當面做出決定——內外合力圍剿之勢已成。

「八虎」危哉！

在許多人眼裡，「八虎」已然為死虎。

可是誰也沒想到，只是一夜之間，形勢就來了個一百八十度的大翻轉。

當天夜裡，御前接連傳旨，先是命劉瑾入司禮監，馬永成掌東廠，谷大用掌西廠；然後由劉瑾傳旨，在宮門內榜笞司禮太監王岳、范亨、徐智，鞭責完了，將其降為南京淨軍，即日逐之南下。

這些消息隨著第二天宮門大開而迅速傳播，人人訝異，不知何故。

早朝開始後，有太監出來傳旨，宣布寬宥劉瑾等人，朝臣也就知道劉瑾已擢任司禮太監，原定的伏闕計劃自然泡湯了，朝臣心情複雜，勉強上完朝，一哄而散。內閣三位輔政大臣知事不可為，回到內閣，立即寫疏乞休。辭職信遞上去，內批馬上同意，但耐人尋味的是，武宗只批准劉健與謝遷辭職，卻不許次輔李東陽辭。

內閣三相本為一體，三位閣臣共事多年，歷來和衷共濟，時譽有言：「李公謀，劉公斷，謝公獨侃侃」，在這樣的大是大非面前，更應共同進退。武宗這麼一搞，將三人分別對待，讓李東陽窘得不得了，他再次上疏請辭，可武宗就是不准。

眾人都明白，所謂聖旨，哪裡是武宗的決定？一定出自劉瑾之意。內閣三人，他為何獨愛東陽一人呢？不免生出許多猜測。

有人說，當陳寬等赴閣議處「八虎」時，劉、謝都是峻詞力爭，只有李東陽態度較為和緩，給宦官留下了好印象。

也有人說，在事變的前夜，李東陽偷偷給劉瑾傳遞了消息，才使大事功敗垂成。李東陽是朝廷的罪人！在未來的幾年中，李東陽任首輔，與劉瑾採取合作態度，理解的說他是委屈調劑，捨小我而成大我，不理解的就更堅定了他是「叛徒」的想法。

李東陽作為士林領袖和一代文宗，雖然在政治上缺乏擔當，於首席輔政大臣之位有愧，這是他的弱點，但其人格尚不至如此卑汙，與公議作對，去做告密、出賣同僚的勾當。

更多的人認為，告密者不是李東陽，而是時任吏部尚書的焦芳——此人在《明史》中被標列「閹黨」第一名，有明一代之有閹黨，就是從他開始的。

傳說廷臣決定伏闕，王岳等將從中接應，對此「八虎」尚昏然不曉，焦芳乃「馳白（劉）瑾」，向他透露了消息。《明武宗實錄》就說：「吏部尚書焦芳乃洩其謀於八人」。且當大變之後，焦芳即奉旨入閣，似乎也印證了廷臣的猜測。

八虎在得到焦芳的密報後，才瞭解到事態的嚴峻性，大為驚恐，遂連夜行動，將局面扳了過來。臨門一腳，球眼看要進了，卻被焦芳壞了事！

「八虎」到底採取了什麼妖法，讓局面一夜大變呢？其實外廷也不是很清楚。

《明武宗實錄》只是說：「八人者知之，以（劉）瑾尤巧佞狠戾敢於為惡，乃謀使瑾入司禮監與執事樞，以為脫禍固寵計」。這種解釋甚為含混。當大難臨頭時，八人能否「脫禍」尚且不知，哪裡還能念及「固寵」？劉瑾為八人推戴入司禮監「執事柄」，應在局面翻轉以後。

嘉靖中任尚書的鄭曉，撰《今言》一書，對此記載較詳，說劉瑾等連夜跑去找武宗，環跪大哭，以頭觸地道：「萬歲爺若不降恩，奴才們都要磔死餵狗了！」武宗色動。

劉瑾道：「謀害奴才的，不是別人，只是王岳。」

他說此事完全是王岳在背後搗鬼，他有證據：「王岳前掌東廠，對言官先生們說，你們有言第言。

分明是在挑動言官。閣議時，司禮監又只有他一人讚同外議。」

武宗問：「他為何這麼做？」

劉瑾道：「王岳結閣臣，欲制萬歲爺出入，故先去所忌耳。」

武宗聽了，默然無語。

劉瑾又道：「王岳指我等為奸佞，狗馬鷹兔等物，王岳有沒有奉獻？萬歲爺心裡最清楚，如今為何獨咎奴才們！」說罷，八人大哭起來。

從上述對話，正可看出劉瑾的「巧佞」，他要說動武宗，彷彿用兵一般，有條不紊，分三列而進：首先，他將矛頭對準王岳一人，而將真正的敵手外朝屏蔽不言。因為他知道，欲武宗拒絕朝臣較難，而要收拾王岳，只是抬一根手指的事，王岳一除，朝臣失去助力，內外夾擊之勢就卸了一股力。

王岳作為東宮舊臣，與眾多佞幸一樣，也有投上所好，貢獻狗馬的行為。這是王岳的生存策略，與佞幸們整日誘引皇帝遊戲無藝是不同的。但他畢竟也進獻過狗馬，此時被劉瑾拈出來說，他的「謇直」就顯得虛偽。

劉瑾將他們八人與「心嫉八人」的王、范、徐等人的衝突，處理為內臣個人間的矛盾，是東宮舊臣之間的不和，而不是正義與非正義之爭，他還對王岳的道德軟肋進行了攻擊，使得王岳不堪一擊。

其次，要說服人、打動人，必須抓住此人的心態。劉瑾很清楚，武宗不願受人挾制，他性格奔放，喜歡自由，而朝臣的種種進言，不許他這樣不許他那樣，令他厭苦不已。劉瑾就將王岳對閣議的贊和，刻意解讀為王岳欲借外廷的力量來挾制武宗。他這一招很有效，引起了武宗的強烈反感。

天子一怒，臣下立為齏粉，王岳、范亨、徐智三人馬上失去了地位。這就是「奴官」（宦官）與廷臣（士大夫）的區別，皇帝要降罪大臣，必須提出具體的指控，下法司論罪，而皇帝要處分宦官，可以不需要任何理由。

完成前兩步還不夠，頗有野心的劉瑾還望借此上位，把持司禮監，他的夥伴們此時為了自保，齊心了來頂他，就是實錄說的八人以劉瑾「尤巧佞狠戾敢於為惡，乃謀使瑾入司禮監與執事樞，以為脫禍固寵計」。他們希望劉瑾在司禮監掌權，日後可以得到他的庇護和關照。

於是劉瑾又走了第三步，他道：「狗馬鷹兔，何損萬幾？左班官（上朝時文東武西排班，東即為左，故稱文官為左班官）敢嘩而無忌者，司禮監無人耳。有則惟上所欲為，誰敢言者！」

劉瑾指出，近來朝議沸騰，文官無禮，都是因為司禮監無人。他進而給懵懂的武宗分析，說在先帝時，外朝內閣、內廷司禮監，分別把持大權，朝廷（指皇帝）反而無權，武宗只要讓他進司禮監，他一定幫助皇帝恢復權威。

武宗的情緒已由沮喪變為振奮。他自即位以來就不停地遭到非議、被臣下提意見，種種「無禮」，劉瑾算說到他心坎上去了，他當即決定，令劉瑾入司禮監辦事。

大勝之後就是分贓，除了劉瑾升司禮太監，司設監太監馬永成取代王岳掌東廠，谷大用掌西廠。西廠自成化十八年再革後，已經停了二十多年，忽然滿血復活，想來定是出自谷大用的巧言力請。谷大用是正德朝最為著名的佞幸太監，終武宗一生，對他言聽計從，他對皇帝的影響力，還在司禮監之上（後文將通過事例證明）。

劉瑾入司禮監後，暫居陳寬、李榮之後（陳寬不久退休，李榮繼之掌監事）。他一掌權，立刻露出「狠戾」的本性，對對手實施毀滅性報復。那個以星變為言的五官監候楊源被杖死。王岳三人降南京淨軍，亦不能免禍。劉瑾派人追殺他們，王岳、范亨在山東被害，徐智被打斷一條胳膊。劉瑾最恨韓文，不久以內庫發現假銀，羅織為韓文之罪，令其降一級致仕。有言官論救，劉瑾馬上說言官受了韓文的囑託，將韓文削職，言官除名。韓文的兩個兒子，一個任高唐州知州，一個任刑部主事，都削籍為民。韓文出京時，坐著一輛藍色的小轎，行李也就一車而已。劉瑾恨之未已，又藉口戶部遺失文件，將韓文逮下詔獄關了幾個月，釋放後多次罰米，並責令他親自送到邊關。為此韓家「家業蕩然」。

第二年三月又公布「奸黨」，頭兩位就是前大學士劉健和謝遷，第三名是韓文，其他還有大小官員一共五十三人。自正德元年十月劉瑾入司禮監，開始手掌大權，在未來的四年裡，他始終以文臣為敵，傾力打擊他們、羞辱他們。

劉瑾是「八虎」齊力推進司禮監的，他那些「共患難」的好友們，本指著有他在司禮監，可以得到他的關照，沒想到劉瑾大權獨攬，施政苛虐，反而成為壓在他們頭頂的巨石，令他們很不滿。因此，在劉瑾「用事」期間，一股倒劉的暗潮始終在潛伏奔流，而內外樹敵，也給劉瑾未來悲慘的命運埋下了禍根。

第三章 家世、婚姻：劉太監的日常

說了朝堂鬥爭，貶的貶，逐的逐，是件挺壓抑的事，以後這樣的事還挺多，因為正德朝的政治氣氛，本來就是壓抑的。不像現代人編正德皇帝「游龍戲鳳」的故事，都本著好玩兒的宗旨。

現在我來講一件喜事，是劉太監家的喜事。

正德三年（西元一五〇八年），農曆是戊辰年，屬龍，寓上升之勢。明朝制度，凡遇「丑辰未戌」之年，都是舉行會試的年分。各省舉人上春官（禮部）赴試，稱為「大比」。這一年戊辰科，又恰值天下官員三年一度的來京朝覲述職（稱「大計」）。「大比」與「大計」不期而遇，均事關士人前程，所以早在去年尾梢上，許多捷足的官員和舉子，就已登龍門而來，在京師四城之地，投帖拜客，鑽窬打洞——京人口毒，謂之為「掃街」。

這時，一個頭條新聞不脛而走：「司禮監太監劉公公，欲為其女擇一佳婿」。據傳，劉太監還放話了：「吾女必得名士大夫！」

好事者紛紛議論，都道今日天下才俊名士齊聚場屋，劉太監定是想在今科進士中擇一東床。這個冰人，倒是做得！一些機靈的舉子馬上想到，如果能射中劉太監家的雀屏，那麼蟾宮折桂也非難事，雖說女方是太監之家，聽起來有些怪怪的，仍忍不住技癢，躍躍欲試。畢竟太監劉府，如今是北京城裡最有勢力的一戶人家。

談起婚姻事，必先扯扯劉瑾的家世。

劉瑾是陝西興平縣人。興平在明代是西安府的屬縣，別名槐裡，據說著名的隴西李氏即發源於此。興平知名，與兩個人物有關：一位是楊貴妃，另一位便是劉瑾。然而不幸的是，女寵與宦寺，恰恰被認為是誤國最深的兩類人，合稱「婦寺」，皆為不祥之身；尤其巧的是，劉瑾家的老宅距離楊貴妃上吊的馬嵬坡，不過百步。

這就讓善於聯想的文人攥住了話柄，弘治六年（西元一四九三年）進士，做過兵部侍郎的鄭岳詩云：

> 明皇西幸蜀，嵬坡駐鑾旗。
> 六軍不肯發，宛轉縊蛾眉。
> 悠悠百世下，撫跡空嗟咨。
> 妖氛豈未敢，閹豎復生茲。

大意云馬嵬坡非善地，昔日妖姬魄斷於此，至大明遂復生一逆閹。

《明武宗實錄》述劉瑾身世：

本姓淡，幼自宮投中官劉姓者得進，因冒其姓。

短短十八個字，就有兩處錯誤：其一，劉瑾非「自宮」入宮。劉瑾死於正德五年（西元一五一〇年），得年六十歲，以此推算，當生於一四五一年，即景泰二年。謝蕡《前鑑錄．劉瑾》所收刑部獄詞說劉瑾「自幼淨身，景泰年間選入皇城乾清宮答應」，「自幼淨身」並不等於自宮，劉瑾入宮時，也就四五歲上下的年齡（景泰朝共七年）。

其二，劉瑾本姓「談」，非「淡」。明實錄說劉瑾投中官劉姓者，因冒其姓。明宮故事：閹童初入宮，都會拜一前輩中官為「本官」，自為「名下」，但改姓與否，並無一定之規。「談瑾」改名劉瑾，並無可怪，但奇怪的是，劉瑾一家老少都棄了宗姓而改歸劉氏，比如劉瑾之父叫劉榮，正德三年三月贈從一品的後軍都督府都督同知，母劉氏贈一品夫人——難道是老子隨兒子改姓？匪夷所思。《明武宗實錄》在記劉榮贈官時有云：「瑾本姓淡（談），冒劉姓，自稱賜姓云。」即使劉為賜姓，也沒聽說賜姓之後全家改姓的呀！好比鄭和、懷恩都是賜姓，可是他們的家屬仍然姓馬。

劉瑾有一兄，名景祥，也姓劉。他原是個寄籍錦衣衛的舍人，劉瑾入司禮監後，不數月即實授錦衣衛百戶，世襲管事；不久又「冒功」升錦衣衛指揮，管南鎮撫司事。正德五年六月病篤，看看不行了，劉瑾趕在他嚥氣前，替他乞恩，進官為都督同知，並賜本人、妻及上三代誥命（其父劉榮贈官，就是從這來的）。

劉瑾有位妹婿，叫孫聰，其父名逢吉，成化中做到布政使，後以「老儒不為」致仕。孫逢吉一直在陝西做官，也算劉瑾鄉梓「父母」，大約以此與劉家聯姻。劉、孫締婚，或在成化年間（以年齡推斷），如果劉瑾沒點地位，仕宦的孫家未必樂意娶宦官家的女孩吧！

孫聰一說娶了劉瑾堂妹，一說娶了劉瑾同父異母的妹妹。可能孫聰沒有功名，所以只做到「禮部司務」這樣的小官，當劉瑾得勢時，已經致仕。劉瑾與這位連襟的關係，亦存兩說，一說「（劉）瑾不學，每批答章奏，皆持歸私第，與妹婿禮部司務孫聰、華亭大猾張文冕相參決」，如是則孫聰是劉瑾幕中之人，相當親暱；另一說則稱孫聰甚不為瑾所喜，有朝臣要抬舉他，還遭到劉瑾的譏責。

劉瑾還有一從孫（《後鑑錄》作「侄男」），名二漢。「二漢」在蘇浙口語中是僕隸之意，如《儒林外史》第三回裡寫道：「胡屠戶後面跟著一個燒湯的二漢」，名字這麼差，卻偏有術士妄言「二漢當大貴」，後來成為劉瑾意圖謀反的口實與動機。

以上是劉瑾男性親屬，劉家還有二女。

是兩個侄女，一說「兄女」，一說「弟之女」（還有一說為「從孫女」，或另有其人）。劉瑾既稱「吾女」，當是極為寶愛的，劉府雀屏之選，實為侄婿。

劉府待嫁的，是二女中的姐姐。很快，有兩人進入候選名單，一位是福建莆田人戴大賓，一位是陝西解元邵晉夫，都是「弱冠登第」的少年才子，上京來會試的，並且是本科狀元的大熱門——故「謏（劉瑾）者爭以二人姓名進」。

劉瑾先相中的，是戴大賓。

大賓，字寅仲，年方十九，是著名的神童，長於「作對」，現在還有不少他做的對子傳世。不知是否出於劉太監的關照，他一下就中了本科第三名探花，並進入翰林院做編修（按制度，新科進士是不能直接任編修的，這是劉瑾破壞舊制之一例）。

大賓人才不錯，只可惜一件事，使這樁婚事窒礙難行。原來，他在家時，早已聘下一位高氏女子為妻。

劉瑾何時知道這個情況的，不得而知，但有史說他立刻起了噁心，要「奪其（大賓）舊聘，以弟女妻之」。正好有位叫張嵿的官員出知興化府（莆田縣屬該府），劉瑾便請他棒打鴛鴦，被張嵿拒絕。以此觸怒劉瑾，遂摭拾他的舊事，將其削職為民。

這是《明史紀事本末．劉瑾用事》的記載。張嵿《明史》有傳，可他的傳記裡並沒有「抗閹」這件事，其真實性待考。

還有一種說法，稱劉瑾看中戴大賓，為其建邸舍，贈其車馬僕從，極致慇勤。可是戴大賓卻將與劉瑾締婚視作畏途，但又不敢公然抗拒，就每日縱酒佯狂，並不時鞭笞劉家的奴僕。僕從跑去找劉瑾哭訴，說大賓為人輕薄，不是致遠的大器，引起劉瑾不滿，漸漸就不再提這件婚事。正好大賓聞母訃，急忙歸鄉，卒於途中。

戴大賓縱酒為真，卻有另一種評語，說他知道中了劉府的雀選，「意氣殊洋洋，縱酒不檢」。士人參加科考，需要在試卷中填寫姓名、年齡、籍貫、三代等信息，中舉後梓行的《同年錄》，也要詳細登載。戴大賓的《齒錄》（即同年錄），關於婚姻，竟然開寫著：「聘高氏、劉氏。」戴大賓不離高氏，又納劉氏，並恬然書於同年錄中，其勢利之心，為人所笑。

戴大賓究是沒有做成劉府女婿，除了他為人輕浮，還因有人對劉瑾說：「莆田山川風氣不佳，本朝福建中大魁者已有九人，然僅一人至少詹事，一人至祭酒，四品而已；餘者止修撰，皆夭，少顯貴者。」一說戴大賓非壽永之人。劉瑾始有悔意，對人道：「我不可做牛丞相。」

牛丞相的典故出自戲曲《琵琶記》，講的是秀才入贅相府的故事，劉瑾這麼說，含有對這樁婚事不再強求之意。這話傳到戴大賓耳朵裡，遂請假歸鄉（一說奔母喪），不幸半路病死，正應了「福建大魁」非夭則不令終的魔咒。

此事不諧，劉瑾轉而屬意於陝西舉人邵晉夫。

邵晉夫，名昇，人稱其「才調超逸，能詩」。他是陝西鳳翔人，與劉瑾算是大同鄉。年僅十六歲就中了丁卯（正德二年）陝西鄉試的魁首（「解元」），但此番會試他卻落了第。

戴大賓被排除後，邵晉夫進入劉瑾的視野。劉瑾道：「（晉夫）吾關中人，（吾女）歸邵生，其可！」但邵晉夫對與劉氏締婚，並不引以為榮，反而「躑躅呼天，百計求免」。這不難理解，雖然劉瑾權勢熏灼，但畢竟是閹宦，士人對與太監聯姻，還是存在心理障礙的。

然而，不管邵晉夫如何抗拒，事終「弗得」，還是做了劉府女婿。但邵晉夫在婚後，並不倚仗劉瑾的勢力胡作非為，而是「乃克自樹立，略不與一人通，終日閉戶，拊膺讀書而已」。正所謂「種因得果」，邵晉夫的高蹈行為最終使他保住了一條命。

此為長婿。劉瑾還有一婿，名叫曹謐，娶了二女中的幼者。

曹謐也是陝西人，其父曹雄，任延綏總兵官。《明史．曹雄傳》說他「以瑾同鄉，自附於瑾」，而瑾亦「欲廣樹黨，日相親重」。當時總督三邊的兵部尚書才寬禦寇被殺，曹雄擁兵不救，事後佯為引罪，乞解兵柄，讓他幼子曹謐齎奏赴京。劉瑾因「異謐貌」，乃妻以侄女。曹雄因為和劉太監攀上親，不僅居職如故，還得到優詔褒獎。

才寬兵敗被殺在正德四年十一月，曹、劉結親當在五年之初。劉瑾以曹謐為婿，數為之壞法。正德五年平定寧夏藩王朱寘鐇之亂後，劉瑾將平賊功盡歸其父，進曹雄左都督，並將本為「納粟監生」的曹謐改為武職千戶。明代武人地位低下，劉瑾令侄婿棄文從武，想必是打算找機會讓他冒功，在官階上速進吧——這在劉瑾失敗後也成為他的一條罪狀。

第四章　朝堂忽現匿名信

劉瑾為侄女擇婿，又為之操辦婚事，滿朝公卿大臣爭赴劉家送禮，有人為了趕早，竟然連早朝都不去了。時人韓邦奇道：「公卿百執事嵩呼舞蹈於丹陛者十惟八九，而稽首崩角於（劉）瑾前者則濟濟罔缺焉」。也就是說，上天子早朝的，有百分之一二十未到，而劉太監家，缺勤率為零。

然而，正當劉瑾勢如驕陽時，突然出事了。

正德三年六月的一天早朝，時值酷暑，天氣異常炎熱。

朝會散後，忽於御道上發現匿名文簿一卷，侍班御史見了，立即奏聞。打開一看，裡面全是指責劉瑾專權亂政的話。劉瑾大怒，立命查問，發現匿名信的地方是後班官員站立之處。他立即傳旨，將後班官員三百餘人通通召回。等官員陸續到齊，已是中午。劉瑾讓他們頂著烈日，跪於奉天門下，他立於門左，厲聲叱問，匿名信是何人所棄？官員們面面相覷，都說不知道。

劉瑾哪裡肯信，他原有個外號，叫「利嘴劉」，罵起人來，紅口白牙，就像打機關槍。官員們的頭全像被子彈斬斷的穗子，齊刷刷拖在地上，無人敢執一言。

劉瑾罵了一陣子，感覺口渴，怒氣衝衝進去休息，令官員照舊跪在太陽地裡。

見劉瑾進去，太監李榮忙命人搬出一些冰鎮西瓜，扔給官員們，讓他們吃點瓜，略解一解暑。官員們又熱又渴，捧瓜大嚼。不一會，劉瑾又走出來。李榮遠遠張見，忙衝官員們擺手：「劉太監出來了，快別吃了，收起、收起！」劉瑾早已瞧在眼裡，他見李榮背著他賣好，勃然大怒，但未發作，只狠狠把李榮一瞪，然後對著官員們又是一頓訓斥。劈頭蓋臉罵完了，稍稍解氣，復入內休息。他威脅說，不把寫匿名信的主兒揪出來，就一直在這樣跪著，誰也別想回去！

眼見官員們昏昏沉沉、東倒西歪的狼狽樣兒，司禮太監黃偉忍憤不過，大聲道：「書中所言皆為國為民，是誰寫的，當挺身自承，就是死了，也不失為好男子，奈何枉累他人！」

可官員隊裡只是一片聲的唉聲嘆氣，無一個人承認。

午後，內中傳旨，命將官員們通通送錦衣衛鎮撫司究問。當天又有旨，勒令李榮閒住，其掌印之位由劉瑾接任。同時改黃偉為南京守備太監。李榮已年近八旬，遂移居京西所營別墅，不復再出，正德七年卒。黃偉之所以敢說那些話，除了氣憤，還因為他是武宗少時的伴讀，「從小相狎，唯其言是聽」，關係非常好，武宗從來不喊他名字，只親暱地喊他「伴伴」，饒是如此，他也被驅離司禮監。

第二天，大學士李東陽上疏申救，幾百名官員已在牢裡住了一宿，劉瑾經過一夜密查，也大概知道那封匿名信是內臣所為，與外官無預，就下令將他們放了。

據說，這一天天氣太熱了，許多官員被折騰得中了暑，主事何釴、順天推官周臣與進士陸伸三人竟然因此「暍死」。說句題外話，六月盛暑，氣溫雖高，李榮的冰瓜也不夠官員分食，但在太陽下跪一會（據記載，「午漏」時分發現匿名信，「午後」就執官員下獄，官員們跪著晒太陽的時間應不超過兩小時），是否就能熱死人，未可盡信。清朝的康熙皇帝覺得明朝人修史寫書，最喜歡誇大其詞了，他就拿這件事來舉例。康熙的話是在讀了明實錄之後，對《明史》纂修官們說的，他道：「夏月雖天時炎熱，何至人多暴卒？且行間將士，每披堅執銳，戮力於烈日之中，未聞因暑而致死，豈朝堂之上病暍若斯之甚耶？所云『盡信書，不如無書』，此之謂矣。」

有學者認為，正德三年的匿名書事件是劉瑾為了打擊和壓制朝臣，提高自己的權勢，借一些小事，對朝臣群體進行公開的辱責，以震懾朝官的一個典型事例。對此我有不同看法。匿名信攻擊事件，在前朝多次發生，本書第一部曾講過，王振當權時，就曾兩次遭到匿名信攻擊，事後證明始作俑者都是宦官，而不是朝臣。劉瑾的情況也一樣，內廷宦官因為對他專權不滿，又妒又恨，卻不敢公然與他叫板，遂採用這種方式從輿論上打擊他。這事是什麼性質，王振看得最清楚了，所以他毫不留情地用凌遲之刑處死攻擊者，以震懾那些蠢蠢欲動的宦官們（而非朝臣）。

我們不知道司禮太監李榮、黃偉與匿名信事件是否有關，但從他們在事件當日的表現來看，其煽風點火、鼓動對抗的態度十分明顯，他們並未刻意掩飾對劉瑾的不滿，而倒霉的朝臣更賦予他們道義上的力量。

自武宗即位以來，司禮監已換了好幾撥人，但誰也沒想到，最後把持司禮監的，竟然是一個鐘鼓司出身的優俳之人。他雖然籠絡住了皇帝，但同儕宦官多不服他。

前文我多次講過，內官陞遷之例一如外官，有著許多成文和不成文的規制，尤其是司禮監這樣的機密衙門，出任該監太監，第一條必須是內書堂讀書官人，還要在司禮監、內官監、文書房等清貴衙門有過長期歷練。可是劉瑾的出身，不僅不「清」，簡直「濁」到底了！他入司禮辦事，「委以腹心，整理庶務」，是嚴重違反常規的——「由鐘鼓司而入司禮，瑾以前蓋無有也」。[23]

23 有記載說，劉瑾僅粗通文字。然據《王陽明全集》卷三十八《世德紀．海日先生行狀》，劉瑾微時，嘗從陽明之父王華的鄉人名方正者「習書史」。又黃景窻《國史唯疑》稱劉瑾「能試人詩，評其工拙」。劉瑾的文化水準，恐不止於粗通文字。

當生死存亡之際，劉瑾為了生存而展開絕地反擊，不料一下子站到了權力的高峰。這必然使他在內廷有一種高處不勝寒的孤淒感。

那麼，像劉瑾這樣一個在內廷缺乏深厚基礎的宦官，他是如何做到「專權」的呢？

司禮監專權，必須通過批本章，劉瑾也不能外。

前文講到，司禮監批本，其性質只是代筆，須經聖裁（皇帝親自過目同意），方可施行，方為合法，否則就是「矇蔽」。而史書記正德、天啟兩朝權閹施矇蔽之術，都有相似的「橋段」：

正德初，劉瑾欲竊大柄，於是給武宗倒騰來許多好玩意兒，等到武宗玩得正嗨時，就捧著一大堆本章去請他批決。武宗覺得好掃興，每次都說：「我用你做什麼？一件件地拿這些事來煩我，趕快拿開！」如是數次之後，劉瑾就不再復奏請旨，從此事無大小，惟意裁定。數年間，朝廷大事更張，詔旨武宗多不知情，別人都以為是劉瑾在做皇帝呢！

天啟中，熹宗性好走馬，又喜歡看戲、蓋房子，操起斧頭鋸子做木匠活，又鑿又削，乒乒乓乓，就是巧匠都比不上。司禮太監王體乾（司禮監掌印，但勢不及魏忠賢，差似魏的馬仔，詳見本書第三部）每次都巧，正趕著熹宗在經營這些「鄙事」時，跑去奏文書。熹宗心思哪在這上面呀，隨便聽聽，就擺手道：「你們用心做去，我知道了。」以此太阿下移，魏忠賢等操縱如意。

這些記載是真有其事，還是野史小說，實難考證。[24]即使是故事，也基於一個淺顯的道理，即「左

24　如劉瑾「構雜藝」事，既見於《明武宗實錄》，又作為一個智慧故事，收入明末小說家馮夢龍編的《智囊全集》。熹宗「經營鄙事」，則皆見於野史，如李遜之《三朝野記》、文秉《先撥志始》、孫之騄《二申野錄》、王士禛《池北偶談》等。

右近幸欲擅權亂政者，以游逸淫樂蠱上，覬遂己私」，而皇帝若不能盡職，耽樂嬉遊，荒於政務，失憂惕之心，就等於將最高裁決權棄之於路，遂為佞臣所竊。於是山中無老虎，猴子稱霸王，便來個「宦官專權」。

明朝無宰相，在皇帝近側參機務者，皆為宦官，故天子所遺，往往為宦官所得。史云劉瑾用趙高之術，導上深居，從正德三年冬開始，每個月上朝都不過三、四次，府部及通政司奏事，以及臣僚陛見，都在早晨候於左順門，由劉瑾西向傳旨，代皇上酬應這些事，「威福之作，（劉）瑾得專之」。諸司章奏，都必須提前告知劉瑾，在外鎮巡官派人進京奏事，也要先送揭帖到劉瑾私宅請示，然後才敢告於朝廷；有些事情，還沒見到本章，旨意先已傳出來，等到奏本下發，其內容與傳聞無一字之異。「由此大權一歸於瑾，天下不復知有朝廷矣」，人們都稱劉瑾為「立地皇帝」。

劉瑾敗後，大學士李東陽為自己辯解，說：

> 比者劉瑾專權亂政，（臣）備員禁近，事體相關，凡票本擬旨、撰寫敕書，或駁下再三，或逕自改竄，或帶回私宅，假手他人，或遞出謄黃，逼令落底，真偽混淆，無從辯白。

這就是「內閣之票擬受制於內監之批紅」，司禮太監在內，閣臣在外，遇上像劉瑾這樣的擅權者，內閣根本不是對手。關鍵是。武宗只顧自己玩樂，將朝政託付於劉瑾，閣部大臣及諸司衙門奏事，根本見不到皇上，而是直接面對劉瑾，一切都由他定行止，劉瑾開口就是聖旨（「口含天憲」），「真偽混淆，無從辯白」，這和正統時王振的情況如出一轍。

但要指出的是，「權閹」在明代歷史上只是很短一段時間。好比劉瑾敗亡後，因為有了他的前車之鑑，司禮監得皇帝倚信便大不如前，司禮太監也能以劉瑾為鑑，不敢自專。所以正德中後期「恣為矇蔽」的，主要是佞幸。如「權奸錢寧（錦衣衛帥）、張銳（太監）、江彬（大將）相繼用事，曲為矇蔽，一切（本章）皆留中不發」。武宗病逝後，司禮監查奏御前留下的在京、在外各衙門題奏並建言及批紅等本，自正德九年正月起至十六年三月止，共一千四百零三本，其中已批紅而未發行的就有五十六本。同時又於錢寧家搜出題奏本四十餘件，江彬沮抑邊情本一百三十六件，司禮監隱藏不報本數百件。正是群奸蜂起，恣為欺蔽。世宗嘉靖帝繼位後，給事中夏言建議，專任御史、給事中二員，散朝後赴左順門，會同司禮監官收本章，同時做好登記，以防壅蔽——從這以後，左順門收本才有了「奏目」（登記造冊）。

總的來說，如果皇帝不勤政，不見大臣，偏信太監，任其阻隔，操弄本章，就容易造成太阿倒持、威柄下移的「宦禍」。但宦官壓制群臣，凌於百官之上，實際上還是狐假虎威，他們口含天憲，不過移皇帝之威為己所用罷了，一旦皇帝醒悟，誅之並不難。

史稱劉瑾「嘗慕王振之為人，在孝廟時憤鬱不得志，每切齒」。故當他手握重權後，便欲「欲踵（王）振所為」。他要做當代的王振，就不能甘於平淡，他必須有所作為，在權力的運用中享受巨大的快感。

在劉瑾掌權的四年時間裡，他在政治上的作為，可用四個字來概括：紛更，苛察。

明朝立國百餘年，就像一台電腦用久了，垃圾文件太多，運行速度變緩變慢，還時不時宕下機。找到朝政之弊的癥結所在，加以革除刷新，是必要的。然而劉瑾之政，有人稱之為「變亂舊制」，有人稱之為「亂政害人」，公允地講，稱其為「紛更」，或更妥當。

劉瑾變制是毫無章法，隨心所欲的，並且滲透著強烈的成見與偏私。比如前文我講過，自宣德以來，朝廷派朝臣到地方整理軍政事務，逐漸形成稱為「三堂體制」的新地方管理體制，新增設的巡撫都御史是不可或缺的省級地方長官。然而，劉瑾以恢復舊制為名，竟將內地新設的巡撫全部裁革，而同為增設的鎮守內官不僅一員不動，權力還擴大了；巡撫裁了，卻又派出大批科道及京朝官到各地盤查鹽課、倉庫與屯田子粒，而且督責嚴厲，人不能堪，造成一種紛紛擾擾的混亂局面。

劉瑾經常以「紛更舊制」加罪於人，他自己卻隨意變更舊制，他死後，各部院提出的請復舊制條款就多達數十條。

劉瑾執政的另一個特點，就是太過苛虐，打擊面太大，許多無辜者遭難。

欽差官員到了地方，不敢徇公道，多希劉瑾之意，務從嚴苛，以「參官」為能，往往因一件小事，輾轉牽連，為了幾斗米的損失，就要逮問前後數任官吏。劉瑾讓他們賠，還不是照價賠償，而要加倍追賠；賠也不是賠銀兩，他新創「罰米」之法，根據官員的過失判罰不同數量的穀米，少則數十上百石，多的達到上千石；他還不許就近於府縣倉庫交納，而是令其親自送米到宣府、大同等邊關上納。一千石的糧食，幾千里的路程，光是運輸費就足以破家。罰米法在實際運用中，成為劉瑾打擊異己的一種經濟手段，許多官員因此傾家蕩產。

劉瑾為瞭解決嚴重的財政危機，下令盤查各省錢糧，清理屯田邊餉，這構成他執政的主要內容。由於追徵過急、誅求過甚，在全國多處激起兵變，並最終導致他的失敗。

劉瑾對官員嚴苛，不允許任何過錯，而他自己卻種種營私舞弊，比如在用人上，唯親是用，唯鄉里是用，他提拔重用的官員，不是親，就是他陝西老鄉。

他還賄門大開，大肆賣官鬻爵，貪汙受賄。他當初對武宗說，「弘治間，朝權俱為司禮監、內閣所掌，朝廷不過虛名而已。如天下鎮守、分守、守備等項內官皆司禮監官舉用，大受賄賂。如不信，只將司禮監掌印太監抄了，金銀可滿三間房屋。若將天下鎮守內臣取回，別用一番人，令彼各備銀一二萬兩，進上謝恩，賄賂司禮監」。這便是他心跡的自陳。他從根兒上擺脫不了這一認識，故其改制，雖以「富國為名」，實為巧取橫斂，仍是一個「政以賄成」之局。

第五章　劉瑾真是千年富豪？

劉瑾第一次有記錄的索賄，是正德元年年底，御史蔣欽揭發說：「昨（劉）瑾要索天下三司官賄，人千金，甚有至五千金者。」這是他進入司禮監後的事。

二年正月，升吏部郎中張志淳為太常寺少卿提督四夷館。史云，「時劉瑾用事，凡遷官者皆有重賂以謝，內官、武臣動以千百，而文官謝禮之厚則自志淳始」。說劉瑾剛柄政，即大開賄門，宦官、武官和文官要想陞官，都要向他行賄，宦官武官給得起重價，動輒數百上千，文臣窮，拿不出那麼多銀子，到張志淳這兒，忽然出了個高價。

張志淳創造的記錄，馬上被劉宇打破。

《明史．閹黨傳》說：「（劉）瑾初通賄，望不過數百金，（劉）宇首以萬金贄。」劉宇一下子拿出一萬兩！劉瑾大喜道：「劉先生何厚我！」

劉宇時任總制宣（府）大（同）右都御史，正德二年正月內召掌都察院印，與張志淳同月而稍晚。之前，劉宇向朝廷上疏，自陳修邊之功，這是擺政績要官的意思。兵部說，不能由著他本人說，得派人閱實才行。而劉瑾就直接傳旨，將劉宇召還了，他那些工程是否屬實，輒令巡按御史查奏——官都升了，再讓御史「從公閱實」，那就是走形式。劉宇心太急，敕書還未出京，他人已馳至京門口了。顯然，他上疏稱勞，是與劉瑾約好了的，所以呼吸相應，彷彿唱雙簧。劉宇人已經到了北京，還裝模作樣，具疏請辭，算是有戲德，把戲碼做足了。劉宇不僅重賄劉瑾，還讓他兒子劉傣拜劉瑾為父。

劉宇這麼一搞，就把劉瑾的胃口吊高了。可惜，像他這樣大手筆並不多，多數人為了給劉瑾送錢，甚至不得不「稱貸以賄」（借錢送禮）。劉瑾就廣撒其網，如天下朝覲官進京，索賄動以千數，謂之「拜見禮」。官員公差回京，也要有所進獻。心狠的，到地方就拚命勒索，大刮地皮，心不狠的也要設法找錢，總之不能空手而回。兵科給事中周鑰屬於心不狠的，他到淮安勘事，回京時，悶悶不樂，走到半路，忽於舟中自刎。等舟子發現時，人已經不行了，連話都說不出來。舟子拿紙給他，他勉強提筆寫了幾個字，多模糊不清，只認得「趙知府誤我」、「可憐」等十幾個字。原來周鑰與淮安知府趙俊約好了，答應貸他千金，結果卻食了言，周鑰竟因此憂憤自戕。

然而，劉瑾後期又有「反腐」舉動。正德四年初，他聽從吏部尚書張彩的建議，嚴厲處置了「循故例」向他納賄的歐陽雲、吳儀等人。這不是一時的矯情和做戲，後來他又公開處分多人，都是向他行賄的，如刑部侍郎張鸞等三人自江西勘事還，饋銀二萬兩，劉瑾將賄金送官，並治三人罪，該案連及江西巡撫以下見任和致仕官員三十一人，每人罰米三百石。

這並不是說，打正德四年起，劉瑾就清廉了，只能說他不那麼「急賄」了。

劉瑾貪賄的名氣太大，有一家海外媒體，還替他盤點資產，說這位明代的大太監「擁有黃金一千二百萬盎司，白銀二億五千九百萬盎司」，並選他為「世界千年富豪」。劉瑾曾笑稱自己是「富太監」，難道他當真如此巨富，竟可以「笑傲千年」？

不如我們來幫他摟摟家底。

關於劉瑾的資產，記錄並不一致，但數字都很龐大。如王鏊記劉瑾貨財籍沒之數：

金二十四萬錠又五萬七千八百兩，元寶五百萬錠，銀八百萬又一百五十八萬三千六百兩，寶石二斗，金甲二，金鉤三千，玉帶四千一百六十二束，獅蠻帶二束，金銀湯五百，蟒衣四百七十襲，牙牌二匱，穿宮牌五百，金牌三，袞袍四，八爪金龍盔甲三千，玉琴一，玉珤印一顆。以上金共一千二百五萬七千八百兩，銀共二萬五千九百五十八萬三千六百兩。

合計為：金一千二百零五萬兩，銀二億五千九百萬兩。對照那家海外媒體的材料，兩組數字完全相同，不同的是計量單位：一為西洋的「盎司」，一為中國傳統的「兩」。一兩約合一點三盎司。顯然，那家媒體一點都不嚴謹，抄了一份中國檔案，連起碼的換算都沒有。

王鏊前文剛剛講過，當韓文率領大臣到左順門討說法時，太監李榮出來說，皇上一定會處分八虎，只是請稍寬之。王鏊挺身而出，質問李榮：皇上如果不處將如何？他反對八虎的態度是很激烈的，毫無遮飾。有意思的是，他隨後與焦芳一起入閣。劉瑾為什麼會同意這樣一個人入閣呢？據說劉瑾欲引焦芳入閣，但在廷議時，朝臣只推舉王鏊，劉瑾迫於公論，只好讓他們兩人都進來。王鏊和劉瑾共事約三年，遇事開誠布公，劉瑾偶然也能聽納他的意見。後因劉瑾「禍流縉紳」，遂於正德四年乞休，回到蘇州老家，終身不再復出。

從王鏊的身分來看，他所記應該很權威了吧？事實是否如此，還往下看——

的確，王鏊的記載具有權威性，同樣的數字多次出現在明人筆記裡，如陳洪謨《繼世紀聞》、郎瑛《七修類稿》、田藝蘅《留青日札》、高岱《鴻猷錄》等；尤其是考史大家王世貞也引用了這一數據，《憲章錄》、《皇明通紀》等一些在明晚期影響很大的歷史讀物，也都加以引用。上述材料從內容到行文基本相似，明顯是相互傳抄，而王鏊的記載應是源頭；略不同者，如「金龍盔甲」一項，王鏊記為「三千」，後來者可能覺得太多，將其改為「三十」。

王鏊筆記作於正德十年，在諸種史料中為最早。可是那逆天的數字真的可靠嗎？且不論那些「零碎」金銀，單那五百萬個銀錠和二十四萬個金錠（金銀皆為每個五十兩的大錠），需要多少間庫房才裝得下？具體的技術問題常常為人忽視，影視劇裡常見這樣的鏡頭：皇上隨口一喊：「賜銀萬兩」，宦官端個盤兒出來，就算賞下了。可導演知道嗎？按舊制，一萬兩就是六百二十斤！不是提溜了就能走的。劉瑾要藏那多金銀，他家的銀窖非把九泉挖穿不可。這些顯明的道理，那麼多引用者竟無人思量！

清代考史大家趙翼在《廿二史札記》裡也提到劉瑾家產，云「據王鏊筆記，大玉帶八十束，黃金二百五十萬兩，銀五千萬餘兩，他珍寶無數。」趙翼自稱引自「王鏊筆記」，但他這組數字，比王鏊所記至少少了五分之四。

清末夏燮編《明通鑑》，已對劉家不可思議的資產產生懷疑，並有所「考異」，他列舉了漢代王莽、梁孝王、董賢、梁冀等人的財產，「大概俱不能當（劉）瑾二十之一」，以此懷疑劉瑾的巨額家產「恐當時傳聞如此，未必真有此數」。他認為：「證之正史，則但云『累數百萬』，此得其實。」

關於劉瑾家產的權威記錄只能是當時的籍沒清單。我手頭有一份明代的刑部題本，由人從刑部檔案中抄出而傳世。這份文件具有第一手史料的性質，可信度非筆記可比。其中涉及劉瑾財產原文如下：

> 本年（正德五年）八月十三日，太監張永班師回京，備將（劉）瑾不法事情開條具奏。蒙拿錦衣衛鎮撫司監候。隨於本家搜出前項假寶，違禁衣甲、牌面、弓弩等件，金銀數百餘萬，寶貨不計其數。

同卷又提到：

> 正德五年八月二十三日奏。奉聖旨：「是。劉瑾恃恩驕橫，專權黷貨，贓至數百萬兩。……在京並原籍家產、房屋、田土，盡數抄沒入官。」

前記「金銀數百餘萬，寶貨不計其數」，後記「贓至數百萬兩」，都只說幾百萬兩（金銀），比王鏊提供的數字少了太多。因為題本不是籍沒冊子，只是刑部向朝廷報告罪犯的處理情況，故對劉瑾的財產沒有開列一個精確的數字，但它提供的大致尺度應該是準確的。

《明史．宦官傳》記：「帝親籍其（劉瑾）家，得偽璽一、穿宮牌五百及衣甲、弓弩、袞衣、玉帶諸違禁物。又所常持扇，內藏利匕首二。始大怒曰：『奴果反。』」沒有提到劉瑾驚人的家產。而記籍沒王振家產：「得金銀六十餘庫，玉盤百，珊瑚高六七尺者二十餘株，他珍玩無算。」倘若劉瑾真那麼富有，《明史》豈有抓住小巫放過大巫的道理？

劉瑾真正發跡，是正德元年十月入司禮監後，一直到正德五年八月被殺，一共四十六個月的時間，他「權擅天下，威福任情」，「廷臣黨附者甚眾」，開始積累巨大的財富。我們僅僅拿二億五千萬兩白銀來除一下，他平均每個月受賄的銀子將達到五百四十萬兩！再平均到每天，則是十八萬！這可能嗎？顯然不可能，而且是絕對、完全不可能！

明朝的財政狀況，到弘治末年已是入不敷出，大臣們除了「為國惜財」、「加意撙節」等議論外，別無開源良策，朝廷窮得連官軍每個季度的折俸銀都要欠著！倘若劉宅忽然現出一座寶山，一定會引發輿論地震的，可朝堂上卻反應平靜，更無人提出用劉瑾家產填補國家財政虧空。這只能認為在賄賂公行、風氣日下的官場環境下，「數百萬」的數字離大家的估計並不太遠，所以才沒有引起特別的驚愕與憤怒。正德初年一個太監李興因事下獄，為了買命，他一下拿出四十萬。劉瑾在當政前，曾向武宗說，抄了司禮掌印，可得銀數十萬。皆類此。另外，「劉瑾跌倒」，一定是「正德吃飽」，如正德十年戶部主事戴冠言：「逆瑾既敗，所籍財產，不歸有司，而貯之豹房，遂創新庫。」可是在正德九年初，乾清宮燒燬，為了籌集重建所需區區一百多萬兩銀子，不得不加派天下錢糧五年，拖到正德十六年才完工。老朱家若真有這份家底，何須如此狼狽？

我們還可以拿其他一些「腐敗分子」來與劉瑾對比。《留青日札》、《天水冰山錄》等書都記載了劉瑾、錢寧、江彬、嚴嵩、張居正等人的籍沒情況。錢、江是正德後期的佞幸，呼風喚雨，生殺予奪，當權時間更長。他們二人資產相埒：金十萬，銀不過五百萬。而弄權長達二十年的嚴嵩，金銀又才二人之半（這別有原因，據說行賄、頓寄之後，「所抄不及十四五」）。可見劉瑾這個高峰，是太難以仰及了。

最後再從經濟的角度略加考察。

弘治以後，明代社會經濟加速發展，至嘉、萬時形成「極盛昌隆之世」，銀兩全面進入流通領域並成為繳納國課的主要手段（銀兩作為支付手段，是從英宗正統年間開始，以前白銀作為貴金屬，是不允許流通的，合法貨幣只是寶鈔與銅錢），市場對白銀的需求量巨增。可是中國卻不是產銀大國，雲南土司「差發銀」有限，國內「銀坑」（浙、閩、雲南等地）所產都不旺。銀兩之所以用度不乏，主要得益於海外貿易的興盛和美洲、日本白銀的大量流入。而這是明代後期的事，在劉瑾那個時代，社會上的白銀整體而言是較為匱乏的，怎麼可能有二億多兩被囤積在一人之家？

如果大量白銀被人囤積，無法流通，必然造成銀荒，出現「銀貴物賤」的情形，於民生大有妨礙。

劉瑾死後八十年（那時銀兩的地位已隨著「一條鞭法」的施行而加強了），全國白銀總量仍然有限：張居正改革時，國庫積銀才一千二百萬兩，各地銀根即緊縮。假設大量的真金白銀被「劉瑾們」囤積起來，社會流通靠什麼？我們即使不懷疑劉瑾納賄的能力，也要懷疑那個時代供養這位（還有其他眾多）富豪的能力。

再說劉家的金子。

嚴嵩與和珅都是巨貪，嚴嵩抄家，抄出純金器三千一百八十五件，總重一萬一千零三十三兩三錢一分；金錠較少，共四百五十四個，重四千三百三十六兩七錢，其他條金、餅金、沙金、碎金八千八百三十五兩。和珅家金子就更多了：金庫抄出赤金五萬八千兩，又上房存赤金二千五百兩，大金元寶一百個每個重一千兩，夾牆裡匿赤金二萬六千兩。合重十八萬六千五百兩，此外還有許多金器。但這兩位巨貪若和劉瑾一比，簡直弱爆了，劉家藏金是和珅的六十四倍，嚴嵩的四百九十七倍！

正德三年，素稱「悻直」的尚書許進致仕，臨走時，向劉瑾饋送金銀，為其所鄙視。劉瑾嘲諷他道：「銀或取之俸祿，金則何自得之？」或許對劉家之金，也當發此一問。金主要用以製造金器和儲藏，而括盡全國金物，怕也難熔煉出七十六萬斤金錠吧，莫說藏於劉氏一家呢。

因此，說劉瑾是「千年富豪」，全然為一噱頭。劉瑾確實為巨貪，他的家產應為「金銀數百萬」，這才是比較可靠的數字，過分誇張，毫無意義。

第六章 張永西征

正德五年（西元一五一〇年），整個春天都沒有下雨，旱情嚴重。朝廷下詔，「蠲連坐之法」，希望通過「緩刑」來求得上天降霖霖之雨。大學士李東陽趁機條陳數事，望朝廷行寬大之政，稍溥和氣，以消災眚，以回天心。那時的人們，對「天變」還是非常畏懼的，劉瑾迫於壓力，同意放鬆對賠納官員的追逼。但雨澤仍滯。武宗連著十來天親自齋戒求雨，但他「臨朝或至日昃，宮掖之戲喧囂達旦」的故習仍舊不改。

四月，封於寧夏的安化王朱寘鐇反了。這是宣德元年（西元一四二六年）漢王朱高煦謀反後，八十多年來宗藩的又一次叛亂，而且爆發於西北重鎮寧夏，消息傳來，令人震驚！如果當時人長了後眼睛，知道僅僅九年之後，江西南昌還將發生一次更大規模的宗藩叛亂，恐怕這一事件在人們心裡造成的震撼會大大降低吧！

安化王朱寘鐇是慶藩（又稱慶府，即慶王府）所屬的藩王。明代的王爵分為兩級，上為「親王」，降天子一等，只有皇子才能封親王；親王之子，除世子繼承王位，其他王子都封藩王。藩王比親王又降一等。它們的區別是：親王一個字，如慶王；藩王兩個字，如安化王。

明朝自永樂以來，箝制藩封，王子們都沒有實權，還受著地方官的監視。這位安化王，說是王爺，其實跟個財主差不多，也就守著寧夏城裡一座宅子，不愁吃穿。本來，安化王可以「關起門來成一統」，幸福地虛度他的王爺生涯，卻不幸碰到一位「勵志大師」，給他灌了許多「心靈雞湯」，讓他胸中升起寥寥大志，竟想當皇帝了！真是害人。難怪有人說，少些志氣，就是福氣！虛度人生何嘗不是一種福？

是什麼人給朱王爺灌雞湯——不，迷魂湯呢？是王爺結交的一些「奇能異行」之士，也就是些講燒煉、喝符水、舉著桃木寶劍斬妖擒魔的，還有相面、說風水、觀星象的等等，古代把這類人稱為術士、妖人，種種邪門歪道，今天或稱江湖騙子，或稱「大師」。

這些「術學」朋友為何要給王爺灌迷魂湯？他們也不是存心要害王爺，只是他們就是吃這口飯的，碰到家裡有銀子的大財主，就得想辦法糊弄他把錢袋子打開。朱寘鐇在慶藩的諸多郡王中，有一點特別突出，就是「狀貌魁梧」——長得漂亮！有算命的就對他說，您好貴相，命中大貴！朱寘鐇想，我都王爺了，還不貴？可算命的說了，那還不止，您是天子的骨格、帝王的命造，您這副尊容，和天子最配了！起初朱寘鐇還不信，算命的就請來一位妖巫作法，在乩壇上請下一位鸚鵡神：聽神仙怎麼說。這位鳥神一張嘴，居然能說人話，而且說的跟相面的一樣。朱寘鐇哪曉得這是鸚鵡學舌，心就騰然而動，再看鏡中的自己，格外神氣，便尋思著要做大事。

看官，你不要以為朱寘鐇腦袋進水，想做皇帝想瘋了。其實這樣的人不少。前面講的成化年間妖人侯得權（化名李子龍），被人抬舉，說他顏值高、面相好，有帝王之造，他不馬上拉了班子要造反？那個時代的人，頭腦裡瀰漫著濃厚的迷信思想，好比大明王朝何以開創？為何群雄逐鹿，單單朱元璋勝出？對這些問題，他們多只能從天命上解釋，好比說朱元璋天生異相，他生下來就是要坐天下的，似乎大明的興起，就是一個早已設定好結局的程序。不論是妖人侯得權，還是藩王朱寘鐇，對此都深信不疑，這種痴迷，多少頸血都澆不醒他！

除了這些術士，還有幾個衛所武官，如何錦、周昂、丁廣等人，和一個叫孫景文的儒生，經常出入王府。他們經常在一起非議時政，怨氣很大。朱寘鐇就對他們說，今日朝政出於劉瑾，援用姦凶，樹黨中外，他這是要做什麼？哪天再讓劉瑾移了我大明之祚，將置我等於何地？你們若推我為主，以誅劉瑾為名，天下響應，必成大事。

朱寘鐇之所以敢蠱惑人造反，甚至認為造反大有希望，除了對自己長相自信，還有一個重要原因，就是朝廷在邊鎮的許多做法，很不得人心。

當時寧夏巡撫是都御史安惟學，此人行事苛刻，馭下極嚴，經常對軍官妻子用刑杖辱，夏鎮將士懷怨已久。去年，朝廷派少卿周東來丈量屯地，督責嚴急，好多措施可稱倒行逆施，比如一頃地應為一百畝，周東為了多丈土地，強行規定以五十畝為一頃，每畝地還要另外斂銀，用於賄賂劉瑾。光一個周東，寧夏官軍就受不了，又來個參議侯啟忠，他是來催徵的。田還沒丈量清楚呢，催糧草的又來了！寧夏官民在這樣的苛虐下，早已是民怨沸騰。不滿情緒在積蓄，就像一只火藥桶，朱寘鐇認為，只是有人把藥捻子點燃，整個天下都會炸翻。他，就要做那個點燃火線的人。

朱寘鐇等人的密謀是，先殺死本鎮軍政長官，奪其符印，收編官軍，然後傳檄四方，靜待天下之變。商量已定，就由朱寘鐇出頭，以過生日為名，約請寧夏鎮巡、欽差官員過府飲酒。到了那天，除了巡撫安惟學和少卿周東、參議侯啟忠沒來，寧夏鎮守太監李增、監槍少監鄧廣、總兵官姜漢都來了。酒吃到一半，信號一發，何錦等率兵直入，將客人砍翻於席次之間。這位李太監最可憐了，他剛剛到寧夏來鎮守，屁股還未坐熱乎，就遭了毒手。叛兵又趕到巡撫公署，殺死安惟學和周東，焚燬案籍，釋五衛重囚，並將黃河渡船全部撤到西岸，以禁絕兩岸來往。侯啟忠聞訊逃匿，被抓獲後囚於左衛獄。寧夏鎮其他官員，只有副總兵楊英先因邊警，率兵出屯楊顯堡，沒有與難，但他率領的軍隊，聽說鎮城發生叛亂，擔心家屬安全，頓時崩解，四散而去。楊英本人逃到靈州。

朱寘鐇殺死鎮巡官員，隨大肆封拜，授何錦為討賊大將軍，周昂左副將軍，丁廣右副將軍，凡順從者皆加以督護、總管等官，又令孫景文寫檄文，抄寫數百紙，遣人分諭諸鎮。檄文說：

> 近年以來，主幼國危，奸宦用事，舞弄國法，殘害忠良，蔽塞言路，無復忌憚，致喪天下之心，幾亡神器之重。

朱寘鐇宣稱，「闔城官軍共誅守臣之虐民害政者，持其首級來獻，余不得避，遂乃獎率三軍，以誅黨惡，以順人心」。檄文寫得比較含糊，說「余不得避」，卻不說不避何事。這是出於策略考慮，希望寧夏事變的消息傳開後，天下迅速燃起燎原之火，大家都來擁戴他；如果過早自擬名號，怕人不服。但檄文已抖出「天下霸主」的架勢，「曉諭官軍人等」，要求各行各業營生如故，不必驚慌，欠官府的雜徭全予恩免；並命各鎮官軍保守疆界，聽候調用，且將本鎮軍馬數目及地理圖籍等從速送來寧夏，敢抗拒者嚴懲不貸。

消息很快傳到北京，宛如西北伸來一個大巴掌，直接拍在劉瑾臉上。檄文中說「奸宦用事」，就是說他！更讓劉瑾生氣的是，叛亂就是叛亂，可叛亂一起，群臣紛紛要求朝廷下詔寬恤，都說朱寘鐇以朝廷苛虐為辭，只要下詔寬徵緩刑，伸雪冤滯，賊必不足平。這分明又是一記巴掌拍在他臉上。劉瑾惱羞成怒，但迫於形勢，不敢像往日那樣嚴厲申飭，並且做了有限的讓步，宣布罰米官員賠納不再加倍，只上納應納之數就夠了。他還聽說有人在京城祕密傳播安化王檄文，此事讓他倍感壓力，他懷疑有人故意散播對他不利的輿論，於是令緝事官校嚴查收繳，擅自傳播者予以重處。正德三年的匿名書案，至今未破，他還耿耿於懷呢！

如今的劉太監，真正是一人之下萬人之上，不管是朝中大臣，還是邊方閫帥，沒有人敢攖其鋒，他一發火，誰都得望風披靡，他就是站著的皇帝！可就是有人不服，暗中跟他搗鬼！不得不防。他一想起昔日兄弟張永，就恨得咬碎後槽牙。這兩年，他與張永的關係日趨惡化，已經勢同水火，就在前幾天，他倆為一件事在御前爭執，他一氣之下，當胸搗了張永一拳，不料張永竟敢還手，當著皇帝的面，二人廝打在一起。武宗笑呵呵地勸解，卻一點責怪張永的意思都沒有。劉瑾知道，張永仗著跟皇上關係好，沒把自己放眼裡；而皇上就是喜歡他、相信他，一時還拿他沒辦法！

安化王造反的消息傳來後，朝廷立即準備發大兵征剿，朝臣共推前都御史楊一清擔任統帥。楊一清曾任陝西巡撫、三邊總制，對西北情況熟悉，且此為人才幹優長，在邊方頗著威望。正德初，楊一清提議大修西北邊牆（即西北長城），得到主政者的支持，大發帑金數十萬，修築延綏至寧夏一路的邊牆。劉瑾掌權後，邊牆僅完成四十里，楊一清就引疾歸鄉，劉瑾以「冒破邊費」為由，將他下獄。雖經大學士李東陽、王鏊力救，沒有獲罪，但先後罰米六百石。對這樣一個受過他打擊的人，劉瑾是不想起用的，但公議如此，他也只好暫且同意。於是兵部緊急差人前往鎮江，遞

【宦官小知識】

張永，字德延，別號守庵，保定新城人。生於成化元年（西元一四六五年），比劉瑾小十四歲。他十歲上選入內廷，侍乾清宮，歷升內官監右監丞。憲宗駕崩後，發茂陵司香（劉瑾也一樣）。先帝去世，將其身邊近臣發陵寢司香，是對前朝貴幸的一種貶謫。雖然張永在成化中國史無名，但從他司香茂陵這件事來看，他一定不是默默無聞之輩。弘治九年，張永侍武宗於東宮，武宗登極後，進御用監太監，從此登上歷史舞台。他先統京營顯武營兵馬，又提督三千、神機二營，兼十二團營，掌乾清宮及御用監事。可見張永因掌皇帝所居乾清宮而與武宗關係親密，劉瑾難以間之。他也成為正德初年唯一敢於公然向劉瑾叫板的太監。

送吏部公文，徵召楊一清赴京聽用。總兵官用的是剛剛由內批封涇陽伯的神英。

提督軍務文臣和總兵大將選定了，還差一個監軍太監。

劉瑾靈機一動，忽然想到一個最佳人選——張永。

姓張的不是劉瑾死對頭嗎？幹嘛要提攜他，讓他去立功？

看官可還記得西廠太監汪直？曾幾何時，汪直是多得帝心的一個人哪，結果他少年氣盛，喜歡練兵打仗，在北京當了兩年特務頭子，不過癮，跑去遼東、大同打鬼子。他在邊關，常年不回京，距離遠了，與皇上的感情也疏淡了，後來被尚銘等對頭暗中下藥，等他有所警覺，請求回京時，就回不來了。後來西廠撤了、人也降南京閒住了，他打的那些勝仗，頂個屁用！所以劉瑾不怕張永立功，怕的是他時刻守在皇帝身邊，如今他要拔除這根眼中釘，正好藉機將他調開，以後再收拾他，有的是辦法。

所以劉瑾向朝廷舉薦了張永。

話說楊一清在家賦閒已久，忽然奉命赴京，不知何事，本欲推辭，但怕朝廷執法嚴厲，辭之恐有奇禍，只得勉強就道，但心裡總是作難，不想見到劉瑾。兵部公差偷偷告訴他，寧夏有變，起老先生前往征討，敕使後腳就到，您老實不必進京的。楊一清才稍稍心安。

果然，剛走到宿州，消息傳來，說朝廷祇告天地、宗廟，削朱寘鐇屬籍（不僅黜去爵位，還開除宗籍，不承認他是老朱家子孫），下詔正名討罪，命御用監太監張永總督寧夏等處軍務，楊一清提督軍務，御馬監太監陸誾監槍，涇陽伯神英佩平虜將軍印充總兵官，統率京營精壯官兵三萬，會同陝西諸鎮兵馬，分道進剿。張永以太監「總督軍務」，這樣的名義是史無前例的，兵部不敢反對，推說沒有「總督太監」關防，但奉旨專門為他鑄了一個。

楊一清隨即轉道河南，經鄭州至河南府，在義昌驛站遇見監槍太監陸誾，得知張永已到衛輝府。楊一清先行一步，經陝州入潼關，在華州得到消息，說本月二十三日，朱寘鐇已經就擒！

這是寧夏游擊將軍仇鉞立下的大功。

事變時，仇鉞在城外，他不知底細，被叛兵誆入城中。當時陝西總兵曹雄等率諸道兵已至靈州，仇鉞進城後，與叛兵虛與委蛇，外示屈從，卻祕密派人與靈州官兵取得聯繫，約為內應。他故意裝病，等周昂來探望時，突其不備，將其捶死，立刻率親兵在城內起事，斬殺叛兵數十人，並將朱寘鐇父子及何錦、丁廣等賊首全部捉拿。一場大變，就這樣平定了。此變旋起而旋定，說明叛亂完全是被虐政所逼，多數官軍並不願意參與。

楊一清聽說寧夏城裡呶呶傳言，說朝廷大兵將血洗鎮城，他害怕有變，急忙具疏，請將京兵撤回，同時派人拿著提督軍務火牌，前往寧夏曉諭軍民。

亂平的消息傳到北京，朝廷即召回神英及所率京兵，而令張永至寧夏，偕同楊一清撫靖地方，並起解朱寘鐇及其家眷、逆黨。張永率麾下數百人兼程而來。他聽說寧夏人心不定，預先出紙札榜文，派人先行前往曉諭。在這一點上，他與楊一清想到一起了。

六月初九日，張永至寧夏鎮城，楊一清出郊外迎接。楊一清素聞張永之名，此人過去名列「八虎」，是有名的太監，他來之前，很有些擔心他恃寵跋扈，又前一日見張永派來的使者，如朱德（武宗義子）、谷大中（谷大用弟）、張富（張永兄）等人，不是佞幸就是太監子弟，皆是權閹積習故態，愈加擔心難以與張永相處。

楊一清的擔憂不是多餘的，張永從郊迎到進城，至官廳宣敕，都不怎麼說話，可是進了後堂，兩旁無人時，忽然發作，厲聲道：「寧夏鎮巡官將王府宮眷不待我至，先發過河，是何道理！」張永為此事不快，原也不出楊一清預料。三天前，他還在固原，就聽說新任寧夏鎮巡官將朱寘鐇眷屬並所俘何錦等數十人械送北行，分明是要獻俘搶功。楊一清認為此事不妥，因事關宗室，不待朝命，豈可擅自送發？何況各犯有原謀、有脅從，情狀不一，不在地方上審清楚，一概解京，犯人若有冤屈，將何以自明？他深知，大亂初平，人心未定，處置稍有不當，就可能別生事端。為此馬上派人拿著他鈞帖急往制止，並且交待，如果人馬已經過河，則將人犯收繫於靈州待命。當時還在平涼的張永聽說此事後，也非常惱火，馬上派旗牌官前去制止。這些楊一清都是知道的，故此不慌不忙解釋道：「論法誠不可，但各官別無他意，只因人心驚疑，恐生他變，早發出門一日，省一日干係而已。」他為寧夏鎮巡官做解釋，不想欽差還沒到，先為此事與地方官鬧起來。

張永面色和緩了些，但臉還是僵硬的，道：「聽說此事都是陳侍郎的主張，欲以為功！」他說的陳侍郎是戶部侍郎陳震，此人是劉瑾心腹，派來寧夏整理大軍糧草的。張永撇開別人不說，單挑陳震說事，明擺著是對劉瑾有氣。

楊一清心中一動，但因不明底細，未敢亂言，只是道：「此恐不然。賊平是四月二十三日，後獲夜不收申居敬是五月二十一日，陳侍郎六月初二日方到寧夏，豈敢以為己功？何況寧夏鎮巡、御史、三司官都在，豈可獨咎他一人？」

張永道：「陳有倚仗，所以才如此大膽！」

他說的倚仗，自然是劉瑾。楊一清不接話，也不問倚仗者為誰，繼續從理上給張永解釋，道：「亂臣賊子，人人得而誅之。那都是反賊，各官所行，縱有不是，朝廷也不會深責。況傳聞之言，未必皆實，到彼再看，如何？」

張永的態度緩了許多，但口氣仍厲，道：「各官連連奏捷，只是要封侯封伯！」

楊一清笑道：「譬如人家，父母心上有事，為子孫者，一聞好消息，便當急報，以寬父母之憂，豈有隱而不報之理？」

張永聽了，失笑道：「確實是這樣。」

兩人在談話中提到的陳震，本是從征整理糧草的，寧夏大亂已平，地方上除了有新任鎮巡、三司官彈壓，還有楊一清、張永兩位欽差撫靖，本不必再派一位大臣過來。劉瑾把陳震派來，主要是想用他替換楊一清。楊一清是被劉瑾罷過官、罰過米的人，用他是迫於眾議，並非本心。寧夏事定後，改任楊一清為總制軍務，他揣想楊一清會按慣例請辭，待他疏辭時，正好改用陳震。於是他藉口讓陳震送總制官的符驗、關防及令旗、令牌，也來到寧夏。不料楊一清得命後並未請辭，陳震只好派人把符驗、旗牌等物送來。這些事，楊一清和張永都心知肚明。

他們兩位都是劉瑾排斥之人，如今聚到一起，先已有了幾分默契。張永私底下對楊一清說那些氣話，就有試探之意。而後議起寧夏事宜，發現對方所想及諸種措置，皆與己相合，很有知己之感。張永為人頗為謙遜，能聽納意見，有雅士之風，雖說他隨行之人很多，權貴子弟就有好幾十人，部曲更多達五百多人，但他尚能約束部下，所過秋毫無犯，與將士同甘苦，行不乘輿，暑不張蓋。每日需用，也就公廩糧米數升，此外就是一張紙、一根菜都不妄取。他還經常拿出自己的錢獎賞部下，即使是徒隸厮役之輩，也能沾惠。楊一清瞧在眼裡，已知此人與劉瑾大不一樣，心中暗暗有了主意。

二人在寧夏一力撫卹，革除過去的苛虐之政，張永也很注意聽取楊一清的意見，比如他訪知仇鉞（事後封咸寧伯）、楊英乘亂將安化王府第的金帛併犯家財物取以私用，各數萬兩，楊英還受賄，將應捕人犯釋放。張永怒道：「此法不可恕！」但這兩位畢竟都是平亂功臣，不好擅處，便問楊一清請教。楊一清照直說：「此事我也聽說了，但無實據，恐是仇人怨家流言相傳。」對此事他態度明確：

「大功既成，則小節似不必深究。且反逆之徒，皆得以脅從釋放，而以暗昧不明之事，追究一二有功將官，非惟體面不宜，又似與反賊報仇。」張永聽了，就沒再理會此事。之後反覆思量，覺得楊一清「大功既成，小節不必深究」實為不刊之論，過了很久，每當提及此事，還連連說：「是這樣，是這樣！」他對楊一清的見識非常欽佩。

在寧夏善後，甄別非常重要，張永宣布，凡手刃鎮巡重臣者、造偽命偽符者、破人廬室汙人子女者，皆不可赦；至於其他受賊賞賚、聽指使者，悉置不問。由於政策適宜，寧夏城很快恢復了安定，「耕鋤不廢，市肆如故」；大亂之後，「藩鎮威令，漸復其舊矣」。

楊一清與張永相得甚歡，他們在處理軍務之餘，常常說一些私己的話，談話漸深，就由朱寘鐇之亂談到朝廷虐政，又慢慢觸及劉瑾播虐天下。楊一清憂心國事，深知時弊的癥結就在劉瑾身上，但要除去劉瑾，僅依靠外廷的彈劾是不行的，必須借助宦官之力。張永與劉瑾不和，正是倒劉的最佳人選。

在一次談話時，楊一清忽然扼腕嘆道：「寧夏之難，賴公公之力，反側已定。然則此難易除，國家內患難消！」張永道：「這話怎麼說？」楊一清不言，把身子靠近些，在掌心畫一「瑾」字。張永便知其意，但為難地道：「劉家早晚都在皇上身邊，枝附根據，耳目眾多……。」楊一清見他猶豫，知當激一激他，遂慨然道：「公公也是皇上信任的人，討賊之事，不付他人，而付於公公，聖意可知。今功成奏捷，公公回京，可在與皇上論軍事時，趁機發劉瑾之奸。」張永心猛然一動，問：「那我當如何進言呢？」楊一清胸有成竹道：「公公可極陳海內仇怨，以『懼變起心腹』為言。皇上英武，必聽公公之言，誅殺劉瑾。劉瑾誅，公公益柄用，當悉矯前弊，以收天下人心。千載而下，好公公，就是呂強、張承業與公公三人耳！」

此事非同小可，張永心跳加速，但仍不免遲疑：「如事不成，當如何？」楊一清斷然道：「此言從公公口中說出，皇上必信。萬一皇上不信，公公當伏地不起，頓首請死，剖心以明不妄，皇上必為所動。」他強調：「皇上一旦答應，公公須謹記，一定要立刻行事，不可稍緩，緩則事敗矣！」

在楊一清的激勵下，張永漸趨堅決，勃然起身道：「嗟乎！老奴何惜餘年，不以此身報主之恩哉！」

楊一清與張永密謀此事，便是生死之交。自他們在寧夏訂交，就成為終身的好友。張永回京後，即力援楊一清還京，升任戶部尚書，又加太子少保，改吏部尚書。嘉靖初年，張永去世後，已任大學士的楊一清親筆給老友撰寫墓誌銘，卻因此遭到朝臣抨擊，黯然去位。此為後話，我們在本書第三部裡細講。

第七章　千刀萬剮，再來一碗粥！

劉瑾是這樣一種人，敢於與天下人為敵而不懼。我有時候想，如果劉瑾是皇帝，明朝會是一個什麼樣子？可惜歷史無法進行沙盤推演，而事實是，劉瑾只是一名太監，他要做皇帝的事，結局幾乎是注定了。

如果說過去劉瑾還不瞭解有那麼多人反對他、怨恨他，那麼當遼東、寧夏先後發生動亂，且指他為元兇後，他應該知道畏懼了吧？人不可能無懼，劉瑾在寧夏叛亂之初，也能稍自斂戢，聽從內閣的建議，頒發恩詔，少更其刻核之政。但亂子一平，他馬上後悔了，嚴急峻厲的衝擊波又來了——或許，他需要始終對群臣保持一種威權的壓迫態勢吧？惟其如此，才能有效地維護自己的權威。

正德五年對劉瑾是一個很不祥的年分，先是寧夏之變，然後他的哥哥，後軍都督劉景祥又在六月十七日去世。滿朝公卿接到訃告，都趕來弔喪，唯恐落後，每日車水馬龍，把劉瑾在東華門的私第都填滿了。

劉瑾定的送葬日子，是八月十五中秋節那天。

可巧張永押著叛藩逆黨回京，奏請入京獻俘的日子，也是八月十五日。

劉瑾惱火得很，這討厭的傢伙，選日子也來跟他撞車！他讓張永稍緩還京，等他把喪事辦完再說。

出乎意料的是，張永不僅沒緩，反而加速了，提前於八月十一日回到北京。

武宗很高興，特地換上戎服，率領文武大臣，親臨東安門迎接。他急切看到那位「狀貌魁梧」，有大貴之相的親戚朱寘鐇。可只見他形容消瘦，雙手反縛，頭垂胸前，哪裡像龍，不過是一隻大號的小龍蝦罷了！瞧著他叩頭求饒的狼狽樣，武宗十分高興，幾乎要拍手大笑起來。按照提前定好的獻俘禮儀，司禮監傳旨，命將朱寘鐇及其親屬十八人送東安門外諸王館鎖系看押。

隨後偽大將軍何錦及從逆者數百人都被反綁著，由紫禁城東門東華門進入大內，在御前獻俘。一時間，金鼓之聲大作，響徹宮城。這是武宗第一次體驗做大將軍閱俘的樂趣，一顆奇異的種子已播撒在他的心田……。

獻俘畢，何錦等被押著，橫穿宮城，從西華門出去。

然後武宗親自設宴，為張永接風，劉瑾、馬永成、谷大用等東宮舊臣都來侍宴。眾人歡愉，彷彿又回到了昔日東宮的生活——還都是那「八虎」呢！只是眾人已多是貌合心不合。

這場酒一直吃到晚上，聽著張永喋喋不休講述軍中見聞與西北風情，武宗好奇，問個不休，劉瑾越加不樂，托個故辭出來。他哪裡曉得，張永正等這個機會呢！

待劉瑾一走，張永馬上從袖中取出一疏，跪倒在地，口稱要奏發劉瑾謀反。

武宗大吃一驚，讓他奏來。

張永便照著疏文所寫，稱劉瑾負恩估勢，竊弄威權，積釁釀患，以致大變，幸賴天地宗廟之靈，悉底平定。

武宗果然不信，道，寘鐇反，未必因為他。

張永又取一紙呈上，正是朱寘鐇偽出的檄文。武宗接過來一看，見上面寫著「主幼國危，奸宦用事」云云，臉唰地紅了，不是酒激的，而是羞的。

張永道，此檄為邊臣繳獲奏呈，被劉傢伙瞞下來，不予奏聞，這便是他欺君的明證！

又說，劉瑾包藏禍心，不亟誅戮，無以謝天下。疏文他是背熟了的，此時不緊不慢、一款一款地說出來，一共列了劉瑾十七條大罪。

武宗已經飲了很多酒，此時酒勁發作，腹中燥熱，半俯在酒桌上，道：「劉瑾負我！」

張永在說這些話時，內心是極為驚惶的，見武宗意動，方鬆了口氣，馬上想起楊一清的叮囑，忙急切地道：「此不可緩矣！」

他對武宗說，劉瑾反狀已明，不可再緩，恐變起心腹。他一頭說，一頭拿峻厲的目光迅掃馬永成、谷大用等人。他心中甚是焦急惱怒，這些傢伙平日發牢騷嘴巴倒挺利索，今日該他們說了，卻個個做了悶嘴葫蘆。馬永成等人因為事發突然，一時還沒反應過來，此刻被張永怒目一撩，方醒過來，忙一齊從席間爬出，跪在武宗腳下，紛紛數落劉瑾的不是——這一幕，宛如四年前「八虎」一起傾陷王岳的重演。

想當年，他們幾個共推劉瑾入司禮監柄用，本指著他照顧，可是劉瑾一旦當權，馬上變臉不認人，老友們的請求多不聽從，他們也是積怨久了，此時一起來推劉家這堵危牆。

武宗酒勁沖頭，當下把桌案一拍，酒杯亂蹦：「去，把劉瑾給我捉來！」皇帝口一張，便是下旨，當即有四名長隨前去抓人。

當他們來到司禮監位於河下的值房時，月已過中天，劉瑾心中有事，睡得不甚安穩，忽聽門外喧嘩，就從被中撐起身，向外喝問：「什麼人！」

長隨道：「有旨。」

劉瑾心知有異，忙披了件青蟒衣出來，見到眾長隨，還未搭話，已被撲倒在地，乃一條索子縛了，夜開東華門，將劉瑾送往菜廠關押，同時差出官校，將劉瑾在皇城內外的私第全部封鎖。

夜收劉瑾，與正德元年十月驅逐王岳一樣，在內廷猝然而發，外間毫不知情。次日早朝，消息才稍稍傳開，但人們攝於劉瑾的積威，都不敢過多打聽。

散朝後，武宗將張永之奏發內閣，並且降旨說：

> 朕嗣承大業，務期法祖保民，以安天下。委劉瑾以腹心，整理庶務，瑾乃不體朕心，矇蔽專擅，變亂成憲，肆行酷虐，使官員軍民無不受害，愁嘆之聲，有干和氣，朕深悔焉。

武宗承認用錯了人，命將劉瑾降為奉御，發鳳陽閒住。

所謂「人亡政息」，劉瑾人還沒死，他的政治生命已告終結，他當權時推行的新政也就失去了依據，於是各處新查屯田文冊全部燒燬，照舊額徵收；新設巡捕、巡鹽、查盤等項官員一併革去；法司問擬囚犯也不許再參照新例。聖旨要求，「凡（劉）瑾所行有虧國體者，法司即會眾官一一條具奏革」。雖然設定了前提，即「所行有虧國體者」，但隨後各部院請復舊例，還是將劉瑾所行之政全部革除。

矯枉總是「過正」，過正的緣由，就是矯弊者為了突出政治的正確性，官員們那麼做，就是為了積極撇清與劉瑾的關係。一個叫李憲的都給事中，本是劉瑾的人，在科道參劾之列。他見大家都在奏劉瑾不法事，也趕緊寫了一份揭發材料，「奏瑾不法六事」。大家都明白，他這麼做，是為「求自脫」，都特別瞧不起他。劉瑾在獄中聽說了，也笑道：「李憲也劾我乎？」

李憲那麼做，也是可以理解的。聖旨道：「文武官員順從緘默，多非得已，今皆貸之。」就是說，除了劉瑾本人，其他與之交結、順從者，都不再追究。事實卻非如此，就在劉瑾被捕的次日，京城裡「邏卒飛騎交馳於道，黃紙黑索，驚駭見聞，衣冠失度，府寺閭巷喧囂如沸，浹日乃定」——連著幾天都在抓人，而且一旦抓住某人，立刻按謀反罪的「標準」封閉其門戶，弄得人人自危。像李憲那樣為求自保，反投一槍，加入參劾劉瑾大軍的人不在少數，劉太監專權四年，哪個能不與他「交結」呢？除非不想混了！就看交結的深與淺了。

劉瑾下獄後，聽說將發鳳陽閒住，呵呵笑道：「我亦不失為富太監。」

有書上是這麼記的，我對此表示懷疑。

事變後，劉瑾內外私宅都奉旨封閉，封閉就是為了查抄，身陷囹圄的劉瑾憑什麼認為他還能保其富貴？朝廷所發旨意中，還有一條：「（劉）瑾所當坐罪名，從重議擬以聞。」劉瑾已降為奉御，但最後給他定什麼罪，還要等審問之後決定。劉瑾得罪了那麼多人，許多人恨不能生啖其肉，憑什麼他認為自己能安然無事？人們造那樣的謠，就是試圖拿這些話去激怒武宗，他們絕不容許劉瑾繼續活下去，這就是政治的殘酷。

劉瑾的對手們早已在做這樣的輿論準備。

張永班師時，劉瑾「緩」其期，當時就有傳言，說劉瑾有異謀。「有洩其謀於（張）永者，永遂先期入。瑾愕然。」一稱張永預知劉瑾逆謀，遂出其不意先期而入，使劉瑾的「預謀」失敗。

劉瑾之「謀」也太不祕了！不僅有人洩給張永，京師裡巷也是「私語籍籍」，大家都在傳，說八月十五劉景祥出殯，滿朝臣僚都要到劉府送葬，劉瑾已與二三同惡祕密定計，屆時將為變！而且言之鑿鑿地說，這幾日「夜禁甚嚴，犯者至死，星出後寂然無雞犬聲。有中夜竊聽者，聞兵甲聲錚然相繼」。

劉瑾雖無反謀，而他謀反的「聲浪」已經很高了。這就是張永攻擊劉瑾的一種手段，與當年的匿名信如出一轍。

武宗以酒中一怒將劉瑾下獄，起初並無意殺他，最後使他改變主意的，是對劉家的查抄。

武宗親自參加了對劉家的抄沒，見他家裡金銀數百萬，寶貨不可勝計，還抄出偽璽一方、穿宮牙牌五百塊（牙牌是進宮的憑證）及其他衣甲弓弩等違禁物，尤其是看到劉瑾平日所持扇中藏有兩把利刃時，武宗澈底怒了：「劉瑾果然要造反！」於是將劉瑾從皇城發出，送錦衣衛嚴訊。

這已是劉瑾被捕後的第四日。就在同一天，張永之弟、錦衣衛都指揮僉事張容被任命為錦衣衛掌印，提督官校辦事。劉瑾案的偵辦負責人，就是張永的親弟弟。劉瑾之獄，自然在其擺布之下。

也是在這一天，六科給事中、十三道御史聯名上疏，劾劉瑾十九大罪，要求對劉瑾「亟賜誅戮」。

這三件事發生在同一日，不是巧合，而是有計劃安排的結果。

科道上劾疏後，即傳旨令法司、錦衣衛將劉瑾帶到午門，會多官鞫訊（廷鞫）。

劉瑾專權多年，如今下獄多日，仍是「倒人不倒架」。主持審問的是刑部尚書劉璟。這位劉尚書做著最高司法長官，卻是個老實漢，心腸一點都不硬，多次遭到劉瑾的責罵。但他對劉瑾態度極為恭順，所以劉瑾罵歸罵，尚能容他。此時見到已淪為階下囚的劉瑾，劉尚書竟然害怕，「至噤不能出一語」。其他公卿大臣也好不到哪裡去，都低著頭，側立一旁。他們平時對劉瑾不是屈膝獻媚，就是曾受過劉瑾抬舉，此時與劉瑾真是難以見面，難以為情，更是難以開口問囚，只好「稍稍退卻」。

眼看廷鞫就要冷場，審不下去。這時，英宗女淳安公主的丈夫，駙馬都尉蔡震氣憤不過，挺身而出，對劉瑾大聲叱責——沒想到，國家級的審判大會，法官們個個不敢說話，還要靠一個皇親陪審員來撐場子，說來也是好笑！

劉瑾卻不認得此人，抬頭問：「你是何人，敢忘我德？」他以為，凡能安然在朝者，皆出自他的德惠。蔡震一聽，更氣了，厲聲道：「我蔡震乃國戚，何賴於汝！」上前扇劉瑾的耳光，又急呼官校上前，對劉瑾用刑。犯人就怕打，一打，威風就掉了——事後，大家都說，「是日微震（要是沒有蔡震），幾不成獄」，若是蔡駙馬不出馬，幾乎就要審不下去了！

其實這樣的審理也就是走個過場，很快，劉瑾的案子就審得了，主犯劉瑾以交結內外官員符同奏啟、矯托詔令、紊亂祖宗成法、私制兵甲、偽造寶印、刻期為變等不法之罪，判處凌遲處死——以「刻期為變」入刑，等於把謠言坐實了！

案子宣判後，張永交待刑部，此案不必復奏（根據制度，死刑案子必須經過駁讞，復奏三次，才准執行，時間比較長），當立即執行。他害怕武宗念著舊情，忽然反悔，所以要趕緊把劉瑾處死。

八月二十五日，劉瑾決於市。

凌遲，又稱「磔刑」，俗稱「千刀萬剮」，民間惡語罵人，也說「殺千刀的」，正是此意。劉瑾之死，是歷史上最著名的幾次凌遲之一，據說他受刑三日（實為兩日），挨一千餘刀（遠無此數），身上片下來的肉被仇家一搶而空，當其面啖食之云云（亦無當面之事）。其實，劉瑾受刑的過程，是留有目擊者的記錄的。記錄者還不是別人，正是前面提到的刑部主事張文麟，他是處死劉瑾的監斬官。

此次行刑，按例應輪到刑部陝西司主事胡遠，可胡遠竟不敢去，他聞命「錯愕」，對尚書劉璟道：「我如何當得！」堅決要辭此差。胡遠的心情，劉璟自然是懂得的，他便說：「我叫張文麟幫你。」所以張文麟是臨時承命，攬了這份令人心情複雜的差事。

當張文麟趕到刑場時，劉瑾已經開刀。這人肉要一刀一刀地慢割，到天黑時，劉瑾已變成血葫蘆一般，但還活著，暫將他送順天府宛平縣寄監。這時，將綁繩給他解開，沒料到，劉瑾竟然要吃粥，而且一吃兩大碗！令張文麟目瞪口呆，道：「反賊乃如此！」第二天，仍將劉瑾押到東角頭刑場，繼續施刑。因為前一日用刑時，劉瑾嘴不停，說了許多內廷密事，這日預先將一塊麻核桃塞入他口中，復用數十刀，方才氣絕。此時，太陽才升起來。張文麟和一同監斬的御史具本請奏，奉聖旨，以劉瑾凌遲數足，令銼屍，免梟首（就是將首級用小木籠裝了，掛在市集熱鬧處，如果不傳旨取下來，有的人頭會掛數年，甚至十幾年）。銼屍時，劊子手舉巨斧，當胸一大斧，劉瑾胸骨迸出，飛至數丈遠。圍觀的受害之家，爭取劉瑾之肉以祭死者。這一幕是極可怖的，張文麟嘆道：「逆賊之報，亦慘矣！」事後朝廷將行刑過程畫出來，榜示四方（以上據《張文端公自敘年譜》）。

劉瑾是謀反重罪，按律人口家財皆應「抄提」。此時劉瑾的亡兄劉景祥，穿著新得的一品冠帶，端端正正躺在棺材裡，就等著入土為安了。突然抄家者闖入靈堂，將其拖出，毀裂衣裳，棄置於路，旋即「追削其官，焚其屍」。劉氏滿門被逮，不單親屬同居之人，就連遠在興平老家的族人，也被械解到京。

其時，因「變起暴猝，人人持意行法」，判決之重，多不當罪。依律法，犯官之家未成丁者（古代以成丁為成年的標誌。成丁者就要向國家承擔相應的義務了）可免死。劉瑾侄孫劉二漢尚幼，治獄者對是否處決他，拿不定主意。有人提議從寬。刑部主事張文麟堅決不同意寬處劉二漢，他質問：「劉瑾為誰反邪？」他的道理是：劉瑾造反，皆為此兒（術士言二漢「當大貴」），此兒為禍機，豈能逃死？二漢竟「坐誅」。

傳說二漢臨刑前，呼曰：「吾死固當，第吾家所為，皆焦芳與張彩所教唆。今張彩與我處極刑，而焦芳宴然無事，豈非冤哉！」這是見於《明史．焦芳傳》的記載。可信乎？劉二漢被處死時才十歲，豈能呼出那樣的口號？況且按律他本不應死，枉死之人怎會說出「吾死固當」的話呢？此明為野史，不可信。焦芳在劉瑾敗亡前三個月已致仕。劉瑾敗後，科道劾內外官為劉瑾奸黨者二十六人，這份名單裡有大學士曹元、前大學士劉宇、吏部尚書張彩、戶部尚書劉璣等大臣，皆劉瑾生前親暱之人，卻唯獨沒有助虐最多的焦芳；張彩下獄庾死，仍不免戮屍，焦芳卻僅僅削官。處罰太輕了！有人憤憤不平，遂借可憐的二漢之口，做了這樣一篇小說，不想《明史》作者竟輕信了。

當時被處斬的劉瑾親屬，除了劉二漢，還有劉傑等十五人，另有奸黨左堂等發廣東、海南衛永遠充軍，婦女送浣衣局。術士俞倫、余曰明被人揭發，曾稱劉二漢當大貴，並收系論死，仍籍其家。

刑部主事張文麟雖為二漢之罪人，卻又為劉瑾眾多族屬的恩人。因劉案被逮的，除了近親，還有「他族屬」約三十人，都是「既經別籍」者（即分家立戶之親），包括從興平老家逮來的疏族，據時人目睹，「皆農人」。這些鄉下種田人哪曾討過劉瑾什麼好？但「深禍者窮治」，欲一概坐以重罪，獨張文麟「多所裁正」，他說這些人都是「不與於（劉）瑾榮者也」，他們才倖免一死。

劉瑾侄婿邵晉夫夫婦下場如何？有一種「傳奇」，說邵晉夫「攜妻遁去，後輾轉襄漢間（今湖北襄陽一帶）為娼」，且有詩為證。正德十二年進士、詩人王廷陳曾作《聞箏詩》，寫一「楚館名娃」，善彈秦箏，繁弦每寓哀怨——「曲終仍自敘，家世本西秦」。據稱這首詩詠的正是劉瑾侄女之事（見黃景昉《國史唯疑》卷五）。

這故事雖然催淚，卻屬野語，邵晉夫並未有入楚受辱之事。朱國楨《湧幢小品》卷十九《濟風救難》記：「瑾敗，有司逮（邵）昇」。他急忙跑到好友劉佐家躲起來，藏了幾個月，劉佐又將他轉移到另一處地方。有人勸劉佐別冒這樣的風險，劉佐說：「邵君來投靠我，是因為我能救他一命。邵君過去沒有摻和劉瑾的事，這我是知道的。如果不管是非曲直，輕易地背叛朋友，那還是仁者之人嗎？」

在朋友的幫助下，邵晉夫沒有罹難，但他得以「免誅」，從根兒上來說，還是得益於他「不與瑾事」，沒有仗著老丈人的勢力造孽。即便如此，仍不免被「斥為民」，失去了功名。

朱國楨的記述得到著名文人康海為邵晉夫撰寫的墓誌銘的印證。據《有明詩人邵晉夫墓誌銘》載，劉瑾誅後，「天子以晉夫無所預事，赦為編民」，嘉靖十三年（西元一五三四）病死於鳳翔家中，得年四十四歲。其墓銘道：「（晉夫被除名後）關中縉紳士夫莫不重以為冤，而晉夫洋洋粹粹，曾無少動於中，險夷不改，寵辱不形，厥覿淵矣！」劉瑾這位侄女婿確乎為一位涵養深厚之士，難怪關中士大夫都替他惋惜，稱其早夭為「犯忌才之阨」。

墓銘還提到：「所配談氏，無子。沈宜人（邵母）為置二妾，亦無子，乃以黨氏妹之子延正為後。」這位談氏，就是劉瑾之女姪，晉夫之原配。但文字甚簡，只知談氏已先晉夫卒，余則不可曉矣。

至於劉瑾的另外一位侄婿曹謐，改官千戶未數月，他妻翁就事發了。父親曹雄降官下獄，隨以黨逆論死籍沒。哥哥曹謙在獄中為仇家捶死。曹雄後來得到寬宥，詔「與家屬永戍海南，遇赦不原」。曹謐的結局不知，大概攜其妻子劉氏（或複姓為談氏）遠戍天方了吧！

第八章 張永想學「劉馬侯」封爵

誅劉瑾，成為張永平生第一件大功勞，為此賜金牌銀幣，累加歲祿至三百石，其兄張富封泰安伯，弟張容為安定伯。這是曹吉祥之後，太監子弟首開封爵之門。

在議寧夏、劉瑾之功時，兵部尚書王敞等會英國公張懋、尚書劉機等議，認為大將仇鉞「功止一方」，已封咸寧伯世襲，而張永「輯寧中外，兩建奇功，又非（仇）鉞比」，其兄弟併宜封伯。說張永在寧夏、劉瑾這兩件事上都立有大功，每一件都值得封伯。於是張家一下得了一雙伯爵，誥券及勳號皆為「推誠宣力武臣，特進、光祿大夫、柱國」，歲祿千石。實錄說：「時（張）永既誅（劉）瑾，諸與瑾私者，懼及禍，爭媚永以求自安。二伯之封，蓋（王）敞輩二三人成之云。」說白了，這倆伯，不過是官員們為了免禍、行賄張永的賂金。

張永家發達了，有人瞧了眼紅，谷大用、馬永成、魏彬等紛紛表示，寧夏、劉瑾二功，咱們也有份兒啊，怎麼成了張家一人的奇功？武宗高興，伯爵算什麼（他連自己這個皇帝都沒當啥，何況區區伯爵），賞！於是封谷大用兄谷大寬高平伯，馬永成兄馬山平涼伯，魏彬弟魏英封鎮安伯。馬山就是個馬伕，除了盤馬，啥都不會。魏英還不是魏彬的親弟弟，他是冒的魏姓。還有一個叫朱德的，算是個添頭，也一塊封伯。朱德本是裴太監家的廝養奴才，冒了裴姓，他有一手好廚藝，尤其擅長西域美食（大概是燒烤吧），很得武宗寵愛，賜他朱姓，收為義子，這次給太監家兄弟發紅包，順手塞他一個，封了一個永壽伯。

「爵賞之濫，國朝所無」，朝臣嘆息，武宗可沒當回事兒。

劉瑾死後，群魔亂舞，但風頭最健的，還是張永。

正德五年上半年，北方一直沒怎麼下雨。直隸贊皇知縣王鑾上疏說，今歲五月，赤旱千里，張永奉命西征，經過真定，大雨隨之而降，百姓稽首說：「天上雨露，張永帶來也。」張永出征，不坐乘，不張蓋，不作威福，真是今日之皋陶、夔龍、伊尹和傅說（這四位都是傳說中的名臣）！疏文前後幾千字，極盡諛媚。武宗就命擬敕表彰，內閣、司禮監跟著捧場，獎敕文字長達數百字，張永之美，簡直是「美不勝收」！

眾人趨附奉承，歌功頌德，一浪高過一浪，把張永捧到浪尖上，暈暈乎乎的，他竟突發奇想，想自己封侯了！

寧夏、劉瑾二功，已經置換了兩個伯爵，沒法再用了，得另想他轍。

當時順天府涿州（一說霸州）有個男子叫王豸，生有異形。說他「異形」，不是說他是天外飛仙或半人半獸的怪物，而是此人生有異相：他足上涅刺龍形，手上隱隱現出「人王」二字。張永知道後，派人將他抓起來，然後以「妖異」奏聞。錦衣衛一審，就說王豸妖言惑眾，欲圖謀反。一個鄉間小丑，瞬間變成一件謀反大案的主謀。這戲法不是妖人王豸變的，而是張永要變的；他變的是帽子戲法，手探入囊中，拿出來的將是一頂官帽。

風聲傳出來後，人言籍籍，都說張永緝捕妖人，是想封侯。公卿大臣們都覺得不好處理，此事歸兵部管，兵部尚書何鑑更覺為難，但他不敢抗拒辨明，便請下廷臣會議——讓大臣們一起來議。

這天，一夥兒司禮太監來到內閣，傳諭上意，說王豸手文成字，有異相，張永能消變於未形，功勞甚大，宜重加褒賞。張永也一同來了。內閣大學士楊廷和點頭道：「確實不可不褒賞。」太監們便問：

「應何以褒之？」楊廷和道：「寫敕獎勵，多加祿米。」太監們都說不夠，並稱皇上之意，是要給張永加爵。

楊廷和心中暗驚，外間傳言果然不誤，張永竟有此念！他見眾太監搶著說話，唯張永站在後面，一言不發，便也不看他，只對眾太監道：「我朝官制，太祖高皇帝所定，載在《祖訓》，內府監局官止於四品，未有加封爵位者。」

司禮太監范璟最積極，他篤定地說：「怎麼說沒有？劉馬侯就是前例。」

楊廷和道：「劉馬侯是誰？自來未聞此號，只聽說過先年太監中有一位劉永誠，公公說的可是他？」

范璟道：「正是此人。」

楊廷和道：「那就不是了。劉永誠歷事累朝，七十餘年，出入中外，多效勞勩，又久在御馬監掌事，京師人稱『劉馬太監』。可是他未嘗封侯。劉永誠卒於成化初年，墓誌是翰林岳正所寫，岳公文集《類博稿》可考。劉永誠之侄劉聚，為大將鎮守地方，以功封寧晉伯，這是他自己的功勞，非劉永誠自為也。公公若不信，可從寧晉伯劉福家取誥券來看。」

說時，從閣中取出一本《類博稿》，拿給眾司禮看——這是他早準備好的。

太監們一翻，書中所載劉永誠墓誌，詳細記載了永誠出征烏梁海及亦集乃、瓜沙等處，擒其酋長，斬獲數萬，功伐顯著，但確無封爵一說。

范璟態度蠻橫，他道：「今雖無，古亦有之。」

楊廷和正色道：「漢時一日五侯，非盛世事。宋朝童貫至封王爵，後竟何如？」

他說時，張永面色難看，仍是一言不發。

范璟堅持：「可下吏、兵二部，令多官議之。」

楊廷和道：「張公公奏誅逆瑾，靖寧夏之亂，功在朝廷，天下皆知之，恐不假此為重。若多官會議，誰敢阿順上意，變亂成法，自取重罪？必將正言極論，形之奏牘，揚於大廷，傳之天下，似非所以為張公寵也。」

經過反覆辯難，司禮太監們見沒法說服楊廷和，遂怏怏而去。楊廷和想想，還是不放心，又托一位與張永關係密切的宦官去找張永，說此舉在朝廷為異恩，在公宜力辭，希望他明白，非常之恩，必遭非常之嫉，請張公留意。張永似聽進去了，上疏請辭恩典。

但傳旨仍令兵部會廷臣集議。廷議從來只議朝廷大政，還從未為加恩一名太監而眾大臣一起會議過。

兵部尚書何鑑與吏部尚書楊一清等大臣商議認為，張永勞績重大，不加恩典無以表其忠藎，不諒所請無以成其謙德。話說得周整，中心意思是一句話：恩當加，但不可過分。其實張永為此事也諮詢過楊一清的意見，楊一清的態度與楊廷和一致，都勸說張永乞恩不可過甚，以戒盈滿。

最終，武宗命內閣寫敕褒諭，加歲祿四十八石（實錄記載是「再加祿米百二十石」），賞彩段五十表裡。張永堅決辭謝，終是一無所受。

張永辭恩的主要原因，不在憚於「外議」，而是因為遭到「同類者所忌」。

自獻策誅滅劉瑾後，張永不僅獲得大量賞賜，還被擢入司禮監，他如今又想封侯，在許多人看來，張永將有化身第二個劉瑾的勢頭。

劉瑾死後，繼掌司禮監的，是魏彬。馬永成等人不服，上奏各表其功，於是武宗下旨，命「凡朝廷大事」，須魏彬與馬永成等「同議」。這是過去從未有過的體統，居然令倖宦官與司禮監同議大政，這是「後劉瑾時代」朝廷亂象的開始。張永就是在這時入司禮監的，據楊一清所撰墓誌說，張永是「掌監事」，成為頭號大太監。他很快發現，這個位置，很不好坐。

他剛入監，就發生了一件事。

正德六年四月，刑部員外郎宿進疏言六事，說內臣如王岳、范亨，言官如許天錫、周鑰，皆因劉瑾死，宜加恤典；又說大臣阿附劉瑾者，如兵部尚書王敞等，皆宜罷，內侍中有劉瑾餘黨，亦宜令太監張永察之，等等。

不想這一疏，竟惹惱了武宗。

當天下午，張永出來傳旨，對大學士李東陽、楊廷和、梁儲說，皇上大怒，要親自審問宿進。他還暗示，皇上喝醉了，此時帶酒審問，宿進怕凶多吉少。李東陽會意，忙解勸道：「後生狂妄，且已日暮，非見君之時，但宜奏請寬處之。」張永表示同意，就回宮去了。

過了一會，仍出來傳旨，皇上不再堅持親自鞫問，而是令將宿進抓到午門外，廷杖五十，發為民。宿進因言獲罪，挨了打，罷了官，總算沒把命搭進去，這也是張永與內閣暗中相救的結果。

奇怪的是，宿進所言並不激進，也未甚觸忤，怎麼就把武宗激怒了呢？

後來人們才漸漸明白，原來是他疏中「察劉瑾之黨」那句話深深得罪了太監們，遂為「群小所中」。

宿進請令張永察劉瑾餘黨，也使張永很尷尬。他在司禮一年多，本想有所作為，但每欲行事，便覺處事之艱難。楊一清說：「時近倖多怙寵干紀，公（張永）多所匡諫，不復顧忌。群小共媒蘗之，幾中奇禍。」群小「媒蘗」何事不可曉，只知張永於正德七年十一月罷司禮，隨為太監丘聚所劾（丘聚也是昔日「八虎」之一）。實錄此事有記載，說張永罷司禮後，仍理御用監事，託言欲有稽查，令庫官吳紀等竊出銀七千餘兩，舁入私宅，造作玩好諸物。御用監太監丘聚發其事，執吳紀等付錦衣衛鎮撫司鞫治，具得情實。張永多方營求，僅調御用監閒住，吳紀等降調有差。

張永深有感觸地對人道：「今日始知楊先生前日愛我之厚也！」他說的楊先生，就是拒絕了他封侯企圖的內閣大學士楊廷和。

事實上，劉瑾之後的司禮監已進入弱勢時代，權勢大衰，在正德中後期，對朝政產生巨大影響的，不是司禮太監，而是包括太監、武臣在內的佞幸們。

這期間，明朝也進入一個動盪的時期。先是正德六、七年間，山東、直隸等處的劉六、劉七之亂，然後是武宗頻繁地巡遊，接著是正德十四年江西寧王朱宸濠的反叛，武宗藉機南巡……皇帝荒德怠政，眾佞幸狂舞亂法，朝廷呈現出一種可怕的亂象。

在平定山東、直隸之亂時，御馬監太監谷大用營得「總督軍務」的職務，太監張忠管神槍，與伏羌伯毛銳率京營官軍五千人，同往剿殺。谷大用、張忠以為平賊容易，他們「謀督軍以出」，就是希望大勝之後，能像張永寧夏功一樣，獲得爵賞。

正德後期，太監中有「三張」，即司禮太監張雄、東廠太監張銳和任東官廳提督太監的張忠。在三張中，張忠以預軍務，尤得武宗寵愛。

話說正德六年後的「河北大盜」是怎麼起來的呢？這要從一個叫張茂的巨魁說起。張茂住在直隸文安縣，家有高樓列屋，深牆窖室，招集亡命，後來大鬧山東、直隸數省的群盜劉宸、劉寵、齊彥名、楊虎等，都是他的手下。張忠外號「北墳張」，也是文安人，他在老家的居所與張茂家很近，二人結拜，以張忠為兄，張茂通過他結交了馬永成、谷大用等人。據說他托太監的關係出入禁中，還陪武宗踢過球。正德五年春夏間，河間參將袁彪奉命剿匪，張茂為之所窘，向張忠求救。他這位義兄倒「義氣」，在家置了一席酒，把官與賊都請來，東西對坐。他先舉酒對袁參將說：「這位彥實（張茂字），是我的弟弟，你今後當好生相看，無相扼也。」又舉酒對張茂說：「袁參將今日與你一面之好，你今後切勿再寇河間府。」他是要雙方井水不犯河水。袁彪不敢得罪張忠，只得答應。

後來劉瑾因河北盜熾，派都御史寧杲來剿直隸一帶的盜匪，張茂是重點清除對象。寧杲讓一名巡捕主簿扮作彈琵琶的優伶，混入張家，作為內應。接到情報後，率領驍勇壯士數十人，乘其不備，突入張宅，將張茂一鼓擒拿。張茂在搏鬥中被砍斷一條腿。寧杲怕夜長夢多，將他用車裝了，直接送往北京。

張茂手下劉寵、劉宸等人急忙上京營救，他們找到張忠、馬永成，請他們想辦法，把大哥撈出來。張忠答應幫忙，但提出條件：「必獻銀一萬兩，乃赦之。」劉寵等一時湊不齊銀子，就率手下在四境劫掠，中原之盜就這麼發起來了，遂「橫行中原，殺人滿野，村市為墟，喪亂之慘，乃百十年來所未有者」。朝廷多次出動京軍，都打不過，只好調動強悍的邊兵到內地來剿賊，「竭天下之力，三載僅能滅之」。

盜是太監養的，也是太監放任坐大的，如今盜起了，太監們又領著京兵來剿賊立功了。只是他們沒打仗的本事，幾千京兵被農民軍打得丟盔棄甲，逃回京去。

但這並不影響他們肆其所欲，亂平後，兵部上各官功次，太監們照樣摻和進去受賞，加祿米、恩蔭弟侄就不必說了，谷大用弟谷大亮還以內批封永清伯，陸誾侄陸永封鎮平伯。谷大用終於攆上了張永，他家也出了倆伯爵。

這樣壞法亂政的事，滿朝臣工，竟無一人敢諫。史云「逆瑾誅而內權愈熾，群臣畏禍，（故）直諫風靡」。朝中無人敢說真話，這朝廷就只有慢慢腐爛了。

第九章　皇帝竟給自己加俸祿

中國歷史上，還沒有一個皇帝，當皇帝當膩歪了，死活不肯住乾清宮（天子正寢），不上朝，不理政事，甚至不願居皇帝的名義，自稱「太師、鎮國公、威武大將軍」，他連御諱也換了，對外自稱朱壽。這樣的皇帝，獨此一家，他就是明武宗朱厚照。

現代人很欣賞武宗的個性，他是古代帝王中最有「故事」的一個，以他為主角的傳奇、戲劇、小說有數百出之多，他那「游龍戲鳳」的傳說尤為人津津樂道。但喜歡歸喜歡，如果不幸生活在這位荒唐天子的治下，那可沒一點喜感。嘉靖初年所修的《明武宗實錄》裡，經常暗示這位先帝是一個貪酒無度的人，常因酒誤事，大約有一半時間都是迷糊糊的；下人要糊弄他時，就先給他灌酒，等他喝得天昏地暗，就像木偶一樣，任人牽線耍弄了。當然，《明武宗實錄》有故意「黑」武宗的嫌疑，這些記載不知有幾分可信。但有一點是無疑義的，武宗絕不是一個稱職的皇帝，在他在位的十六年間，就發生了一次太監專權，一次大規模的動亂（河北之盜）和兩次宗藩叛亂，他還沒有子嗣，孝宗一系的皇位至此弦絕。如果要列一個明代帝王排行榜，他名列倒數三甲，應該不冤枉吧！

早在劉瑾時，武宗就不大愛住乾清宮。乾清宮是歷代皇帝生前的居所，也是他們去世的地方。死在乾清宮，也是一個好皇帝的標準！好比武宗後面的嘉靖帝，常年住在西苑，二十多年不回乾清宮住，可他在西苑快嚥氣時，臣下連忙將他移回乾清宮，就是為了讓他在這裡嚥下最後一口氣——這才「壽終正寢」了！想一想，武宗睡的龍床，也是他的祖先睡過、死過的地方，那感覺似乎很黑暗吧？沒人愛住這種地方，這倒是可以理解。

武宗不住乾清宮，他在皇城內建了一處叫「豹房」的地方，那裡便是他日常的居所。只有他親近的人，才能出入豹房，稱之為豹房近侍。除了這些近侍，外人（包括司禮監）一般都很難見到他，更別提跟皇上搭話了！

我舉一個例子，武宗住豹房，豹房裡還真有豹（主要是西北所產的土豹）。武宗沒事喜歡跟豹一起玩耍，一次不小心，為豹所傷。豹子也不識人類衣冠，哪曉得這位是人間之王啊，他湊得太近，心中一煩，也不知是撓了他一爪，還是咬了他一口，總之武宗受傷了。

武宗連日不上朝，他為豹所傷的消息就傳出來。朝臣不知道皇上傷勢如何，都很著急，就去問閣臣。閣臣也不曉得，就請文書官去問司禮太監。這時的司禮監掌印是蕭敬，他也不知道，因為豹房也不是他隨意能去的地方。想來想去，只有向一人打聽了。就去找太監谷大用。谷大用是武宗最親近的內臣之一，常在豹房出入。谷大用受了司禮監掌印之托，去找武宗，說蕭掌印想來看看您，您見一下他吧。經谷大用一說，武宗同意了，於是由谷大用引著，蕭敬走到武宗房外，在窗口跪下問安。聽窗內武宗道：「我沒事，稍加調養即可，你們好生辦事。」蕭敬聽武宗聲音清朗，說了幾句話，方才退出。出來後命文書官給內閣報信，說皇帝身體還好，請外臣勿憂。

透過這件事，可知武宗被包圍在一個佞幸的小圈子裡，莫說一般臣僚，就是司禮監掌印和內閣首輔都輕易不得見。

武宗的佞幸圈子，先是一些太監，也有個別外官，其中最有名的就是後來以左都督提督錦衣衛的錢寧，太監主要就是「八虎」。後來豹房裡的人越來越多，尤其是邊軍鎮壓河北之亂後，江彬、許泰等勇猛的邊將紛紛進入豹房，成為武宗的新寵。眾多的邊將後來都被賜朱姓，成為武宗的「義子」——

儘管他們的年齡都比武宗要大許多。

武宗好弄兵，他在禁中設立東、西官廳，分別由太監張忠和邊將許泰（後封安邊伯）領之，後來又加進神周（神英之子。神英的伯爵在劉瑾死後被廢）和劉暉，共為四鎮兵馬，號為「外四家」，四家兵馬由江彬（後封平虜伯）兼統。武宗則自領閹人善騎射者為一營，稱為中軍。

在正德九年之前，武宗還被限制在皇城內——雖然他的心早已奔馳在廣闊的天地中。正德九年正月燈節，忽然起了一把大火，將乾清、坤寧兩宮焚燬。武宗竟大為高興，還讚了一句：「好大一棚煙火！」從此他開始頻繁地微行與巡遊，而且越行越遠，乃至以邊鎮宣府為安樂窩，流連忘返，樂不思蜀，稱之為「家裡」。武宗還怕大臣出關來請他返駕，命谷大用坐鎮居庸關，禁止放任何一名官員過關。

武宗屢屢到邊關巡遊，諸司題奏本章都由文書官送邊鎮候旨，司禮監文書房選了八名文書官，輪番賫奏送行在，但朝政的處理往往停滯，有的本章長達半年都沒有回音。

武宗在邊到底做什麼呢？他在大同、宣府、太原、喜峰口、偏頭關等地四處巡遊，說巡遊他還打仗，說打仗他多半時間在尋歡作樂，縱橫千里，衝冒風雨，不知疲倦。正德十二年應州之役，他親臨前敵指揮，與北虜小王子連戰五日，也算踏踏實實親征了一回。據聞此役極凶險，幸得車駕無事，敵人退去，也不知功次如何。不久巡撫都御史胡瓚報捷，竟以「應州御虜功」，議升賞太監、總兵、副參將領、侍郎、都御史、郎中、主事及官旗軍舍五萬六千四百四十九人。是怎樣的大捷，竟要升賞這麼多人？顯然多係冒功之人。兵部尚書王瓊經過甄別，最後議定的當升當賞人數，仍達到九千五百五十五人。儘管如此，兵部仍遭到武宗「擬奏失體」的指責，武宗說：「朕統六師，親臨戰陣，率少擊多，解應州敵，大展雄威，振揚士氣，全捷而歸，比於分命差委者不同。」武宗說，這仗是朕親自打的，與分派將領不同，你們兵部連這點政治意識都沒有嗎？他要求仍照原冊擬賞。

武宗這話明明邏輯不通！兵部不是說不能升賞，而是應升應賞之人太多，許多無功之人也羼入賞冊，不該清汰嗎？這一仗，就是皇帝親自打的，也不能當過節一樣，把國家賞功之典當做節慶的賞錢，人人都有份呀！

六科、十三道紛紛進言，指出應州之役，所獲不償所失，且名冊中多有未出國門而冒名者，不可勝數，請皇帝處以至公，不可濫予升賞。可武宗充耳不聞。王瓊無奈，只好依報功冊子，按照剿殺流賊例，擬定升蔭條例。

兵部擬了數萬人的升賞，卻單單忘了一人！

這人有意見了，很快通過敕諭向兵部提出來。

敕諭說：「總督軍務威武大將軍朱壽親統六師，剿除虜寇，汛掃腥羶，安民保眾，雄威遠播，邊境肅清，神功聖武，宜加顯爵以報其勞。今特加威武大將軍、公爵俸祿，仍諭吏、戶二部知之。」

看到這份可稱天下奇葩的敕諭，內閣及吏、戶、兵部大臣面面相覷，簡直不敢相信自己的眼睛。自古以來，哪有皇帝下敕，給自己加俸祿的呀！而且加的還是不知是何名義的「鎮國公」歲祿五千石！教人哭笑不得。皇帝的做法，簡直就是小孩子扮家家酒，或現代遊戲裡的角色扮演。

可能武宗覺得不能光給自己爭祿米，他不在京，京裡苦等他的大臣也挺可憐，也當升賞！故此，又傳一敕，說應州之役，軍前內外有功官員人等已經升賞，還有那守關「勤勞夙夜」的太監谷大用（可笑谷大用守居庸關，卻是防內不防外），「慎重安詳」的司禮太監蕭敬等，「防察周密」的提督廠衛張銳、錢寧，「運籌建議」的兵部尚書王瓊等，「操練士馬，克副委任」的官廳將領許泰等，以及「運籌定議，協力成功」的大學士楊廷和等，都有功勞，各加歲米、賞銀及恩蔭，所蔭子侄多至錦衣衛世襲正千戶——「凡蔭序未有如是之濫者」！

正德十四年二月初六日，車駕要從宣府還京了。自去年七月後武宗一直不在北京。皇上總算回來了，文武群臣像往年接駕一樣，具彩帳銀幣羊酒出迎於德勝門外。但武宗不打算直接回宮，而是駐蹕外教場，說要舉行閱兵典禮。

內閣三位輔臣也要出城迎駕，他們收拾了東西，正待出發，忽有文書官一員匆匆趕來，遞過一本奏章，請內閣擬旨。楊廷和翻看，是兵部侍郎馮清的奏捷本，該本將去年宣府的邊功歸於「總督軍務威武大將軍總兵官朱壽」。楊廷和指彈本面，無奈地問：「此本當如何擬？」文書官笑道：「請閣老擬旨獎勵大將軍。」

楊廷和正色道：「皇上親統六師，指授將士，在各邊斬獲賊級數多，理宜稱賀，隨征將士亦宜行賞，但不可奏捷。」

文書官愕然道：「如何不可奏捷？」

楊廷和道：「今馮清本內俱開有『總督軍務、威武大將軍、總兵官、鎮國公朱』字樣，於事體有礙，無以傳示天下，垂法後世，我輩豈肯輕易擬旨？」即將原本交還。

楊廷和說的在理，馮清本推功威武大將軍，可大將軍即是皇帝，皇帝即是大將軍，豈有獎諭皇帝的敕書？這叫內閣怎麼擬？如此荒唐的敕書，如何傳示後世？

文書官苦笑道：「先生們既不擬旨，那我只有回去請示聖意了。」

楊廷和知此事不會完，他對閣僚梁儲說：「留蔣先生（蔣冕）守閣，咱倆接駕去！」

果然，剛剛出城，遠遠就見一騎飛馳至行幕落馬，來人是東廠太監張銳。

他手執一本，笑吟吟遞給楊廷和，還是馮清奏捷本。

楊廷和道：「此本適在閣中已見之矣。」

張銳態度誠懇地道：「朝廷（此處朝廷指皇上）親征大功，合當獎勵！」

楊廷和道：「功在朝廷，則臣下不敢獎勵。若謂功在馮清，則今日之事是朝廷親征，其功非馮清所敢擅，馮清亦不當獎勵。況本內所稱威武大將軍者，何人當之？何人敢下筆獎勵耶？」仍將本章交還張銳。

張銳面露難色，轉而將本章遞給梁儲，並且強調：「朝廷說了，旨寫好了，再入城！」

楊廷和卻將本章從梁儲手裡拿過來，仍交給張銳。

張銳不快：「每日文書房散本官送本，內閣尚收之，我親自來送本，反不收耶？」

楊廷和淡然一笑，道：「公為朝廷貴臣，非散本之官，此處亦非接本之處。公公可以此言回奏，請聖駕即刻入城，免誤事也。」

張銳見說不通，遂忿然馳去。

過了一會，他又來了，還是先前那一番話，一定要內閣擬旨。

楊廷和已有定見，他道：「必欲擬旨，則須馮清另外具奏，稱近日奉命整理兵馬糧草，見得某鎮斬獲若干，獎勵該鎮守臣乃可。不然，決不敢擬旨。」他認定一點，不管皇帝自稱什麼，臣子絕不可擬旨獎勵皇上。

張銳反覆勸說無效，氣得打馬而去。

過了會，他竟又來了，這回他是偕著錢寧，「廠衛」一起來的。他一改常態，學起劉備，還未開口，先哭起來，道：「朝廷疑我說得不分明，先生們不肯信，所以又差掌印來，務要實時擬票。」

楊廷和直是不為所動，道：「公公是朝廷心腹，我輩素知，豈敢不信？但事體未穩當，恐傳笑天下，將來未免為馮清之累，須如前說易奏乃可。」

錢寧在一旁勸：「皇上現駐蹕教場，坐待此旨，先生不要再多說了。」

楊廷和道：「此事關系重大，今日不言，何時言耶？二公可直以廷和此言復奏，不必回護，決不敢他議也！」

張銳與錢寧見楊廷和態度堅決，絕不可動，失望地去了。

不久，御前派人來傳旨，命閣臣回內閣擬旨，不必在此接駕。

楊廷和知道，他們君臣現在是戧住了，皇上不願見他們，見面也難說話，不如暫避，於是和梁儲一起回城。

武宗騎著高頭大馬，在眾太監及將領的簇擁下，親自檢閱了所獲首級及器仗。儀式結束，已到申刻（下午三點多鐘）。在內閣的抵制下，最終只擬旨獎勵了馮清，而一字沒提「威武大將軍」。

武宗的心是野慣了的，回北京後，當月出郊外祭天地，完事脫去禮服，順道在南海子打了回獵。可不巧，在祭天的當日，北京發生了地震。天子祭天，上天應答，未有如此之速者，地震被群臣視作天地對皇帝的警告：不許再胡來啦！

武宗才不怕警告呢，即使警告來自天地。他好像故意給老天開玩笑，僅過一天，就對禮部說：「我，總督軍務威武大將軍總兵官太師鎮國公朱壽，將巡視南北兩畿與山東，我還要去泰山祀神祈福！」言下之意，老天爺不是對我有意見嗎？來，咱們聊聊！

過去武宗巡視邊關，說是整理軍務，如今又要借祀神的名義，到內地騷擾。群臣受不了，決心予以堅決的抵制，一百多個中低級官員約好了，一起伏闕力諫，請皇帝不要再巡遊了。他們跪在宮門口，哭聲震天。這陣勢武宗從未見過，先驚後怒，暴怒之下，將領頭的兵部郎中黃鞏等六人下詔獄，翰林院修撰舒芬等一百零七人於午門罰跪五日。

誰說武臣不知禮義？一個叫張英的金吾衛都指揮僉事，見京城連日風霾晝晦，禁苑南海子水湧四尺，橋下七根鐵柱齊齊折斷，他認為這是「變徵」（大變的徵兆），駕出必不利。文臣們都在哭，他是武官，決心採取符合武臣身分的手段來進諫。這天，他提了一袋子土灑在御道上，然後脫去上衣，一手持劍橫在胸前，一手持諫疏大聲跪哭，當眾人驚異來圍觀時，他忽然將劍倒持，望胸便刺，頓時血流滿地。原來他要屍諫，在大內自盡，這還了得！眾衛士將他的劍搶下，便綁了送詔獄。有人問他，你弄這袋土來幹什麼？張英道：「恐汙了帝廷，灑土掩血耳！」

張英想出這諫法，也算腦洞大開，給人留下極為震撼的印象，可他做的越離奇，對武宗的面子傷害也大。武宗大怒，下令杖之八十，竟將他活活打死。同時下獄的，還有寺正周敘、行人司副余廷瓚、主事林大輅三十三人。舒芬等一百多個人罰跪期滿，仍予廷杖。想想，百餘名官員，在午門之外，被人扒了褲子打屁股，那喝打、哀嚎之聲，是為何等情景？

四月，黃鞏等三十九人仍杖於廷，死者十一人。

士大夫的股血浸濕了廷石，武宗也只好暫時放棄出巡的打算。但他的沮喪是暫時的，很快老天爺給他送來一個機會，讓他能夠名正言順的出巡。

這個機會，對於大將軍朱壽是個好消息，而對於皇帝朱厚照，卻是一個響亮的耳光！

可是，朱厚照早已把自己當作朱壽，他聽到消息，歡喜不已，立即搗鼓要南行了。

這回他理直氣壯，我不是巡遊，我是親征！

第十章　寧王朱宸濠反了

據說當年武宗的祖先燕王朱棣起兵反抗朝廷時，為了拉攏十七弟寧王朱權，曾向他許諾，說等我成功了，與你平分天下。朱權不是傻子，沒把這話當真，朱棣登基後，也沒拿張地圖找過去，要求四哥兌現承諾，與我劃江而治，他只提出一個要求：把我的封地換換。

這個要求很合理，因為寧王的原封在東北關外，朱棣起兵後，挾持寧、遼等王入關，將大寧故地全部放棄，他已經沒了封地。朱權想到南方生活，自己選了兩個地方，一個蘇州，一個杭州，他想，一半天下不敢當，只求封個好地方給我。朱棣卻不答應，只准他從建寧、重慶、荊州、東昌中選一個。而這四個地方朱權又看不上。朱棣乾脆直接把江西南昌封給他，並讓他立即就藩，王府也不用建了，把布政司衙門改改，就是現成的府邸。那時朱權的心情，用一個網絡詞彙來形容，極為貼切：寶寶心裡苦啊！他帶著一肚皮牢騷去了南昌，剛剛坐穩，就有人告發他「巫蠱誹謗」。他明白，這是四哥在敲打他呢！為了避禍，他只得收起怨懟，在郊外構精舍一區，從此藏納韜晦，鼓琴讀書，只求平安是福了。

可能是由於先祖之間發生了這樣的矛盾，歷代寧王對朝廷都有心結，幾乎每一代寧王都跟南昌地方守臣不合，經常發生矛盾。到了第五代寧王宸濠，居然動了念想，要替祖宗復仇，讓朱棣欠下的半拉天下，連本帶利收回來！

寧王還在劉瑾當權時，就透過行賄，恢復了被革去的護衛。劉瑾敗後，寧府護衛再次被革。然而武宗不好好做皇帝，一心巡遊玩樂，進一步刺激了寧王的野心，他不斷擴大自己的勢力，以待時局之變。寧王的辦法很簡單，就是向朝中嬖倖行賄，所求之事，都透過「營旨」得到——看，是不是「壞人」總能準確抓住時弊的病灶所在，而當事人卻經常糊裡糊塗？

寧王知教坊司樂官臧賢為武宗所寵，臧賢與錢寧的關係也很好，寧王就派本府樂工秦榮入京，重賄臧賢，結為心腹，凡王府派到北京的「偵事人」，都住在臧賢家，有所奏請也透過臧賢送給錢寧。錢寧掌錦衣衛，與掌東廠的太監張銳是合夥人，張銳通過錢寧也與寧王相交。他們的關係相當親密，寧王與這幾傢私信來往，稱錢寧、張銳為「廠、衛」，稱臧賢為「臧家」，或直接稱他的字「良之」。

寧王的賄攻戰術非常有效，在兵部尚書陸完（陸完曾任江西按察使，乃與寧王結交）及錢寧、臧賢等人幫助下，朝廷再次恢復了寧府護衛（明代實現衛所制度，王府之衛稱護衛，其規模相當於今天的軍分區）。

寧府之賂，「遍於中外」，多者數萬，少亦不下千，花費很大。他有一個「顧問」，是一名退休官員，名叫李士實，曾任都察院右都御史，對此表示質疑，說錢花得太多了。寧王笑道：「此為我寄之庫耳。」他說現在花的這些錢，好比寄於庫中，等天下到手，不等於存在自家庫中？此等見識，便不庸凡！寧王朱宸濠遠非安化王朱寘鐇所能及，他是一個精明能幹，而且具有個性魅力的人，否則不可能把那麼多內外官員牽在手心裡，願意為他賣命。

寧王透過長期的經營，形成盤根錯節的強大關係網，並以此壓迫江西守臣及省內的其他藩封（如淮王，畏寧王如虎）。

在江西鎮巡官員中，以鎮守江西御馬監太監畢真與寧王關係最好。畢真於正德十三年由鎮守山東任上移鎮江西，傾慕於寧王風采，與之訂交，成為他忠實的信徒。

畢真與寧王交好，一個重要原因是在他與江西御史范輅的爭鬥中，寧王給予了他有力的支持。

范輅前在南京任御史，就有敢諫之名。他奉「清軍」（清理軍伍）之差來到江西，與鎮守太監畢真職責相關，因見其不法之事太多，遂上疏參劾他。疏文揭了畢真的老底，說畢真本為劉瑾之黨，先年在天津打鮮（打捕海鮮），就籍借劉瑾聲勢，吞噬無厭，往來徐、揚間，科斂民財，數以萬計，百姓恨之入骨髓。劉瑾敗後，他安然無事，先後營求到廣東市舶司和山東鎮守之缺，今乃復起鎮守江西。到任之初，即擅作威福，人人自危，若不及早處置，將來地方之變，有不忍言者。范輅沒有點明畢真與寧王的關係，但他關於「地方之變」的危言，或有諷指寧王之意，令寧王大為不悅。

范輅一共列了畢真貪酷不法十五事，請求將畢真取回閒住，不能讓他繼續在江西任職。

范輅這一疏上去，宛如泥牛入海，悄無聲息，朝廷「報」都不報（稱「不報」），而范輅已深深得罪了畢真，遂遭到畢真與寧王的共同傾陷。

有一次范輅乘轎到鎮守府拜訪畢真，二人言語不和，畢真竟然砸毀了范御史的轎子，然後上奏對他進行誣告。事先他和寧王已在京城打好招呼，畢真的劾疏一上來，上頭馬上傳旨，將范輅逮下錦衣衛獄，遂以「不諳憲體」將他謫為龍川宣撫司經歷。

這就是此時的朝廷，已毫無公義可言，一切皆以賄定。

范輅被謫後，南京十三道御史上疏，為范輅鳴不平，說范輅與畢真訐奏，朝廷械系范輅而畢真晏然在位，聲勢益張，是「朝廷之法獨加於耳目之官（科道），不及於近幸之臣也」。他們還借范輅之事指出，近年以來，凡巡按御史一觸鎮守太監之怒，「禍若響應」，如劉謨、劉天和、王相、董相等，相繼謫譴。如此欺玩國法，以奉權臣，敗壞綱紀，以辱朝廷，非國家之福。

朝廷依舊「不報」——任你千言萬語，我只報以不理。

畢真在江西，就像當時各邊省的鎮守內官一樣，極力擴張權力，事事都想干預。除了刑名政務，他最想插一腳的，就是南贛用兵。

江西的地形彷彿一隻鞋子，在它北部近湖一塊地方較為平坦，彷彿鞋面，往下地勢漸高，皆為山地，宛如鞋跟；總的地勢是中間低，四周高，便是鞋幫。贛南地區山林密布，介於多省交界之處，山賊出入，是有名的「盜藪」。朝廷多次派兵剿匪，都不得力，後來差都御史王守仁來此，專討南康、贛州之賊。

這位王先生，名守仁，號陽明，他就是著名的心學大師王陽明。

王陽明長於謀略，他到贛南後，靈活採用剿撫策略，連戰皆捷，剿匪工作取得前所未有的成績。王陽明以都御史的身分，提督南（康）、贛（州）、汀（州）、漳（州）軍務，過去鎮守江西太監是不干預的。可畢真到任後，立即要求贛南討賊事宜，均須與之會議，方可施行。兵部尚書王瓊認為鎮守太監這樣攬權不合適，謂南贛設立巡撫，以其為四省之交，各省鎮巡官不能遙制，故專任責成。若會同鎮守太監，彼此牽制，坐失事機，非設官初意。此事雖遭兵部抵制，但傳旨仍命南、贛二府賊情須報江西鎮巡官，只是不必凡事都要與鎮守官「會同」。

王陽明在贛粵邊剿匪立功，與兵部尚書王瓊的支持密不可分，沒人掣肘，他方能自如地運用自己的策略。故正德十三年，橫水、桶岡連捷，七月間，江西輋賊、廣東浰頭諸賊悉平。

正德十四年二月，畢真在寧王的資助下，透過賄賂調任浙江，新任江西鎮守是南京御馬監太監王宏。

此時，寧王謀變的步伐加快了。

他的計劃是這樣的：武宗在位十五年了，至今沒有皇子，他通過賄賂錢寧等人，希望能夠立寧王世子為皇儲，這樣武宗一旦不諱，寧王一系就能順利接掌大位。然而密圖「奪嫡」不如別的事情那樣容易，武宗還年輕，他對錢寧提出這樣的提議非常反感，而錢寧本人因為與江彬等武將不合，在他們的挑撥攻擊下，和武宗的關係也不像以前那樣親密了，亟望借助寧王的力量鞏固地位。錢寧為了顯示自己在武宗駕前說話有分量，耍了滑頭，他派人告訴寧王，立儲的事大有希望，並且自掏腰包，送了一些禮物過來，說是皇帝的賞賜。

寧王大喜，更加緊鑼密鼓準備起來——此時他是打算「和平演變」，如和平不成，再來動武。武的方面，他手握護衛，又密結江西盜賊，已經有了相當的兵力可供動員。

他唯一的擔心是，天下藩封眾多，而寧府與朝廷的血緣關係已非常疏遠——寧府的先祖朱權與當今朝廷的先祖朱棣是兄弟，這兩支早已出五服了，只是都姓朱而已——武宗的皇叔那麼多，怎麼也輪不到他寧王這一系呀！如果武宗真的想立寧王世子為嗣，天下宗室都要問一句：憑什麼？

寧王知道血緣拼不過人家，他就拼「令名」，拼賢德之譽。為此他大造輿論，極力樹立寧府好學知禮且仁德的形象，他在接到錢寧的假情報後，強迫南昌府、縣學的師生及本城耆老，列出他本人的孝行事跡，上奏於朝。為了增加分量，他強求江西巡撫都御史孫燧、巡按御史林潮一起來給他捧場背書。孫燧被迫同意，與林潮，還有已經離開江西的畢真，分別具疏，請求朝廷褒獎寧王。

然而寧王此舉適得其反，首先遭到禮科的參駁，說：「根據《會典》，從無保舉親王賢孝的事例。何況寧王在藩，聽信左右，多為弗靖，致軍民怨咨。該省鎮巡官不能按實舉奏，以申國憲，乃互為諂諛，以惑聖聽，其悖謬甚矣。」禮部尚書毛澄在復奏時，也極言不可，並請治孫燧、畢真等阿附之罪。

武宗對寧府之事已有一些耳聞。此時武宗最寵信的人是大將江彬，他與提督錦衣衛的錢寧不合，凡錢寧主「立」的，他必主「倒」，江彬知錢寧與寧王來往密切，便時時將二「寧」交通的情況密奏武宗，並諷喻說，一般大臣奏舉賢德，朝廷可以升賞，若是親王，朝廷是否就該讓位了呢？武宗聽了，心中大驚。他還記得前一段時間錢寧建議預立皇儲的事，已觸了他的大忌，前怒還未消呢，現在江西鎮巡官及耆老又聯名褒舉寧王賢孝，他將兩件事聯繫起來，不由得勃然大怒，道：「宗藩行事，朝廷自知，畢真、孫燧、林潮何為輒奏請褒獎？其各首實以聞。」令各官交代，他們這麼做，到底是何動機！

同時武宗聽說寧府派了大量內使及校卒，潛住京師，隨時刺探朝中信息，聯絡朝中大臣，愈加氣惱，令太監韋霦傳旨責問：「各王府奏事及慶賀進貢人員留京邸者，多不過月餘。近乃不循舊規，或留數月，或半年、一年，亦有久留不去者，其意安在？」下令自今以後，各王府差人，事完即刻離京，如有久留京邸者，緝事衙門指實參奏，降罪無赦。旨意沒有點名，但誰都知道，它是衝著寧王發的。

就在朝臣紛紛猜測之際，忽有御史蕭淮上疏，嚴參寧王不遵祖訓，淩轢官府，虐害忠貞，招納亡命，掠殺無辜者數百人，沒富民資產萬數，西山牧馬幾萬匹，南康私船亦有千艘，說寧王「酷虐遍於江西，而流毒及於他省」。

蕭淮劾疏還說：「寧府所遣旗校及內使接踵京師，或潛住終年，不知所營何事」，顯然是對前旨的呼應。蕭淮還指名道姓地點出寧王麾下「群奸為之黨者」數十人，說他們晝夜密謀，若不早制之，恐將來之患有不可勝言者，乞敕錦衣衛逮其黨至京誅之，並將寧府潛住京師者緝捕重治。

明眼人一看，就知道這一本大有來頭，不然蕭淮怎麼對寧府之事瞭如指掌？他背後一定有「高人」指點。

此事的背景果然不簡單：有一個叫熊蘭的御史，是南昌府人，因與寧王不和，其家屢遭寧王毒虐。他密查寧王不法之事，一筆賬一筆賬地記在小本子上，多次想發疏「上變」，告發寧王謀叛的企圖。但他知道寧王在朝勢力盤根錯節，他這一疏上去，搞不好會給他乃至南昌的家族帶來滅頂之災。他是有前車之鑑的，正德九年，江西按察使胡世寧因為奏發寧王之罪，被寧王窮追猛打，最後竟落得謫戍的下場。熊蘭為此苦惱不已。

後來他結識了同鄉人謝儀，此人「奸黠善逢迎」，常在太監張銳門下行走。熊蘭知張銳與寧王也有交往，就把寧王的種種逆謀告訴謝儀，讓他勸告張銳不要再和寧王來往。

謝儀回去對張銳講了，張銳問其緣故，謝儀就對他講，寧王可能將為不軌，如果不趕快跟他撇清關係，將來事發，禍不可測！張銳便有所警覺，剛好他與錢寧發生了矛盾，二「寧」關係牢固，他覺得這是一個打擊錢寧的機會，就答應找機會向皇上揭發。恰在這時，錢寧約張銳一起到武宗那裡去為寧王求褒旨，張銳託言不去，卻先把寧王與錢寧「交通」的情況告訴了武宗。所以當錢寧再去找武宗稱譽寧王賢孝時，愈發引起武宗懷疑，其言已不能入。

而謝儀與熊蘭下來擬了一份劾疏，詳細開列了寧王的不法之事及奸黨姓名，因為熊蘭是本鄉人，他需要迴避，便找到御史蕭淮，將疏稿交給他，告之事情的前因後果，對他說，這是一樁大富貴，就看你敢不敢取了。蕭淮遂奮然上疏，他可算是冒了奇險，是「以身當之」。

疏上後，他就坐在家裡，惴惴不安地等消息。熊蘭果然沒騙他，朝廷並沒有降罪。他聽說，錢寧將本章拿回家好幾天，多次在皇上面前詆毀他，說他妄言離間，武宗卻只道：「虛實久當見之，果為誣詞，蕭淮又逃不走。」聽了這話，蕭淮徹底放心了。

緊跟著，六科、十三道都有人上疏，彈劾寧府，形勢愈加明朗。就是錢寧也被迫轉向，派手下將寧府在京公差盧孔章等逮捕下獄。他這麼做，也是為了把自己的手洗乾淨。錢寧與張銳雖有矛盾，但眼見朝中輿論很大，而他們與寧王交結有據，害怕有後患，為了自保，二人又聯合起來，試圖歸罪於臧賢。臧賢在寧王起兵後，被遣戍廣西馴象衛，剛走到京東張家灣，就被錢寧派校尉偽裝成盜賊，乘夜殺害。盧孔章等人也在獄中斃命。他們都被錢寧、張銳滅了口。

武宗將蕭淮的劾疏發給內閣，讓大學士楊廷和等議處。楊廷和建議效仿宣宗時處趙府故事（即宣宗三叔趙王朱高燧，詳見《大明王朝家裡事兒》），派宦官、勳戚及大臣各一員，持敕書前往江西，宣諭皇上保全宗室至意，令寧王改過自新，以觀後效。

武宗又讓司禮監召皇親、駙馬、文武大臣，讓他們集議此事，眾人的看法與內閣一致，於是派司禮太監賴義、駙馬都尉崔元、都御史顏頤壽三人前往江西，宣諭寧王。

而寧王根本不可能聽朝廷宣諭，他的消息比朝廷使臣來得快，他一接到消息，立刻反了。

寧王動手迅速，正德十四年六月十三日是他生日，他在王府大排筵宴，江西鎮巡、三司官員都來賀壽，第二天，官員們再次入府謝宴，寧王藉機將江西守臣一網打盡——當初安化王也是這麼幹的，顯然朝廷的決議還沒有傳到南昌，不然眾官躲還來不及呢！誰也不差一口飯吃，是不是？

江西巡撫孫燧因為參與歌頌寧王孝行，遭到朝廷責備，其實他並非附逆之人。他剛到江西，就聽滿城風傳寧王「旦暮將為天子」，又見寧王所行不軌，便知此行為蹈險地，嘆道：「是當死生以之矣！」他做好以身殉職的準備，便將妻兒送回老家，只帶了兩名僕人在任。

孫燧在江西，陷入寧王的包圍之中，左右都是寧王的耳目，官員們也多阿附寧王，唯一能與議大事的，只副使許逵一人。孫燧多次向寧王陳說大義，希望寧王有所醒悟，但毫無效果，反而引起寧王的惡感。孫燧曾經七次上密疏，言寧王必反，都被寧王派人攔截下來。寧王還在朝中運動，試圖將孫燧調離，他同時希望孫燧能識趣自己離開，送了四樣禮物給他，分別是「棗梨薑芥」，希望他「早、離、江、界」。寧王為了除掉孫燧，甚至在宴會上下毒。為此孫燧在贛，日日憂懼，不遑寧日。

不料孫燧「死生以之」的預言不幸成真了，在寧府的謝宴上，大家正在吃酒，寧王忽然道：「孝宗為太監李廣所誤，抱民間子為嗣，我祖宗不血食者十四年，今太后有詔，令我起兵討賊！」眾人大驚，相顧愕然，他們都曉得，寧王所說的「賊」，便是當今萬歲。[25]孫燧當即起身駁道：「安得此言！請把詔書拿出來。」寧王哪有詔書，他揮手道：「不必多說，我今往南京，你當扈駕，一起前往。」孫燧知寧王之反便在今日，怒叱道：「這是你自己找死，天無二日，我豈肯從你為逆！」說時，試圖突出，但宴廳已為伏兵所圍，插翅也難飛了！

寧王走入內殿，不一會兒再出來，已換上戎裝，麾兵將孫燧綁了。他知孫燧必不肯從他，已決定拿巡撫的頭來祭旗了。副使許逵見巡撫被縛，拍案而起，厲聲道：「你們敢辱天子大臣嗎！」因突身而起，擋在孫燧前，叛兵便連他一起綁了。二人雖受縛，罵聲不絕。寧王下令，將兩位大臣拖出斬首。二人反抗，孫燧的左臂被叛兵砍斷，駢首遇害於王府惠民門外。

見巡撫、副使被殺，其他官員，包括巡按御史王金、鎮守太監王宏、布政使梁宸等，都嚇得抖如篩糠，一齊跪倒，山呼萬歲。寧王命將他們送到王府儀衛司獄關押起來，除了戶部公差主事馬思聰、參議黃宏在獄中絕食自殺，其他官員全都歸降了寧王。

七月初一日，朱宸濠親統大兵八、九萬，聯舟千艘，從南昌出發，向下游南京進擊。

此時，欽差宣諭使臣賴義等剛剛走到浙江嚴州，聽到寧王起兵的消息，直接逃回北京去了。

---

25 寧王所言孝宗抱民間子為嗣事，詳見《大明後宮有戰事》關於「鄭旺妖言案」的記述。

第十一章　張永成了王陽明的保護傘

寧王的計畫是，集中兵力，急趨南京，在朝廷反應過來之前，拿下南都，如此天下可坐分其半。可是叛兵還沒出南昌，就聽到都御史王陽明在南贛起兵的消息，王陽明的兵力可能不多，但居上游，直拊其背，叛兵若傾巢出城，南昌根本必失。寧王料定陽明之兵一時難以大集，決定抓緊時間東進，於是分兵一部交給李士實、劉養正（王陽明弟子）等人留守，自己親率主力順流而下，江西投降官員全部隨行。

七月十三日，南京守備、參贊等官飛報寧王宸濠起兵的急奏送到北京。

承平之際，內地突然爆發宗王之變，人們最大的擔憂還不在寧王能否威脅南京，而是寧王多年布局，將有多少人響應他？好比鎮守河南太監劉璟、南京守備太監劉瑯、浙江太監畢真，就被普遍認為是寧王的內應。

劉璟原鎮浙江，「貪利無厭」，通過賄賂錢寧改兩廣總鎮（「總鎮兩廣太監」），撤回後，再賂錢寧，得改河南鎮守。他在過江西時，接受寧王餽贈，遂與之相通。

劉瑯守備南京，「虐焰張甚」，且經常「自托於寧王」，命他的弟弟劉璋往來南京、江西間，充當他們的聯繫人。當寧王舉逆並統兵東下的消息傳來，南京城內流言四起，都說劉瑯集家丁百餘，以棺木貯火藥、軍器出城，欲為內應。劉瑯聽到這些傳言，非常害怕，他決心用暴力壓制輿論，派人緝捕傳播流言之人，並治以軍法。本來人心就不安，劉瑯此舉令人驚懼，反而更讓人相信他有異謀了。

三監之中，通逆嫌疑最大的，是鎮守浙江太監畢真。

據說，畢真由江西改鎮浙江，就是寧王為他出資，是寧王在江南財賦重區布下的一枚棋子。畢真一到杭州，即厚賞諸衛官軍，費銀數萬，這筆籠絡人心的錢，也出自寧王的資助。寧王反後，密遣人馳報畢真，畢真即公然宣揚，說寧王世子來取浙江了，令浙中大震。

七月十五日，因為要進聖節表（為皇帝生日進表），浙江三司及府衛眾官當於四更入揖於鎮守府。當日，畢真忽有非常舉動，他下令浙江都司調發官軍，全副武裝，於三更天入鎮守府，而且前一天他已將杭州城各門鑰匙收掌在手。頓時城中流言如潮，都說畢真要反了，「軍民驚懼奔走，哭聲動地」，官員們不敢再赴鎮守府，三司各自擁兵自衛。

寧王事變後，科道官員對三人通逆及虐民之罪予以嚴參，奉旨劉璟、劉瑯閒住，畢真回京，他們即使是寧王的內應，事實上也沒對寧王發揮任何幫助作用。

就在南京飛報到京的當日，朝廷就做出征討的安排，命負責京城捕盜的太監張忠提督軍務，安邊伯朱泰掛威武副將軍印，朱暉掛平賊將軍印，俱充總兵官。

明朝制度，凡出征，命一大將掛將軍印，充總兵官，從未有過一次用兵而用兩總兵的。一個身子，兩個頭，不曉得這仗怎麼打？

朝臣擔心的事還是來了，武宗雖然沒有說要親征，但傳旨時已命平虜伯江彬、左都督神周隨駕南征——這是皇上提前釋放的一個信號，下面就要頒發親征之詔了。

八月初一日，武宗忽命江彬提督東廠、錦衣衛官校行事。此事十分詭異。

眾所周知，東廠太監張銳和錦衣衛都督錢寧，都是武宗的寵兒，且都與江彬不和，武宗忽命江彬兼領廠、衛，凌駕於二人之上，不知是何緣故。原來的命令，是允許錢寧量帶官校隨征的，但武宗剛剛出京，又改變主意，將錢寧留在北京，這是錢寧失寵的明確信號。而江彬「提督贊畫機密軍務，仍於軍門提督官校辦事」，等於集軍權與緝訪大權於一身——「自是，中外大權皆歸於彬矣」！

武宗還任命太監張永率團營及宣府北路官軍各五百人，提督贊畫機密重務兼核勘宸濠反逆事情。

接下來，武宗讓兵部會文武大臣及科道官議京師居守及防邊禦寇等事宜，此時，車駕親征已成定局，武宗決定仍托「總督軍務威武大將軍總兵官鎮國公」的名號，率京、邊精兵數萬南下平叛。

武宗絲毫不擔心寧王反叛的事，他興高采烈地「親統六師，奉天征討」，八月二十六日才到涿州，住在太監張忠的家裡。在這裡，他接到了王陽明平定寧王之亂的奏報。

原來，寧王起兵後，率舟師東下，直趨南京，可是在安慶遭到守軍的頑強狙擊，頓兵堅城之下，而南昌又被王陽明率各路義軍從後剿襲，偌大的會城，一下子就被攻破了。寧王見巢穴已失，進退失據，張皇失措，便回師南昌，在鄱陽湖上與陽明會戰，結果大敗，束手就擒。

聽到這個大好消息，武宗卻一點也高興不起來，他親征的對象忽然消失了，好比電腦遊戲玩得正開心，忽然當機了，他能不掃興嗎？江彬等人也不願回京，他們都指望著平叛立功呢！於是一起給武宗出主意，將王陽明的奏捷本章留中不發，大軍繼續向南進發。

先鋒京軍數千人，由副將軍安邊伯許泰、提督軍務太監張忠和都督劉暉率著，溯江而上，奔南昌而來。他們借「窮索奸黨」為名，沿途騷擾。因為王陽明在上寧王反書時，疏文中有一句「覬覦者非特一寧王，請黜奸諛以回天下豪傑心」，遭到他們的忌恨，在路上就造輿論，稱王都御史與寧王先有通謀，只因慮事不成，才被迫起兵。他們抓了一些王陽明的部下，試圖將誣詞坐實。

他們所誣之事也是「心學聖人」王陽明生平的一段疑案。

寧王在起兵前辦壽宴時，也邀請了王陽明。寧王妃婁氏的父親，曾是陽明的老師，陽明的弟子劉養正又是寧王的主要謀士，王陽明來督南贛軍務後，他們過從較密。寧王過生日，請陽明來赴宴，也在情理之中。當時王陽明奉旨前往福建勘定福州兵變，卻不往東，而往北行，很可能就是繞道南昌給寧王賀壽。但不知為何，行動遲緩，過了寧王生日還沒到，在寧王殺本省巡撫起事的當日，才至南昌郊外驛站。寧王早已派兵在此等候。王陽明倒也機靈，聞變後轉身即逃。後邊追兵疾追，硬是沒攆上。如果他不幸被捉到，從此世間便無王陽明！

說王陽明與寧王有交往是真，但若說他「通謀」，則純屬汙衊。

許、張還沒到南昌，王陽明已感到巨大的壓力，這兩個幸臣倒真能替武宗著想，居然讓王陽明給寧王一條船，將他放歸鄱陽湖，等皇帝親自來擒拿他。王陽明聽到這些消息，心中甚為不安，便在京兵到來之前，押著寧王離開南昌。許泰、張忠知道了，馬上以威武大將軍檄文在廣信府攔截王陽明，讓他交出寧王。王陽明卻間道從玉山赴浙江，上疏請獻俘。

可是武宗拒絕了王陽明獻捷的請求，令他回江西候旨。

王陽明一時不知所措，進退兩難，深感大禍臨頭。正在計不知所出時，他忽然想到一人，如今唯有此人可解他的危難！

他想到的這個人，就是正在杭州的太監張永。

張永的地位在許泰、張忠之上，他又與尚書楊一清相善，除劉瑾有功，在宦官中有較好的名聲。王陽明想，此人素有賢聲，如今只有將寧王託付於他了。於是乘夜請見張永，簡單介紹了擒獲寧王的經過，並說江西喪亂之餘，困敝已極，難以再受天子六師騷擾，請公公念百姓之苦，力諫皇上駕臨江西。張永深以為然，道：「我此來，為調護聖躬，非為邀功。王先生大勳，我知之，但此事不可直情。」王陽明見張永答應諫阻皇上西進，就將俘囚全部交給張永，自己輕裝北行，打算朝見武宗。在京口，他得到江西巡撫的任命，就不再赴行在，轉身回到南昌。

等他到南昌時，許泰、張忠率軍已至，他們撲了個空，包括寧王在內的重要俘虜都不在了，心中大恨，又聽說寧府富甲天下，可打開府庫，卻不見什麼積蓄，便責問王陽明。陽明不卑不亢地道：「宸濠過去盡以錢財輸京師要人，約為內應，不信，可查府中簿籍」。許、張二人過去都曾受過寧王的賄，就怕寧王記賬，陽明卻偏偏拿寧府簿籍來應答，讓他們又恨又怕。追問簿籍在哪時，王陽明卻又說簿籍連及者眾，早已毀之。可瞧他的意思，又似乎毀之未盡，還留著幾本。他們恨不得一口吞了王陽明，卻是抓耳撓腮，無從下手。

他們痛恨王陽明，故意指使手下官兵當眾羞辱陽明。回到南京，更是極力醜詆他。幸虧張永在側，時時左右之。張忠對武宗說：「王某必反，若謂不信，可以試著召他來，他必不來。」在此之前，許、張多次矯旨召陽明赴行在，陽明都因為得到張永密信，不予理會。張忠以為這回召他，他還是不會來，就跟武宗打賭。張永又把此情祕密通知了王陽明，告訴他，此次召見出自上意，必速來。所以這回王陽明聞命即來。許、張二人氣沮，別無他法，只好阻撓他，不讓他見駕。陽明乾脆遁入九華山，每日坐在僧寺裡唸經。武宗知道後，說：「王守仁是學道之人，聞召即至，怎麼說他要反？」於是讓他仍回江西巡撫。

張永在陽明臨行前，密授機宜，讓他回江西后重新奏捷，一定不要像以前那樣寫，須寫明「奉威武大將軍方略討平叛亂」字樣，並應將武宗身邊佞臣盡入捷書。陽明遵計而行，方逃過諸佞幸的毒害。後世論陽明平定之功，稱「當是時，讒邪構煽，禍變叵測，微守仁，東南事幾殆」，然不知陽明之後更有張永保全之功。史云：「（張）忠屢譖守仁，禍且不測，賴（張）永為營救得免」——若無張永，陽明幾殆哉！

第十二章 拿了江彬，朝廷安穩

武宗說是親征，可是剛出北京，親征對象已入牢籠，沒得「蒸」呢，親征臨時變為出巡。

武宗在徐州改乘龍舟，沿運河南下，一路行動遲緩，十一月才到淮安清江浦。淮安是漕路上的重要糧倉，武宗到了這裡，就住在監倉太監張陽家裡。

要說起來，明朝的皇帝真不如清朝皇帝會享受，堂堂皇帝下江南，居然連間行宮都沒建，還要在宮奴家裡打尖（在涿州住張忠家，在淮安住張陽家），哪像清代的康、乾，下江南成了體現大清鼎盛的標誌性工程！您說明朝皇帝冤不冤？就一個太監家，武宗還感覺住得挺舒服，一待就是半個多月，冬至節那天就是在張陽家過的，北京文武群臣在奉天門行遙賀禮，武宗則在張陽家接受扈從之臣及本地撫按等官員的祝賀。

十二月初一日，武宗到了揚州。

隨扈太監吳經已先一步趕到揚州，臨時在城裡找了間看起來還氣派的房子，改為總督府，這就是接駕的行宮了。吳經這太監很壞，他以接駕為名，假傳旨意，「刷處女寡婦」，要從民間未出閣的女孩和寡婦中挑選貌美女子，送給武宗享受。消息傳出，民間洶洶，有女之家一夜間都把女兒嫁了，或乘夜逃出城中，不然就要被皇帝糟蹋。知府蔣瑤找到吳經，希望他不要這麼做，吳經大怒：「你官小，膽子不小，還要頭不要？」蔣瑤不為所懼，徐徐道：「小官拂逆皇上之意，想來必死，只是百姓是朝廷的百姓，倘若激生他變，恐將來責有所歸。」他本意是想拿「激變」來震懾一下吳經。可小小知府哪鎮得住太監，吳經早派人把城中寡婦及娼婦之家調查清楚，忽於一日夜半，派騎卒數人大開城門，傳呼「聖駕到」！令通衢燃燈點炬如白晝，然後按圖索驥，突入諸婦之家，將其捽出，有藏起來的，就是把屋子拆了也要抓到人。最後無一倖免。吳經將所獲婦女分送尼姑庵中寄住，當晚就有二人羞憤而死。蔣瑤所能做的，只是為她們備棺安葬。吳經此舉並非為了慰勞皇帝下半身的孤寂，他是為了自己發財，所以只要婦女家屬拿出銀子，就能把人贖回去，只有那些家貧的，才送進總督府。

這件駭人聽聞的事件，不是記在哪本野史裡，它就記在明朝國史實錄裡。我初讀之下簡直不敢相信，朗朗乾坤，還有王法嗎？這些事難道都是瞞著武宗的？想必他是知情的，因為實錄還記載，武宗在儀真新閘釣魚，隨後「幸民黃昌本家，閱太監張雄及守備馬炅所選妓，以其半送舟中」。大概他以為這些婦女都是選來的官妓吧——如是者，還不是昏君嗎？

武宗人還沒到南京，就開始準備在南京過年了。他討厭北京的大臣一個勁地促他迴鑾，乾脆提前打招呼，說正德十五年正月，他要在南京祭天地。武宗的目的被閣臣一眼識破，他就是為了「緩班師之期」！在閣議時，大臣們極力反對，武宗只好作罷，但又要求推遲郊祀之期。他就像個孩子，總以拖一天是一天的態度來和群臣們磨。

就這樣武宗在南京停留了近一年時間，直到正德十五年閏七月才出發回京。九月復至清江浦，仍住太監張陽家，他在這裡過了他三十歲的生日。

一日他獨自駕駛小船，在湖中泛舟釣魚，忽然舟覆落水。左右隨從大驚，爭相撲入水中救助，將皇帝從水中扶出。農曆九月，天氣已經很涼了，武宗身子本來就虛，被冷水一滋，再補一驚，從此身體就不好了。

十月，武宗車駕回到通州。

通州離北京也就一步之遙，今天坐地鐵，半小時就到，可不知為何，武宗到了家門口，突然又頓住了，在通州留駐四十餘日。

北京城裡，人心不安，擔心「梟雄在內」，會發生什麼「不測」之事。這位「梟雄」，不是已在囚籠的寧王，而是手握邊鎮重兵的平虜伯江彬。甚至有人猜測，武宗不回京，可能已被江彬挾持，失去了自由。

在此期間，朝廷繼續「治交通（寧王）宸濠者罪」，捕拿寧王之黨的詔旨不斷發出，包括吏部尚書陸完在內的眾多內外官員被執送行在，畢真、劉瑯等太監皆被捕下獄。就在這人心惶惶之際，太監魏彬傳旨，令京城五府六部、都察院、通政司、大理寺、鴻臚寺、錦衣衛、六科、十三道，所有衙門只留佐貳官一員在京，其餘堂上官並內閣、皇親、公侯、駙馬伯俱赴行在。這一下人們更緊張了，都說江彬欲為變，所以才盡召大臣赴通州。

江彬並沒有反，但人們堅持認為他是有反的動機的，只是由於種種之故，才沒有反成。如楊一清給張永寫的墓誌說，「（武宗）更命召文武百官胥來會集。賊濠（寧王宸濠）尚在，人心惶惑，莫知所為。（江）彬卒有所避，而不敢萌異志者，公（張永）之力也」。說江彬不敢反，皆因有張永在——這應為過譽之詞。事實是，江彬從頭到尾都沒想過造反，只是朝臣為了消滅他，才硬栽給他一個謀反的罪名。

武宗在通州一直待到朱宸濠伏誅（他被賜死後焚屍揚灰，妃妾送鳳陽高牆安置），才於十二月八日班師回京，告捷於郊廟社稷。三天後，大祀天地於南郊。去年祭天，武宗已經缺席一次，對不起上天了，這回扶病再祭，執禮恭敬，可是在行「初獻」禮時，武宗突然發病，倒在祭壇之上，祭天大典竟然沒能完成！

朝臣具本問安，魏彬出來傳旨說：「朕體未平，暫免朝參，各衙門俱安心辦事。」可是從這天起，大小臣工就再也沒見過武宗。

正德十六年三月初一，發生了日食。

日，象徵天子，忽然發生日食這樣異常的天象，意味著什麼？人們不敢猜測。武宗已經很久沒有上朝了，深居豹房不出，御體到底是何狀況，除了他身邊的佞臣，外廷一概不知。但病中的武宗，折騰之心似乎永遠不會休止，他在三月初七日還下令改西官廳為威武團營，科道及兵部極力反對，亦是不聽。然而，十三日，武宗就大漸了，當時身邊僅有近侍太監陳敬、蘇進二人。十四日凌晨，武宗崩於豹房，時年未滿三十一歲。陳敬、蘇進奔告皇太后，才將武宗遺體移入大內。

而外廷對此毫不知情，當天，大學士楊廷和還在內閣出本年會試廷試的策問卷子。卷子出好，交給文書官陳嚴（可見司禮監也不知情）。陳嚴走了沒多久，忽地跑回來，臉色蒼白，道：「萬歲爺駕崩啦！」

閣臣聞言大驚，事情太突然了！楊廷和第一個反應過來，他對眾人說，此是朝廷危急之時，天下事須我輩擔當，驚慌何用？大家想想，該怎麼辦？

當下最大的問題是「國本」空虛，皇帝驟然駕崩，生前沒有立太子，皇位該由誰繼承？

在武宗生病期間，楊廷和與幾位閣僚有過密議，都認為武宗沒有兄弟，只有從血緣最近的一支親王中，選一位來京繼位，而且他心目中已有了人選。此時事急，楊廷和顧不得許多，將屬意者說出，對陳嚴道：「請眾太監啟太后，即取興王長子來京，繼承大統。」

其實皇位繼承這麼大的事，不僅內閣，就是在內諸太監，誰沒私下盤算過！所以楊廷和一提興王長子，陳嚴馬上知道是誰，當即應了，轉身就走。楊廷和忙拉住他叮囑：「記住，是興王長子，莫說錯了話！」

這位興王長子是哪個？看官應還記得，前文說到成化中太監梁芳攛掇萬貴妃勸憲宗廢易太子，他們要立的，就是興王。那位興王名叫朱祐杬，是孝宗最大的一個弟弟，他的封地在今天的湖北安陸（顯陵即其葬地）。興王去世後，應由他唯一的兒子朱厚熜繼承王位，朱厚熜就是興王長子，他在父親死後，守孝三年（實為二十七個月），期還未滿，已由朝廷特批，許他襲爵。由於朱厚熜是孝宗一系最近的親戚，所以被選中來京承襲大位，興王他是不必做了！

話說陳嚴入內不一會，司禮監掌印太監魏彬等八人，以及太監谷大用、張永、張銳等一起來到閣中。魏彬將一張紙遞給楊廷和，道是大行皇帝遺命。聽是遺命，楊廷和便問傳與何人？魏彬道，大行皇帝升天時，身邊只陳敬、蘇進二人，是傳給他倆的。

楊廷和不置可否，捧讀遺命道：「說與陳敬、蘇進：我這病則怕好不的，你每（們）與張銳叫司禮監來，看我有些好歹，奏娘娘與閣下計較。天下重事要緊，不關恁眾人事，都是我誤了天下事了。」

楊廷和見先帝遺命中將「誤天下」的責任盡歸於己，稱與眾人無關，懷疑是太監們自己商量著寫的，意在歸過於主上，以解脫他們的責任。但倉促之際，無暇計較，追究「詿誤先朝」的責任，還須嗣君上京即位後再說。

楊廷和便率同閣僚梁儲、蔣冕、毛紀舉哀叩頭，然後對眾人道：「且不必哭。」遂取出《皇明祖訓》一本，對諸司禮道：「大行皇帝無後，當遵祖訓『兄終弟及』之文，奉迎興王長子來京即皇帝位。」有司禮太監提出，「兄終弟及」沒有先例。楊廷和道：「雖皇位相承沒有先例，但兵部選官，世官承襲，無子者正是依此倫序。可啟請皇太后降懿旨，大行皇帝降敕旨，遣司禮監、皇親、文武大臣各一員，前去奉迎。即日啟行，途中不可延遲。」

他隨說道：「內閣就派蔣先生去。」

魏彬便對谷大用道：「谷哥，你去。」

對太監的人選，楊廷和本心是不願谷大用去的，但當此危疑之際，若拂了谷大用之意，恐生事端，便沒做聲。

魏彬又對太監韋霦道：「韋家，你也去。」

奉迎嗣君，是件美差，谷大用、韋霦忙不迭應了。

皇親決定派駙馬崔元。

楊廷和道：「見任大臣中，武臣須皇親定國公徐光祚，文臣須吏部尚書毛澄。」諸人皆無異議。

其實大學士梁儲很想到南邊走一趟，可楊廷和薦了蔣冕，他不好面駁，但下來老大不樂意，對楊廷和頗有怨言。二人關係本就不太和睦，楊廷和想，若留梁儲在此，事多齟齬，不如讓他去。於是就去對魏彬說了，改派梁儲代表內閣前往。魏彬沒有意見，道：「隨先生。」

內閣與司禮監議定後，擬寫太后懿旨與大行皇帝敕旨，經張太后過目，即於左順門向朝臣宣讀。此時門前已聚集了大批朝臣，雖然武宗駕崩的消息沒有正式宣布，但「外面滿街俱傳言取白衣」（白衣即哀服），大家也能七七八八猜出來發生了什麼，所以都自發地聚集在左順門探聽消息。吏部尚書王瓊、兵部尚書王憲要求到內閣一起參與擬定先帝後事，司禮監在徵詢內閣意見後加以拒絕，並且命守門者不許放一名朝臣進來。所以武宗去世後包括嗣君人選在內的政事安排，全由司禮監與內閣密商決定，朝臣都是在傳宣詔敕後才曉得底細。

奉迎嗣君之事商定後，楊廷和遂擬旨解散豹房官軍，罷威武團練營，令各邊鎮守太監各回本鎮管事，原調各邊官軍各回本鎮操守，為安撫人心，官兵每人賞銀三兩。同時命太監張永、武定侯郭勳、安邊伯許泰、兵部尚書王憲，揀選團營官軍，分布皇城四門及京城九門防守。豹房裡什麼亂七八糟的人都有，除了教坊司樂人、四方所獻婦女，還有西域番僧和少林寺武僧，一概遣散。三月十六日，頒遺詔於天下。在皇位虛置期間，所有善後事宜都在內閣、司禮監的主持下，有條不紊地進行。

武宗去世後，他身邊的佞臣都想方設法到湖廣去迎駕，好趁機結交嗣君身邊近臣，為將來免禍伏下人脈。楊廷和盡力加以制止，令其各守本職，以待嗣君。他想，這些人得罪先朝，嗣君到京後，再慢慢與他們清算不遲，天下這麼大，也飛不去他們！真正令他憂心的，唯有一人。

此人就是手握軍權的平虜伯江彬。

武宗病重期間，江彬日夜守在身邊，皇帝的病情，內閣還要向他打聽。晏駕之後，江彬即歸私第，只十六日宣讀遺詔時出來一次，以後仍深居不出。武宗所行荒唐之事一切革罷，他作為先朝最為寵幸的近習，此時的心態一定極為複雜。楊廷和很擔心他做出什麼異常舉動，而且京師人言籍籍，都說江彬必反。蔣冕多次提及此事，說要預做準備，並且提醒他：「疑者，事之賊也！」遲疑必誤大事。楊廷和回說，發之有機，萬一不中，反壞了大事。他在等待時機。他記得十七日從武宗幾筵（即祭祀先帝的靈位）前出來，魏彬之弟魏英找個空子湊過來，對他說：「親家煩扶持。」魏英的親家就是江彬。他顯然是受江彬所托來說話的，愈見江彬內心之不安。當天回到家裡，楊廷和的兩位公子，楊慎與楊恆，將外間傳言說給父親聽，並且問：「父親何不早擒之？」楊廷和擔心後生口風不密，不敢深言，只漫應道：「江彬逆節未露，將以何辭擒之？你們看好自己的腦袋，休得浪言，取滅族之禍！」

十八日早上入朝，楊廷和與蔣冕步行入內，走到端門，把昨晚孩子的話告訴了蔣冕。蔣冕道：「連日來，我也為此介懷，不知當如何處？」楊廷和道：「江彬手握重兵，發之須中機會，今日可與文書房議之。」蔣冕表示同意。茲事體大，必須取得司禮監的支持，否則萬難實行。但楊廷和擔心的是，司禮監不會答應，而消息一旦洩露，恐召來滅族之禍。為此，這幾天他一直在等待合適的機會。

當天，命壽寧侯張鶴齡等齎武宗遺詔前往安陸迎接嗣君，所帶誥諭需要用寶（用印），司禮監令陳嚴、王欽二位文書官來內閣，請閣臣同看。[26]

內閣四人中，梁儲南行迎嗣君，毛紀痰疾發作，在朝房臥病，只有楊廷和與蔣冕在值班。他二人一起來到左順門，司禮太監們都在。在準備用寶時，楊廷和悄悄對陳、王二位文書官說：「外議皆謂江彬不擒恐不靜，煩告眾太監，啟太后早為之處。」平日閣臣與司禮監接觸不太多，司禮太監非奉旨也不輕至內閣，監、閣之間的聯繫主要靠文書房官，所以楊廷和與陳嚴等人非常熟悉，也很信任他們，否則不敢拿這樣的話輕易對他們講。

陳嚴道：「用寶後老先生自言之，若我輩言，稍有不合，不敢復言矣。」他覺得這件事太大了，最好由楊廷和親自與眾司禮講。楊廷和頷首：「確應如此。」

用完寶，司禮太監們與閣臣作揖，請閣臣回閣，陳嚴便對魏彬道：「兩位先生有話說。」魏彬道：「請講。」可兩位閣老只左右看，並不說話，魏彬知其意，揮手道：「爾等都去、都去。」將兩旁隨從呵了出去。

楊、蔣二人才上前，與眾司禮作揖道：「前日之議，大功已成（指決定扶立興王長子為嗣君），

26　楊廷和勸司禮監擒江彬，據楊廷和《楊文忠公三錄》說是在監、閣于左順門會同用寶時，而《明武宗實錄》則說是在「會司禮監官與內閣集文華殿為上寫銘旌」時，未知孰是。

宗社之慶也。但有大患未除，若大患不除，大功未得全美。」

魏彬道：「何為大患？」

楊廷和說的大患，是魏彬的姻親，不可直接說出來，他便舉古人的例子喻譬道：「大義滅親，古人所重，管叔、蔡叔都是周公弟兄，二人作亂，周公誅之。東晉宰相王導有兄王敦謀反，王導親誅之，至今聲名垂於史冊。」

魏彬知道楊閣老說的是江彬，這也是他的一件重大心事，既然閣臣揭開了蓋子，他很想聽聽楊廷和怎麼說，便道：「先生可是說江彬？直言不妨。」楊廷和點頭，接著道：「魏公雖與江彬為親，但這是奉大行皇帝之命，出於不得已，實非本意。今外議紛紛，若不請於太后，及早擒之，恐彼亦不能自安，將貽嗣君以憂，未免為大功之累。」

魏彬正在沉吟，張銳忽然疾言道：「江彬有何罪？」楊廷和道：「江彬挾著皇帝，到處巡游，安得無罪？」魏彬道：「巡遊出大行皇帝聖意，何人敢挾？」張銳道：「前年去南京，我送至涿州，某事如何處，某事如何處，一一出自上意，法度又嚴，誰人挾得？」

楊廷和暗想，這話說錯了！武宗巡遊時，司禮太監多在扈從，如以巡遊為言，恐激太監之怒，忙主動認錯：「『挾』這個字，是我說錯了，再不復出口！江彬罪惡萬千，如擅引邊軍入禁內，擅立威武團練營，擅改團營教場為西官廳教場，擅立鎮國府名目之類，擢毛不能盡其罪，只舉一二件也夠他死了。」魏彬乃緩緩道：「他委的惡貫滿了，罪不能逃。」

眾司禮都不說話，只有張銳極力為江彬辯護。楊廷和憤然道：「張公莫要回護他。」張銳道：「我如何回護？」楊廷和道：「這等說話，豈不是回護？我輩言出禍隨，身家已不顧了，公公亦須自顧身家。公公雖無子孫，亦有祖宗墳墓，亦有兄弟，都是祖宗子孫，不可不念。見今嗣君未至，萬一有變，途中聞之，安得不驚？」他望眾司禮道：「各位公公同聽今日之言，他日有變，張公當之不得辭也！」他讓太監們一齊做見證，看看今日張銳是何態度。

陳嚴見事不諧，偷偷拉太監溫祥的衣服，附在他耳邊說了句什麼。溫祥便對魏彬道：「且收得在。」楊廷和與蔣冕馬上道：「正是，且收得在，又不問他罪。待嗣君到了，或寬宥他，也未可知。」張銳見自己孤立，欲緩其事，就說要到思善門哭臨，此事容後再議。蔣冕馬上反對：「等把這件事了了，再去哭臨！」

張銳道：「如何這等急？」

楊廷和道：「此等事情，間不容髮，安得不急？張公便去準備拿人。」

楊廷和見張銳在眾太監中獨持異議，故意說讓他準備抓江彬，試圖減少他的不安，又或撩撥他立功贖罪的心。張銳卻賭氣道：「我如何拿人？」楊廷和道：「拿人是錦衣衛事，江彬之罪該籍沒緣坐，一拿後封閉門戶，防範人口，照管財產，豈不是行事衙門的事？」他說時，臉色忽一沉，質問道：「公何故抵死攔截也？」

溫祥見張銳又要爭吵，便對兩位閣老道：「老先生們先去閣中調旨，文書房馬上來取。」楊、蔣極口稱謝道：「諸公扶持社稷，竭盡忠誠，同幹好事，太祖、太宗、孝宗在天之靈亦知諸公之心，千萬就奏太后行之，擒江彬後方可哭臨。」又道：「與江彬同惡相濟者止李琮、神周二人，他無與也。」

他知道，張銳等對擒江彬牴觸，並非真心回護江彬，而是怕自己受牽連，故須如此強調。眾太監馬上表示同意，都說正是如此。

楊廷和回到內閣，即刻擬旨，然後付陳嚴進呈。

可陳嚴走後，久久沒有消息，楊廷和與蔣冕悶坐閣中，相互對視，內心都感到很沉重。在與司禮監議時，就沒把事說定，還不知太監們入內將如何商議。此事若有變，將大禍臨頭。一念之間，他們甚至想到逃走，可馬上想到孩子們都在京，心復為之一痛。乃相互慰藉，說遭逢至此，也是命數，死得其所，亦復何憾！

忽有人來報，說神周被宣到右順門，在門上等候已久。聽到這個消息，楊廷和與蔣冕又覺局面或不至太糟糕，稍復振作。這時陳嚴來了，他神情輕鬆，笑著對閣老道：「江彬已擒矣，嗨！幾乎讓他逃走。」楊、蔣二人懸著的心才放回原處，不及細問，先拜謝陳嚴和諸太監。陳嚴笑著回拜道：「老先生大功、大忠啊！」楊廷和請他坐下：「快講講，到底是怎麼回事？」

此事經過是這樣的：

魏彬等聽了閣臣的話，要拿江彬、神周、李琮三人。溫祥提醒道，此事須請懿旨。於是眾太監一起去向張太后請示，經太后同意，才動的手。剛好這天重修坤寧宮要安獸吻，江彬與工部尚書李鐩奉命到工地祭祀。

據楊廷和回憶，在工地上，忽有一個宦官附耳跟江彬說了幾句（楊廷和認為，這是張銳向江彬透露消息），江彬的臉色就變了，轉身就往西安門跑。問他何事？他稱赴西官廳取文書。眾太監趕緊派人去追，路上聽說，江彬根本沒到西安門，他半路折往北安門去了，也說往西官廳取文書。

但還有一種說法，說江彬為了祭安吻，換吉服入內，所帶家眾都不得隨從。祭畢，江彬欲出宮，太監張永留他和李鐩一在宮外吃飯，這是頓鴻門宴，張永也想趁機擒拿他。過了一會，太后有旨收江彬等人，來抓他的人還沒到，江彬已有察覺，遂疾趨北安門，試圖逃出。

在北安門，守門官已將大門關閉，道：「有旨，請提督大人留步。」江彬怒叱道：「皇帝何在？旨從何來？」伸手就打門官。門上已伏下官兵，見江彬動手，一擁而上，將江彬抱住。江彬是武將出身，久歷戰陣，他之為武宗賞識，主要就是因為他作戰勇猛，當年平河北之亂時，在陣中被一箭射中面頰，他毫無畏懼，拔箭再戰，傷癒後在左眼下留下很大一個疤，猛一看就似三隻眼。此刻他心急，怒吼一聲，三眼立睜，門上人多，一時也奈他不得。這時，來追江彬的人也到了，眾人一起使力，才將江彬拿下，結結實實捆起來。

江彬為人暴戾跋扈，得罪了很多人，他現在是眾人心目中的反賊，大家都說武宗就是被江彬所誤，此刻見他就擒，一時歡聲雷動，人人爭擊之。在江彬從東安門送錦衣衛的路上，宦官數百人隨而毆之，拔其鬚鬢殆盡——江彬頭上的毛被拔光了，成了個血禿子。

聽了江彬落網的經過，楊廷和提醒陳嚴：「一時撲殺之，誠快人意，但須留待嗣君來，鞫問其罪明白，肆諸市朝，以正其罪。」陳嚴馬上進去轉告魏彬，魏彬才派人將江彬護送出端門，不然還沒出宮門，就要被眾人毆死了。

當時天旱已久，不料自拿了江彬，忽降了一陣雨，頓時滿城歡慶，都說：「拿了江彬，朝廷安穩」——安吻，即安穩也！

江彬擁兵侍豹房，屢次挾武宗巡遊，早已成為眾矢之的。他為了專寵，極盡矇蔽之能事，他被捕後，從他府上，還有錢寧家裡搜出大量本章，都是被他們私藏截留的。武宗晏駕後，內閣擬旨，散遣京師邊兵，各自歸鎮，江彬府中家眾雖多，但欲「為變」的話，資本顯然不足。然而中外洶洶，都指江彬要反。對此李琮看得很明白，多次勸他，要麼反了，要麼逃走，就是不要束手就擒。可江彬在錦繡窩裡待久了，捨不得爵位富貴，又自恃與魏彬有親，就存了一個僥倖心理，總望能夠平安落地。他畢竟是武夫，哪裡曉得，武宗失德，百官怨聲載道，正要借他的人頭血肉來出氣呢，豈肯放過他！不久後，世宗來京即位，江彬、錢寧這兩個對頭，都作為先朝罪人，被處以凌遲的極刑。

在捕拿江彬的事件中，楊廷和是主要發起者，為此擔負了巨大的風險，司禮太監們是執行者，魏彬與江彬是親，他深知江彬將不容於新朝，為了不受牽累，遂同意了內閣的意見。魏彬有過，也算將功折過了。但江彬落獄後，御史王鈞首論魏彬與江彬聯姻，稱其近居肘腋，宜早捕治。楊廷和投桃報李，從中調劑，以「王道大義滅親」稱述魏彬之功，仍令他在司禮監管事。逮捕江彬，是司禮監與內閣協商合謀，張永並沒有參與，但他聽到消息，主動介入，虧他那一頓飯，使江彬未能及時逸出。楊一清撰張永墓誌，對此亦多稱許，說：「宮車晏駕，公以計擒（江）彬。督視京城九門，防奸制變，中外倚之而安。」應該說，在武宗暴崩、世宗北來繼位之前的這段大位空置期，張永是有功績的。

四月中旬，嗣君朱厚熜到北京繼位，清算前朝權臣的時機也到了。世宗朱厚熜是個有主見的人，他登基沒幾天，就借科道之劾，處分了眾多蠱惑先帝的「朋奸黨惡」，多是宦官，其中：谷大用、丘聚降奉御，南京孝陵司香；張銳、張雄、張忠、於經、劉祥、孫和、劉養、佛保、趙林、馬英，由錦衣衛拿送都察院問罪。在外地者，由各地巡按御史提解來京。魏彬、張永處分稍輕，命外私宅閒住。武宗眾多的義子們，也都拿送都察院打問。魏彬、張永、谷大用兄弟子侄所濫受的爵位也一併革除。

谷大用雖然搶到了往安陸迎駕的好差，但即位伊始，就被貶到南京。他後來多次圖謀起復，都遭到朝臣的彈劾，楊廷和甚至專門上疏請加逮治。嘉靖十年去世後，其家產遭到籍沒。

張永閒住未久，再為御史蕭淮所劾，命往南京孝陵司香（楊一清說是「其時權臣有忌嫉之者，嗾言官一二人，劾之南去」）。張永在南都留滯五年，才在楊一清的幫助下召還，將再次柄用，可惜到京未久就病逝了，他的家族隨後幾遭覆巢之災。此事詳情如何，且待本書第三部再講了。

明朝的那些九千歲 貳

內爭權鬥衰敗朝廷，狐假虎威兼亂天下

明宮大太監的逆襲 貳

作　　者	胡　丹
發 行 人	林敬彬
主　　編	楊安瑜
編　　輯	黃谷光、杜耘希、高雅婷
封面設計	林子揚
編輯協力	陳于雯、高家宏
出　　版	大旗出版社
發　　行	大都會文化事業有限公司 11051臺北市信義區基隆路一段432號4樓之9 讀者服務專線：(02) 27235216 讀者服務傳真：(02) 27235220 電子郵件信箱：metro@ms21.hinet.net 網　　　址：www.metrobook.com.tw
郵政劃撥	14050529 大都會文化事業有限公司
出版日期	2022年08月初版一刷
定　　價	320元
ISBN	978-626-95985-5-7
書　　號	History-151

◎本書經中圖公司版權部，由太白文藝出版社有限責任公司授權繁體字版之出版發行。

◎本書為《明朝的那些九千歲 貳》二版

◎本書如有缺頁、破損、裝訂錯誤，請寄回本公司更換。

國家圖書館出版品預行編目（CIP）資料

明宮大太監的逆襲 貳 / 胡丹著. -- 初版. -- 臺北市：大旗出版, 大都會文化, 2022.08

352 面；17×23 公分

ISBN 978-626-95985-5-7（平裝）

1. 宦官 2. 明史

573.515　　111009423

大都會文化　讀者服務卡

書名：**明宮大太監的逆襲 貳**

謝謝您選擇了這本書！期待您的支持與建議，讓我們能有更多聯繫與互動的機會。

A. 您在何時購得本書：_____年_____月_____日

B. 您在何處購得本書：__________書店，位於__________(市、縣)

C. 您從哪裡得知本書的消息：

1.□書店　2.□報章雜誌　3.□電臺活動　4.□網路資訊

5.□書籤宣傳品等　6.□親友介紹　7.□書評　8.□其他

D. 您購買本書的動機：（可複選）

1.□對主題或內容感興趣　2.□工作需要　3.□生活需要

4.□自我進修　5.□內容為流行熱門話題　6.□其他

E. 您最喜歡本書的：（可複選）

1.□內容題材　2.□字體大小　3.□翻譯文筆　4.□封面　5.□編排方式　6.□其他

F. 您認為本書的封面：1.□非常出色　2.□普通　3.□毫不起眼　4.□其他

G. 您認為本書的編排：1.□非常出色　2.□普通　3.□毫不起眼　4.□其他

H. 您通常以哪些方式購書：(可複選)

1.□逛書店　2.□書展　3.□劃撥郵購　4.□團體訂購　5.□網路購書　6.□其他

I. 您希望我們出版哪類書籍：（可複選）

1.□旅遊　2.□流行文化　3.□生活休閒　4.□美容保養　5.□散文小品

6.□科學新知　7.□藝術音樂　8.□致富理財　9.□工商企管　10.□科幻推理

11.□史地類　12.□勵志傳記　13.□電影小說　14.□語言學習（____語）

15.□幽默諧趣　16.□其他

J. 您對本書(系)的建議：

K. 您對本出版社的建議：

讀者小檔案

姓名：______________ 性別：□男　□女　生日：____年____月____日

年齡：□20歲以下 □21～30歲 □31～40歲 □41～50歲 □51歲以上

職業：1.□學生 2.□軍公教 3.□大眾傳播 4.□服務業 5.□金融業 6.□製造業

7.□資訊業 8.□自由業 9.□家管 10.□退休 11.□其他

學歷：□國小或以下 □國中 □高中／高職 □大學／大專 □研究所以上

通訊地址：______________________________

電話：（H）______________（O）______________ 傳真：______________

行動電話：________________ E-Mail：________________________

◎謝謝您購買本書，歡迎您上大都會文化網站（www.metrobook.com.tw）登錄會員，或至 Facebook（www.facebook.com/metrobook2）為我們按個讚，您將不定期收到最新的圖書訊息與電子報。

明宮大太監的逆襲 貳

北區郵政管理局
登記證北臺字第9125號
免貼郵票

大都會文化事業有限公司
讀者服務部 收
11051臺北市基隆路一段432號4樓之9

寄回這張服務卡〔免貼郵票〕
您可以：
◎不定期收到最新出版訊息
◎參加各項回饋優惠活動

98-04-43-04

郵政劃撥儲金存款單

收款帳號	1	4	0	5	0	5	2	9

金額 新台幣（小寫）	億	仟萬	佰萬	拾萬	萬	仟	佰	拾	元

通訊欄（限與本次存款有關事項）

我要購買以下書籍

書名	單價	數量	合計

購書金額未滿 1000 元，另加收 100 元國內掛號郵資或貨運專送運費。

總計數量及金額：共＿＿本，合計＿＿元

收款戶名：大都會文化事業有限公司

寄款人 ☐他人存款 ☐本戶存款

姓名

地址 ☐☐☐－☐☐

電話

主管：

經辦局收款戳

虛線內備供機器印錄用請勿填寫

◎寄款人請注意背面說明

◎本收據由電腦印錄請勿填寫

郵政劃撥儲金存款收據

收款帳號戶名

存款金額

電腦紀錄

經辦局收款戳

郵政劃撥存款收據注意事項

一、本收據請妥為保管，以便日後查考。

二、如欲查詢存款入帳詳情時，請檢附本收據及已填妥之查詢函向任一郵局辦理

三、本收據各項金額、數字係機器印製，如非機器列印或經塗改或無收款郵局收訖章者無效。

大都會文化、大旗出版社讀者請注意

一、帳號、戶名及寄款人姓名地址各欄請詳細填明，以免誤寄；抵付票據之存款，務請於交換前一天存入。

二、本存款單金額之幣別為新台幣，每筆存款至少須在新台幣十五元以上，且限填至元位為止。

三、倘金額塗改時請更換存款單重新填寫。

四、本存款單不得黏貼或附寄任何文件。

五、本存款金額業經電腦登帳後，不得申請撤回。

六、本存款單備供電腦影像處理，請以正楷工整書寫並請勿摺疊。帳戶如需自印存款單，各欄文字及規格必須與本單完全相符；如有不符，各局應婉請寄款人更換郵局印製之存款單填寫，以利處理。

七、本存款單帳號與金額欄請以阿拉伯數字書寫。

八、帳戶本人在「付款局」所在直轄市或縣(市)以外之行政區域存款，需由帳戶內扣收手續費。

如果您在存款上有任何問題，歡迎您來電洽詢
讀者服務專線：(02)2723-5216(代表線)
為您服務時間：09：00～18：00(週一至週五)

大都會文化事業有限公司　讀者服務部

交易代號：0501、0502 現金存款　0503票據存款　2212 劃撥票據託收